文华模式

郝义 著

中国出版集团

世界图书出版公司

广州·上海·西安·北京

图书在版编目（CIP）数据

文华模式 / 郝义著 . -- 广州：世界图书出版广东有限公司，2025.1重印
ISBN 978-7-5100-7471-4

Ⅰ.①文… Ⅱ.①郝… Ⅲ.①中小企业－民营企业－
企业管理－经验－中国 Ⅳ.① F279.245

中国版本图书馆 CIP 数据核字（2015）第 011048 号

文华模式

策划编辑	赵　泓
责任编辑	翁　晗
装帧设计	water
出版发行	世界图书出版广东有限公司
地　　址	广州市新港西路大江冲 25 号
电　　话	020-84459702
印　　刷	悦读天下（山东）印务有限公司
规　　格	710mm×1000mm　1/16
印　　张	18.25
字　　数	200 千
版　　次	2015 年 2 月第 1 版　2025 年 1 月第 3 次印刷
ISBN	978-7-5100-7471-4/F·0175
定　　价	88.00 元

Contents 目录

序

　　党的十八大明确指出，未来我国金融体制改革的方向是健全促进宏观经济稳定、支持实体经济发展的现代金融体系。十八大高瞻远瞩，为我国金融业的改革发展指明了方向。从国际经验看，2008年以来的国际金融危机表明，脱离实体经济的金融业，是失去方向的金融业，是没有希望的金融业，过度脱离实体经济的金融业必然会导致危机的发生。经历了国际金融危机的冲击，我们越来越深刻地认识到，现代金融业一定要和产业相互融合，互动发展，共创价值。我在2011年接受中央媒体采访时就提出，金融是现代经济的核心，科技是第一生产力，产业升级是转变经济发展方式的本质要求，金融资本与科技创新、产业升级紧密融合，将形成推动经济发展的核动力，为经济转型升级插上腾飞的翅膀。

　　关于如何加快金融、科技、产业融合发展，促进传统产业转型升级，一直是广东乃至全国经济金融发展中面临的重大课题，目前国内仍缺乏深入的研究。反观美国华尔街，其产融结合之路可圈可点。从1996年雅虎上市，到亚马逊、谷歌，以及近两年炙手可热的FACEBOOK，这些产融结合的成功案例，值得我们深思和研究。当前，我国经济正处在增长速度换挡期、结构调整阵痛期、前期刺激政策消化期"三期叠加"阶段，中高速增长将成为新常态，我们要适应新常态，保持战略上的平常心，通过金融改革和创新，让产融更好地结合，从而推动实体经济进一步优化和调整。

刘文华先生长期从事风险投资工作，并投入大量资金成立了广东省文华金融研究院，每年在全球范围进行金融相关领域的研究和探索。早在 2009 年，刘文华先生就提交过一个《打造中国第一家金融超市》的报告，并跟我谈及他想设计一套为民营企业家做金融普及教育和爱国主义教育相结合的培训体系，在当年民建系统评优时，他还获得了"省参政议政积极分子"称号。在短短几年时间里，刘文华先生发起的"文华大系统"取得了快速发展，在社会上形成了较大影响力，既出乎很多人意料之外，却又完全符合我国现阶段民营经济实际和国家金融改革的发展规律和需要。从某种程度上说，刘文华先生创立的《资本兵法》为中国民营企业探索产融结合之路提供了一套颇具实效的方法，而《资本兵法》倡导的金融绝对不能离开实体经济这个躯壳的"实业精神"和"诚信大于生命"，"合法、正面、共赢"等 39 字价值观，在当下的中国，尤为可贵。《资本兵法》通过对资本本质规律的诠释，站在系统和理论的高度，详细剖析了企业资本运作的各种可能性和方法，将帮助现阶段我国民营企业插上资本的翅膀，更好更快地突破发展瓶颈并快速成长。

过去几年，文华集团在正确的金融理念输导和普及教育方面作了大量工作。作为一个民营企业，文华集团勇于担当起国家金融改革探路者的角色，精神可嘉。先行者总是容易引起争议，我也听说，过去几年，文华集团虽然取得了一些成绩，但在发展中却不可避免地遇到了这样或那样的阻力和困惑。面对困难，刘文华先生始终坚持，其不屈不挠的毅力令人感动。在此，我希望文华集团继续利用金融的力量帮助中国实体经济发展，使中国的实业更加健康有序地成长。同时，也热烈祝贺并赞赏关于刘文华先生的专著出版，期待他进一步为促进我国金融、科技、产业融合发展做出更大的贡献，并能看到关于他更多的金融专著面世。

（本文作者系原广东省副省长）

2015 年春于深圳

前 言

标本"文华"

一

在很长的一段时间里，中国培训界可谓声名狼藉。它频频被一些媒体爆出负面信息，这些报道让大家形成了一个刻板印象：这个行业里"大师"与"骗子"横行。在网上，同样流传着不少亲历者含着血泪的控诉，讲述这个行业是如何的混乱和不堪。它们给人形成一种奇怪的错觉，那就是这些参加培训的企业家智商都是负数。不过，这些都没有影响这个行业以惊人的速度扩张——据《中国教育培训行业报告》的数据显示，2012年整个中国教育培训市场总值约为 9600 亿元，其中管理教育培训占了 20% 左右，年增长超过 20%。

仅仅以"人傻钱多"来解释这个行业的繁荣，显然太过于武断。但是，绝大多数关于这个行业的报道，却都存在着先入为主的毛病。许多写作者甚至从来没有参与过任何的培训活动，仅靠着一些二手信息与道听途说，一篇洋洋洒洒的报道就一挥而就。对于这个行业来说，这显然不公平，更无助于我们真实地去理解这个行业。

在过去的近两年时间里，笔者参与了文华大系统——一个 3 年前才刚刚起步，3 年后就成为行业领头羊之一的培训机构——几乎所有的活动，包括《资本兵法》初级研讨会（他们的培训课程）、《资本兵法》研讨会、传承晚会、项目落地会、大系统论坛等，采访了包括文华集团决策委员会成员、全国董事、大区董事、财神、准财神、系统二代、英雄家族成员、分公司股东、商会会长、顾问团团长、项目公司负责人、普通会员以及了解文华的部分匿名人士共计近百人，试图还原一个特殊的行业，一个颇具标本意味的企业的发展历程和成长密码。

二

之所以选择文华这样一个个体进行解剖，是因为文华太"特别"了。

在中国培训界，有"二刘称雄"之说——其中的一"刘"，是成名多年的刘一秒，他打造的平台叫"思八达"；而另外一"刘"，谁也不会想到，竟是从未做过培训的刘文华。

3年前，刘文华第一次开课时，他的学员不过8个人，然而，短短3年之后，这个数字就翻了3800多倍，发展到了近3万人。而文华在全球各地的分公司，则达到了380多个。

文华的学费也与一般的培训机构不同，他们每3个月就涨价1万元，直至159800元。但这并没有让人却步，一些人学了文华后，马上就把自己的合作伙伴、股东，甚至是自己的孩子、老婆、父母等都带了进来。

文华的特别之处还在于，他们做的是培训，但却从不认为自己是培训机构，而是"中国第一家金融超市"。事实似乎也是如此——3年间，其发起成立的项目公司多达几十个，涉足的领域包括会务、安保、公关、娱乐、传媒、投资，甚至还包括汽车、航空等，而他们运用的手段，都离不开关键的两个字：金融。

在当下的和平年代，在我们这个有着近14亿人口的泱泱大国，如果有人在公共场合说"我很爱国"肯定是要被人笑话的。但在文华这个平台，爱国却是很多会员脱口而出的话。在文华的会员公约上，在《资本兵法》讲堂上，在文华的各类活动里，"爱国"二字都是高频词。目力所及，中国似乎再没有哪一个民营企业，花费了如此多的时间和精力来宣讲"爱国"。文华因此被一些人赞为"中国第一个民营企业家爱国主义教育平台"，刘文华也被誉为"民营企业家诚信教育和爱国主义教育第一人"。

除了简单的重复之外，结合实际，文华还开创了一套与官方话语迥异的爱国主义教育方法。在文华，你听不到先烈抛头颅、洒热血打下新中国的宏大叙事，你只能听到老板与员工的常理。"作为老板，你希望员工听老板的，遵守公司的制度，爱公司。但站在国家的角度，老板就是它的员工，应该听国家的，应该爱祖国。比起其他国家，也许国家给我们的福利待遇差一些，养老金少一些，但我们一样要爱她，就像儿子爱妈妈，妈妈再穷，也还是要爱她的道理一样。如果因为另外一个人的妈妈给的零花钱多，提供的生活条件好点，所以就管别人的妈妈叫妈妈，行吗？不行。"这是刘文华的逻辑。

文华还独创了自己的 39 字原则——合法、正面、共赢、不谈论政治、不攻击他人、低调、务实、执着、海纳川穹、做到最好、感恩、分享、添柴火、爱国。并在文华的每一个活动上，反反复复地宣讲这 39 个字背后的含义。

这些年来，国内不乏一些培训机构教学员打法律的擦边球，怎么搞灰色地带，怎么避开法律的约束。但在文华，"合法"两字被摆在第一位，其要求"作为国家员工的老板们"必须无条件遵守国家的法律。

文华常挂在嘴边的另一个词是"诚信大于生命"。在刘文华看来，非法经营，诚信缺失，这只是市场经济发展瑕疵中的一角。更为严重的问题是，这些年来，中国的经济空心化现象到了不可想象的程度。据他分析，今天中国市场上 60%—70% 的东西都是外资的，不属于中国；剩下的按照二八定律，20% 的人拥有了 80% 的财富，而他们大部分已经移民了；此外，一些握有权力的官员，他们的老婆和小孩也都移民了，只剩下自己一个"裸官"。"他的财富是中国的吗？他代表的权力是中国的吗？"这是刘文华经常质问台下企业家的话。

刘文华认为，问题的根源在于，这些年来，社会各个阶层，尤其是中小企业家信仰的普遍缺失和价值观的错位。他因之而树立了一个从未对外人道的抱负——那就是通过培训活动来重塑企业家们的信仰和价值观，进而解决当前社会广泛存在的"空心化"、"毒奶粉"、"窝里斗"等现象。

三

说起"窝里斗"，刘文华有很多感概："这是中国人几千年的劣根性，一个中国人是条龙，两个中国人就是条虫，迄今为止，没有人改变这一点。"

关于这一点，台湾著名作家柏杨在他那本著作《丑陋的中国人》中，有着非常生动的描述，他说：

中国人讲起话来头头是道，上可以把太阳一口气吹灭，下可以治国平天下。中国人在单独一个位置上，譬如在研究室里，在考场上，在不需要有人际关系的情况下，他可以有了不起的发展。但是三个中国人加在一起——三条龙加在一起，就成了一条猪、一条虫，甚至连虫都不如。因为中国人最拿手的是内斗……所以外国人批评中国人不知道团结，我只好说："你知道中国人不团结是什么意思？是上帝的意思！因为中国有十亿人口，团结起来，万众一心，你受得了？是上帝可怜你们，才教中国人不团结。"我一面讲，一面痛彻心腑。

刘文华对此深有同感，但他似乎并不认命，"中国几千年来形成的劣根性，是不是一定不可改变呢？我认为不是！"

"文华大系统"中的"系统"二字，正是来源于此。他常在台上教育企业家们的一句话就是，单打独斗的时代已经过去了，现在最应该做的，就是一起"建系统"，寻求共赢与合作。

他甚至将企业家应该怎么建系统，分解成了六个可操作的步骤：

1. 找到一群有事业基础和有将来的人；

2. 形成共同的理念和价值观；

3. 习惯性的感恩、分享、添柴火；

4. 建立有默契的利益共同体；

5. 周期性地重复以上动作；

6. 周期性地优化系统中的关键节点。

许多受访的企业家们表示，第一次听到这些时，都觉得眼前一亮。因为之前从来没有一个机构，一个组织，用这种方式去教育他们怎么合作，怎么抱团。

从实际效果来看，也的确让人吃惊。短短 3 年多时间，刘文华用这套理论和价值观，不仅迅速汇集了近 3 万名企业家，而且让他们中的大多数人一改以前单打独斗的作风，积极通过"建系统"来寻求共赢与合作。这 3 年多时间里，大系统中循此理念而生发出来的项目数不胜数，大到整车制造，小到合伙餐厅，五花八门，应有尽有。而"爱国"与"诚信"，在大系统中也确实有着如通行证一般的效果。这与系统外的中小企业家惯于在灰色地带上游走，盛行打擦边球反差极大。甚至，在文华的带动下，其他一些培训机构，也开始将"合法、诚信、爱国"等理念植入自己的课程中，形成了一股新的风潮。

四

除了系统化思维折射出来的团结意识，文华的国际化视野也是其与一般的培训机构的不同之处。

中国资本出海，已有多年历史。在传统思维中，所谓的国际化，就是把中国的资源送出去，在海外赚到钱后，再拿到中国来花。在刘文华看来，这不是国际化，而是在卖祖宗基业。文华的国际化思维是，用中国的钱，甚至不带钱出去，就把外国的资源拿回来。

关于此，他有一套专门的理论。在某种程度上，这也是他讲的爱国——从资源保护的角度去爱国。

针对中国企业国际化困境，刘文华还提出了他的"国家经济发展的六个阶段"理论和"中国规划"理论。

　　前者的来源，是西方著名的经济学家沃尔特·罗斯托。这位美国肯尼迪政府最重要的谋士之一，将国家的发展划为六个阶段——传统社会、为起飞创造前提、起飞、成熟、高额群众消费、追求生活质量六个阶段。在"追求生活质量"的第六个阶段，其倡导的是大国霸权，刘文华对此颇不赞同，在他看来，正是因为这样的理论，让国家与国家之间，无法和平相处，"我认为，第六阶段应该修改为大国系统时代，国与国之间，应该更多地进行联盟、合作，形成共识，消除战争"。

　　而"中国规划"理论，则是刘文华的独创。他宣称，中国过去几十年走过的道路，不管是过去大力宣扬的"中国制造"，还是如今极力提倡的"中国创造"，都只是在沿着美国人走过道路重新走一遍，始终还是跟在美国人后面。"我们以前只知道亦步亦趋，别人这么成功过，我们也按照这个步骤一步一步地走，谁规定的？中国要崛起，就不能总是跟在美国屁股后面，而是必须进行'前端拦截'"。

　　刘文华说，所谓的"前端拦截"，就是要找到世界下一步发展的方向和规律，提前规划全球市场，从而掌握定义规则的话语权。在文华看来，实现这一过程的核心，是让中国庞大的中小企业家团结起来，并积极运用金融工具，抱团到全球去收购外国的优秀公司股权，隐形拓展中国在全球市场的布局。如此，有朝一日，中国终将掌握全球经济的话语权（"中国规划"理论具体内容请参照附录）。

　　在刘本人看来，这是文华最为核心的理论贡献。他试图用文华的 39 个字理念和价值观，来缝合资本主义与社会主义两套理论体系水火般不相容的缝隙，从而实现全球各国间的互利共赢，破解当前国际上纷争不断的迷局。

从 2014 年开始，文华就大张旗鼓地迈出了其国际化的步伐。先是 3 月份，刘文华登上马来西亚当地商业媒体《大橙报》组织的"2014 老板讲堂 Ⅱ"，首次在海外讲述"中国规划"理论；两个月后，他率领文华的财神、英雄团队登陆美国，在洛杉矶、纽约等地宣传其"中国规划"理念。据闻，他还被邀请前往联合国总部讲述 39 个字的核心理念，并获得参会大使们的一片好评。

可以说，作为培训行业的标杆之一，文华几乎触及了当代中国社会遭遇的"诚信缺失"、"官商勾结"、"社会空心化"、"金融阴谋论"等所有敏感议题。文华的培训内容和操作手法，也与它们有着千丝万缕的关系。作为一个以管理培训为业的商业机构，针对这些困境，文华开出了一个独特的药方。或者说，在国民的价值观引导上，刘文华掀起了一场颠覆性革命——用他自己的话说就是，文华的所有理论设计都是站在国家、民族乃至全球的高度，而不仅仅针对文华大系，不仅仅针对中国企业家，而是针对中国几千年历史文化里面的劣根性作出的斗争和革命，对整个国家和民族有着极大的价值。

而他们对培训行业的影响，更是显而易见。他们魔幻般的成长历程，很快就引来同行的关注，先是"疯狂英语"的李阳，接着便是有着"亚洲销售女神"之称的徐鹤宁，以及被称为"中国总裁领导力第一人"的张斌等人，一起出现在了《资本兵法》第 20 期的课堂上；紧接着的第 21 期，又汇聚了"亚洲超级演说家"梁凯恩与他的两个搭档许伯恺、陈霆远，"学习型中国"的刘景斓，以及汇聚集团董事长俞凌雄等人。其后，"服务中国"的谭志德、NLP 的冯小强，甚至还包括刘一秒的前夫人与股东等，也相继加入到了近距离观察《资本兵法》的行列中。

有的人说，刘文华是疯子，也有的人说，他是培训行业的教父；有的人称他为"民营企业家爱国主义教育第一人"，也有的人说他是大忽悠。他究竟是神还是人？是痴还是癫？是善还是恶？也许正如吕克·贝松在他最新的电影《超体》中传达的那样，时间将会是最好的评判者。

最后，感谢所有耐心接受笔者采访的人，他们在繁忙的日程安排下，不得不牺牲早上或晚上休息时间来接受我们的采访，我从他们身上获益良多。这份名单太长，在此就不一一列举了。

文华崛起

闯入培训界的黑马

横空出世

这是 2010 年的一天，广州的天空蒙着一层厚厚的灰。早上大约 9 点的时候，刘文华出现在了办公室。与往常一样，他将在这里开始他一天的工作。

位于广州国际贸易中心 32 楼的办公室人不多，确切地说，是有些冷清，这与楼下匆忙的人群和嘈杂的声音有些反差。几个工作人员有一茬没一茬地闲聊。他们都弄不懂老板葫芦里卖的什么药。

此时的刘文华，还是个名不见经传的人物，38 岁的他刚刚从一家生物公司破产的阴影中走出来。经历了这次的大起大落，他有些心灰意冷。但在员工面前，他却从未表露出来。他每天准时来上班，忙到很晚才走。他办公室的门没有装锁，总是敞开着，员工们随时都可进入，但大家都很少去打扰他。上班的大多数时间，刘都在埋头看书，或者是在他的那台外壳已经磨出印痕的笔记本电脑上查找着什么。

刘偶尔出去拜访客户。他的办公室里，也常会有一些贵客来往，只有这个时候，刘才会轻轻地带上办公室的玻璃门。刘文华与他们一聊就是几个小时。透过门缝，员工们隐约地听见，他们谈论的都是一些高深的术语，而其中被提及最多的一个词，是时下正在流行的金融。

早在 2009 年，刘文华就注册了一间投资管理公司，与别的公司尽量将创始人的名字隐藏起来不同，刘的这间公司直接以自己的名字——"文华"命名。但在注册后的很长一段时间，公司都没有业务。而刘似乎也并不着急。

这时候在另一个地方，一位年轻的讲师正对着场下的数万名听众，神采飞扬地讲述着他关于企业经营的智慧。底下的听众多是中小企业家。他们对台上的这位讲师很是崇敬。虽然不少人年纪都比他大，但大家都称他为"秒哥"。"秒哥"的这间公司有一个响亮的名字——思八达。

这一年，"秒哥"的客户迎来井喷式增长，他的一些课程被卖到了 45 万元，由于报名者众多，还得排期才能听得上。作为公司当时唯一的讲师，他四处讲课，把所有的时间利用到了极限。传闻，这一年中，他有 300 多天是在全国各地的讲台上与数以万计的企业家们一起度过的。凭借着规模和效益上的井喷，思八达跻身于中国培训业之首，刘一秒也坐上了中国培训界一哥的位置。

然而，没有人会想到，仅仅 3 年之后，"秒哥"就迎来了强劲的对手——中国培训界开始进入"二刘称雄"的局面。这其中的一"刘"，自然是成名多年的刘一秒。而另外一"刘"，谁也不会想到，竟是从未做过培训的刘文华。

2011 年 4 月，筹备了近 3 年的刘文华正式对外开课，他给自己的课程先是取名《引爆资本利润》，后又改为《资本兵法》研讨会，并沿用至今。

第一期开课时，《资本兵法》的会员只有 8 个人，但在短短的 3 年之后，这个数字就翻了 3800 多倍，发展到了近 3 万人。而文华在全球各地的分公司，则达到了 380 多家。

《资本兵法》的课程定价起步为 19800 元，与别的培训机构随行就市不同，刘一开始就设置了规则：每三个月涨一次价，直至 159800 元。截至本书出版时，这一价格已经涨至 129800 元。

除此之外，作为《资本兵法》的进阶课程，《资本英雄》也已开设了 4 期，费用也由最早的 35 万元涨到了后来的 85 万元不等。有人曾做过一个简单的估算，仅培训收入一项，文华一年就能有 10 多亿元的收入。

文华旋风

短短 3 年时间，文华犹如一幢高楼，拔地而起。其所到之处，掀起的都是一股旋风般的影响。

一些人学了文华后，马上就把自己的合作伙伴、股东，甚至是自己的孩子、老婆、父母等都带了进来。对不理解者，学过的人连说服的时间都省去了——他们直接帮自己的股东或者是合作伙伴交了学费，然后将他们拉到了课堂。

还有的人，则在学完之后，迅速成为了文华分公司的股东——这正是文华在短短的 3 年间，开出 380 家分公司的奥秘。还有一些人，则申请成为讲师（文华内称为"财神"和"准财神"），自己买飞机票，自己安排住宿，着了魔般到全国去免费推广文华的课程。

类似的义工在文华内随处可见，几乎每一场活动——小到《资本兵法》的课堂，大到数万人的晚会现场——都可以看到他们的身影。要知道，文华总部可是不给一分钱工资的，包括往返的路费、住宿费和餐费，都要老板们自掏腰包。甚至动不动还要因为迟到等原因被罚钱。

对这些身家少则千万、多则上亿的老板来说，他们可能并不在乎这点费用和花销，他们最稀缺的，是时间。然而，只要是文华大系统（文华对公司的另一个称呼）需要，这些平日里忙得脚不着地的老板们马上就跑来了——哪怕是在业务最繁忙的季节。

用他们的话，这叫"添柴火"（这也是刘文华自创的一个词）。一旦加入到"添柴火"的队伍中，那些平日里威风凛凛的大老板，就有可能变成了一个会场角落里看门的门神。多年不曾干过活，只是动动嘴皮子的集团董事，也会欣然加入到会务后勤的队伍中，摆桌子搬椅子。更让人哭笑不得的是，有时候一个现场跑麦（给提问者递麦克风）的义工，因为有多人报名，还得经过几轮PK才能上岗！

《资本兵法》第一期会员总共才8个人，3年之后，文华会员超过了3万人。

正因为如此，刘文华需要自己养活的员工非常少，据说，其所有的员工加起来，总共才13个人——这个数字还要算上刘文华自己！

竞相模仿

刘文华很快便引起了同行的关注。

先是"疯狂英语"的李阳，接着便是有着"亚洲销售女神"之称的徐鹤宁，以及被称为"中国总裁领导力第一人"的张斌等人，一起出现在了《资本兵法》第20期的课堂上；紧接着的第21期，又汇聚了"亚洲超级演说家"梁凯恩与他的两个搭档许伯恺、陈霆远，"学习型中国"的刘景斓，以及汇聚集团董事长俞凌雄等人。其后，"服务中国"的谭志德、NLP 的冯小强，甚至还包括刘一秒的前夫人与股东等，也相继加入到了近距离观察《资本兵法》的行列中。

显然，这些大佬们不都是来听课的。除了李阳在 20 期的慈善传承晚会中担任了主持人之外，其他人都甚为低调。

在过去的 10 年间，伴随着中国经济的高速发展，瞄准企业家的各式各样的培训机构也如雨后春笋般冒了出来。据不完全统计，这一市场每年的营销金额高达近 200 亿元。培训市场"遍地黄金"的现象，吸引越来越多的人投入其中。也正因为如此，培训行业成为了最具争议性的一个行业。各式课程泥沙俱下，而包装的花样也层出不穷。但刘文华一改常态，他几乎不打广告，不给那些不来上课的企业家没日没夜地打电话。据说，会员们的转介绍率高达 85%。而这，正是其他培训同行们梦寐以求的。

很快地，文华大系统中的一些做法就被培训界广为效仿，掀起了一波所谓的"文华大系统现象"。

以前的培训机构将课程称为课程，而现在都开始改名叫研讨会了；一些培训结构，也开始仿照《资本兵法》，将自己的课程拆分成三个阶段，每个阶段设置一个月的间隔周期；在学费上，《资本兵法》每隔三个月就涨 1 万元，他们也回去依葫芦画瓢，照做不误，以营造一种时间的紧迫感。

以前大家上完一个课程就各奔东西，文华在每期课程结束后，就将当期的会员变成一个合法注册的商会，选出会长、秘书长、架构师等，这一做法更是被广为效仿。

也有一些机构，干脆把《资本兵法》课堂上的一些内容，比如说《资本兵法》里面讲的"36 个融资技巧"等，重新乔装打扮一番，然后便包装上市；更为可笑的是，有个机构甚至连《资本兵法》的广告页面也不放过，仅把文华的名字替换成自己的，就开始招人开课了。

一个"四不像"的公司

价值平移

无论外界怎么学习文华，研究文华，却还是有很多人看不懂文华。

刘文华一直对外宣称，文华不是培训机构，而是"中国第一家金融超市"。但如果从外部来看，许多人还是将其看成是培训机构。因为文华对外公开的，只有三个课程——《资本兵法》《资本英雄》和《资本领袖》。

据文华官网介绍，《资本兵法》研讨会是以一对多的方式开展的金融咨询活动。它是文华给会员提供的核心产品。它的进阶课程《资本英雄》，每3个月5天一阶，共4阶，一年后结课，被称为是一门打造行业NO.1的科学。而第三个课程则还处于保密阶段。

刘文华把《资本兵法》研讨会前30期的地点基本定在清远市清新花园酒店。这是位于清远城郊的一家星级酒店，交通并不算便利。酒店依山而建，与背后墨绿的群山融为一体。听说，这是刘的福地，他对这个地方有份特殊的感情。

许多参加研讨会的会员，从来不曾学过任何与金融相关的知识，更谈不上是专业人士，甚至也没有多少与银行等金融机构打交道的经验，但却心甘情愿花一笔天价学费，在百忙中舟车劳顿地来到清远郊外，听一场这样的研讨会。

清远清新花园酒店，位于清远城郊，是刘文华最常用的授课点。

不论是《资本兵法》的正式会员，还是被邀请去听《资本兵法》初级研讨会的准会员，都一定会对文华下面这段神圣使命印象深刻：

1. 在 2030 年前，帮助 100 家企业进入我国的前 300 强企业。

2. 帮助 1000 家企业进入全国各个省的前 300 强企业。

3. 帮助 10000 家企业进入全国一级城市的 300 强企业。

4. 帮助 10 万家企业实现年营业额 100 亿元。

在文华公司新版网站中，对文华的介绍是这样的：

广州文华投资管理有限公司是一家集风险投资、投资咨询、房地产投资等业务于一体的综合性公司，以打造"中国第一家金融超市"为己任，是能够为广大企业家进行专业的金融咨询、资产服务、项目对接的平台。

文华在北京、上海、天津、杭州、沈阳、江苏、温州、武汉、重庆、成都、厦门、长沙、贵阳、昆明、南宁、深圳等全国各地拥有 380 多个分公司，是目前我国拥有最多已合法注册的分公司的投资集团，同时也是我国能最全面获取各个城市资金、项目对接信息渠道的民营投资公司。

对于旁人来说，这样的介绍多少有些浮夸，但是，当企业家们学完《资本兵法》三阶的课程后，他们就不会对这样的论断产生怀疑了。

2014年3月27日—29日，文华首届大系统论坛召开，千名会员从全国各地飞到清远清新县。入场当天，人流排成长达近百米的长龙。接着，他们在这里见证了文华29个项目公司的登台亮相。这些公司涵盖了会务、安保、公关、娱乐，甚至包括汽车、航空等多个领域。而他们全都是由上过《资本兵法》的会员发起、投资的。而其中的每一个项目，刘文华本人都是最大股东。

在如此短的时间内，刘文华将公司的触角伸向了这么多行业，让外人一下傻了眼。而这，还只不过是冰山一角。这29个公司中，还不包括会员以及各期商会所发起和投资的项目。另外，文华多个私募基金也开始了市场运作。

印证文华不是培训机构，或者说不仅仅是培训机构的还有另一个重大事件。2013年9月30日，文华关闭了分公司加盟的窗口，从而把分公司总数定格在了380多个。取得这一成绩，文华总共用了不到2年半的时间，也就是说在过去的24个月里，文华差不多每个月要开16家分公司。

停掉分公司，这让一些自认是同行的培训界人士傻了眼。要知道，省市两级的分公司是为文华输送《资本兵法》会员的唯一渠道。分公司全程负责初级研讨会的举办，以及新会员的招募，其作用类似于一个公司的营销部。在文华的商业模式中，总部以较低的折扣，批量地将兵法名额预售给各级分公司，分公司再把名额转卖给企业家会员，并从中赚取不菲的利润。

这一模式意味着，分公司越多，就有越多的人加入到免费推广《资本兵法》课程的队伍中来，为研讨会做义务宣传；同时，每一个分公司的加盟，都将给文华带来一笔可观的现金收入。在开放分公司加盟模式的后期，文华的省级分公司的起价，已由原来的 500 万元涨到了 800 万元；市级分公司也由 150 万涨到了 200 万元。看上去，分公司对于文华来说，是多多益善，只有好处，没有任何坏处。但是，文华竟然宣布，今后不再接受分公司的加盟了。

2014 年 3 月 27 日—29 日，文华首届大系统论坛召开，数千名会员从全国各地飞到清远清新县。入场当天，门口排起了近百米的长龙。

作为一个轻资产的行业，除了讲师资源和场地外，培训所需要的固定成本几乎为零，100 个人上课与 1000 个人上课所需要的投入几乎是一样的。也就是说，这多出来的 900 个名额，可都是实打实的利润。

培训界的同行也确实都这样干，比如被经常拿来和文华做比较的思八达，2011 年 6 月就曾创下了万人一起上课的纪录。据报道，当时听课的老板挤满了整个体育馆。而庞大的基数带来的直接结果，就是培训机构天文数字般的盈利。据报道，刘一秒曾创下过一场课程赚 3 亿元的纪录。而思八达 2012 年一年的营业额，就达到了 14 亿元人民币。

但这样的结果似乎不是刘文华想要的。在 2013 年 9 月关闭了分公司加盟的窗口之后，他还多次在公开场合透露：2017 年文华将停止讲授《资本兵法》，届时，《资本兵法》的内容将免费地呈现给所有人。

除此之外，文华总部还在每年的年会中大手笔烧钱，为所有参与年会的嘉宾提供免费吃住。文华声称，《资本兵法》研讨会所赚取的会费，几乎全部都花在每年盛大的年会上了，通过年会的形式，会费又花在了每一个企业家身上。2014 年，文华年会在北京、上海、广州等六大城市同时上演。据说，年会总共吸引了近 6 万的企业家参与。

如果文华的《资本兵法》培训根本不赚钱，那文华靠什么赚钱？这是令每一个从外面观察文华的人疑惑的问题。

"靠培训之外的东西赚钱。"几乎每一个文华的"财神"（文华内部对"讲师"的另一种称谓）都会这样回答。据刘文华自己透露，在《资本兵法》开课之后，他投入的项目高达 200 多个，而其中的不少项目已经开始盈利。

中国最大的商会

实际上，文华更像是一个急剧扩大的商会组织。商会中大量的人脉资源，是推动这些老板们不惜时间精力一直往前走的重要原因。

《资本兵法》9 天的课程期间，每一期的会员将自动成立一个商会。据说，商会完全由各期的会员自主运作，文华总部完全不予以干涉。包括会长在内的商会执委，全部由会员在研讨会现场投票产生。

研讨会结束后，商会将牵头组织慈善传承晚会、企业走访等各式活动，以加深会员间的沟通和链接。在各期商会之间，大系统内又有不同的产业联盟和以地区为单位的系统高峰会，以此来纵向链接各期的会员。通过时间轴和空间轴这一横一纵两条线，文华大系统内部构成了一个庞大的商会集群。截至 2014 年 9 月，文华的会员数达到近 3 万人，堪称有史以来中国最大的商会组织。

1904 年，清政府颁布《商会简明章程》，将所有"商业公所"改名为"商会"，蹒跚中，商会在中国已走过了百年的风雨历程。然而商会真正意义上活跃起来，则是近 20 年的事情。改革开放以来，民营经济从无到有、由小到大，高速发展，地位与作用日益突出。在此背景之下，商会像雨后春笋般地冒了出来。作为企业与政府、企业与企业之间的桥梁，商会的地位在市场经济的发展中也日益重要。

由于地域、行业的差别，商会成员之间难以形成紧密的链接与合作。久而久之，必然导致商会凝聚力的涣散。事实上，这也是当前国内商会的一个通病。最近的一项研究表明，当前国内的许多商会缺乏活力，还处在"一年收一次会费，一年开一次大会"的低层次运作阶段。大量的商会组织中，有实力、活动多、能有序开展工作只占 1/3；缺少生机、勉强维持的占了1/3；剩下的 1/3，基本上是有名无实，起不了任何作用。

与外面商会的死气沉沉不同，文华大系统内的不少跨地区、跨行业的商会表现得非常活跃，会员间互动相当频繁。一些商会除了实现资源信息的互通有无，还带着会员一起做项目，甚至还成立了自己的慈善基金，积极地参与抗灾重建等各种慈善活动。由于会员热情高涨，一年一届的商会执委换届大会，也时常上演火爆的 PK 场面。

把众筹玩到极致

截至 2014 年 10 月，文华集团旗下带"文华"字头的项目公司有 30 多个。

这些项目公司，从筹备到成立，实际上几乎只用了不到半年的时间。这些项目的一个共同模式是，它们全部由《资本兵法》的会员企业家发起，并广泛接受大系统中的任何一个文华股东的入股，从而实现共同经营。而其中的每一个项目，刘文华本人几乎都有参与投资。

通过平台吸引数万名的中小企业家，进而掌握大量的资金和项目资源。每一个会员都可以在系统内部提出自己的项目，并争取大家的支持。由于所有项目的发起人，都是一些在商场中历练了多年的中小企业家，这就解决了合伙企业的成立以及运营问题。

可以说，虽然文华并没有对外说其用的是最新流行的"众筹"，但是它从头到脚，流淌的可都是"众筹"的血液。

"众筹"这一模式，在国外已有300多年的历史，因2009年创立的美国网站 KickStarter 而一炮走红。该网站的初衷，本是帮助那些有梦想的艺术家，让他们通过向公众集资的方式登上舞台。例如罗博·托马斯2013年在上面发起的电影拍摄项目《美眉校探》，支持者可在网站上对他进行赞助，并将获得免费数字电影拷贝作为回报。最终，罗博筹到的钱超过了570万美元，共有9万多人向他提供赞助。

2011年，作为舶来品的众筹正式传入中国，并迅速吸引了大量关注。很快就诞生了点名时间、众筹网、追梦网等一大批中国式的众筹平台。以众筹网为例，截至2014年7月1日，众筹网的项目已经多达1390个，整体融资金额超过了2900万元。

众筹的本质，是"集众人之智，筹众人之力，圆众人之梦"。但它不是筹钱这么简单，更为重要的是，在某个平台下，通过这一模式，集每个人的智慧挑选出那些值得资金流向的项目，同时，让每一个对项目感兴趣的人都加入进来，共同参与项目的定位、产品的研制、推广以及销售。

文华的 30 多个项目公司，正是这一模式的一个应用。

这一模式，如今又被广泛地称为股权众筹。投资过程中，投资者以近似认购私募股权基金的方式，获取公司股份。

股权众筹在线上面临的一个问题是，众筹网站需要有广阔的人脉，才能把天使投资人聚集起来；此外，众筹网站还得有专门的分析团队，对项目做尽职调查，这样才能保障项目质量；最后，网站还需要熟悉风险投资的法务团队，协助投资者成立合伙企业及运营。

但当股权投资搬到线下，进入文华大系统。股权投资网站面临的所有问题，似乎都迎刃而解了。

文华大系统，就相当于一个线下的众筹平台。与线上的平台不一样的是，这里面的每一个人既可以是众筹项目的发起者，也可以是项目的投资者，同时他们还都是项目的分析考察者。

除了项目众筹，慈善筹款也是系统内部极为常见的事情。2014 年 7 月 18 日，台风"威马逊"袭击海南文昌，全市受灾严重。21 日，文华在系统内部的多个微信群发起救灾募捐活动，短短 4 天的时间，就募集了近 20 万元的善款。

资金和项目，固然是许许多多会员加入文华的外在动力，但是会员本身，才是大系统这架机器能够运作起来不可或缺的润滑剂。以文华自身的成功为例，其最宝贵的资源，便在于这群紧紧围绕其核心运转的会员，而文华总部 13 个人能够管理这样一个 3 万人的庞大群体，通过系统内部"众筹"而来的免费义工功不可没。文华模式的核心，是令每一个人都能够为一个共同的目标尽到一己之力。

项目对接会是文华项目众筹最重要的方式之一。

凭借众筹模式，系统内部迅速诞生了文华汽车、文华楼等一批令人匪夷所思的项目。2014 年 2 月，三期"英雄"（文华对《资本英雄》学员的称谓）家族对外发起文华汽车项目，声称要造真正属于中国人的汽车。消息一公布，不少人觉得这简直就是天方夜谭，过去几十年国家和无数的企业家都没能做成的一件事情，却要在大系统内达成？ 2014 年 9 月，文华汽车项目取得突破性进展，据了解，文华与同样拥有中国汽车梦的上海同捷科技股份有限公司达成战略合作，文华投资集团出资数亿元，以 58% 的占股比例控股上海同捷科技股份有限公司。同时，文华与邢台市政府签约，首期投资 20 亿元，控股邢台的整车生产基地 90% 的股份，全面开始汽车的整车生产。

在文华大系统内，刘文华无疑将众筹模式做到了极致。

声称改变世界

2014年3月底,刘文华开始公开宣讲"中国规划"。什么是"中国规划"?按照刘文华的说法,就是让中国经济通过"前端拦截",提前规划全球市场,最终实现以中国——而不是美国——为中心的全球经济一体化。换句话说,就是要让中国取得在全球经济中的话语权,成为游戏规则的制定者。

在刘看来,实现中国规划的核心,是摒弃跟在美国人屁股背后搞"中国制造"乃至"中国创造"的思路,而是用"前端拦截"思维,通过大系统和金融工具的应用,构建一个无边界的金融城堡。一旦中国的企业家能够团结起来,到全球去收购优秀公司的股权,让中国公司隐形拓展全球市场,那么有朝一日,中国终将掌握全球经济的话语权。这一结果,正是文华所描绘的,改变世界金融格局的宏伟蓝图。(具体内容参见附录)

2014年3月,"中国规划"海外研讨会的第一站选在了马来西亚。刘文华在《资本内参》与当地商业媒体《大橙报》组织的"2014老板讲堂Ⅱ"上登台,讲述"中国规划"的重要意义。

2014年5月23日,高盛的总部接待了这批潜在的"竞争对手"。相较于触角遍及世界各地,年营业额高达330亿美元的金融巨头高盛,文华如今实在是微不足道——用他们自己的话说,文华"只是高盛的0.18%"。可同样应该注意的是,取得今天这样的成绩,文华仅仅用了3年不到的时间。

在美国讲"中国规划"时,刘文华甚至提出,有生之年,希望通过系统的力量,帮助美国的美籍华人在美国推选出一位华人总统。而当这一切完成之后，他就会回到自己最喜欢的地方：实验室。干什么？造飞碟!

刘文华在"中国规划"讲坛上。

令人惊叹的崛起速度、近似天方夜谭的神圣使命，以及反复在讲师金口中闪烁着的 UFO 梦想，许多人在想，刘文华是疯了吗？文华是谁？

打造金融超市

假想敌高盛

"老师你没学过数学吧？"

在第一章已经提及，文华声称自己的使命是：

1. 在 2030 年前，帮助 100 家企业进入我国的前 300 强企业。

2. 帮助 1000 家企业进入全国各个省的前 300 强企业。

3. 帮助 10000 家企业进入全国一级城市的 300 强企业。

4. 帮助 10 万家企业实现年营业额 100 亿元。

当看到这些宏大的数字时，一般人的第一反应是：刘文华太没有自知之明了，或者说太不自量力了。

然而，这样的使命被刘文华自《资本兵法》第一期打在 PPT 上之后就再也没有改掉一个字，并且在 3 个月 9 天的研讨会上每半天结束后，都会要求在场的会员跟着台上的"财神"大声地念三遍，也就是说，学完《资本兵法》的会员至少要诵读 54 遍这个使命。

来自长春的 1 期会员许家顺，被 1 期的会员敬称为"带头大哥"。他的企业涉足医药和房地产等多个行业。他是第一个对这个使命提出质疑的人。当时看完之后，他劈头就问："老师，你学过数学吗？"

他给刘文华算了一笔账：10 万家企业营业额 100 亿元，总营业额就得是 1000 万亿。而 2011 年，中国一年的 GDP 也就 60 万亿，这相当于近 20

个中国的规模。怎么可能?!

感到震惊的不只是许家顺, 2 期会员荣明伟说, 他当时差点站起来建议刘文华: "这个愿景太大了, 感觉是在吹牛。" "你说帮助 100 家企业进入中国前 300 强, 你自己还不是呢, 怎么帮助别人?"

20 期会员徐新颖初次在初级研讨会 (《资本兵法》的推介课程) 上听到这个神圣使命时, 同样心存疑问。但在简单咨询了几个往期的会员朋友后, 徐还是报名参加了培训。进入研讨会之后, 他突然觉得, 要实现这个使命似乎也不难。"因为那期学员的素质太高了, 有好些名人和上市公司的老板。"

刘文华多年的老友, 全程见证了《资本兵法》的诞生和崛起的赖东强回忆, 在一次准备企业文化展示材料的时候, 刘叫他把一张已经做好的PPT 加进去——也就是现在的这个神圣使命。赖的第一反应是: "你是不是算错了?" 他提议将其改成要在多少年之内, 培养多少个分公司与专家。刘文华没有同意。那天夜里, 在刘文华的家中, 他们促膝长谈, 刘第一次跟他正式谈文华的愿景——做中国的高盛。

这次谈话, 彻底改变了赖东强此后的人生轨迹。原打算再干 5 年就退休陪太太环球旅游的他, 决定继续再干 20 年。退休的时间表和文华的规划是同一年: 2030 年。

超越高盛

20 年后超越 20 年后的高盛, 这是文华使命的另一个更为通俗的表达。

高盛, 这家华尔街最知名, 被人形容"厉害到可怕"的投行, 其百年传奇熟为人知。1869 年，一个名叫马库斯·戈德曼的德国犹太移民，在纽约的一个地下室创立了马库斯·戈德曼公司，从事商业票据交易。所谓的票据交易，其实就是早上从小商户那用折扣买来应收账款，然后以更低的折扣把应收账款卖给银行，赚取中间的差价。这个公司，就是高盛的前身。

140 多年之后，高盛成为了全球金融中心华尔街当之无愧的领袖之一。它在全球开展业务，拥有 3.2 万名雇员。2013 年它的全年营业收入达到 342.1 亿美元，净利润更是高达 80.4 亿美元。2014 年 8 月 27 日美股行情显示，高盛市值为 812.87 亿美元。

一个刚刚起步的"培训公司"，声称要在 20 多年的时间里超越有百年积累的高盛，这不是天方夜谭吗？

回顾高盛的发展史，虽然屡经波折，但其近一个半世纪的崛起历程仍然可谓辉煌。

早在 20 世纪初的 30 年里，高盛通过与雷曼公司合作，二者占据了当时绝大部分的 IPO 市场。1928 年"高盛交易公司"成立，进入信托领域。不料，一年后，美国股市崩溃，高盛交易公司失败，这也导致高盛声誉扫地。随后的 5 年里，它都没能作为主承销商获得一起证券承销业务。大萧条的到来，更使它濒于破产。

1930 年起，高盛进入"温伯格时代"，其业务中心从股票交易转移到投资银行部门，用了近 30 年终于挽回了公司的声誉；20 世纪 70 年代高盛又在资本市场的"恶意收购"风潮中，极力扮演"白马骑士"的角色，帮助公司进行反恶意收购，从而在投资银行界异军突起，并于 20 世纪 90 年代成为投资银行界的"世界级选手"。

1999 年，高盛几经波折终于成功在美国纽约证券交易所上市，并在

其后9年里，创下上市不亏损的神话。即便是在2007年的美国次贷危机中，得益于公司独特的"风险管控系统"，高盛还是取得了不可思议的净利润；2009年更是在总裁劳

在许多人看来，一个刚刚起步的"培训公司"，声称要在20多年的时间里超越有着百年积累的高盛，无异于天方夜谭。

埃德·布兰克费恩带领下，成功实现了134亿美元的净利润。

刘文华20年后要超越的，就是这样一个经过了近一个半世纪积累，赢得几乎所有金融同行佩服的公司。而此时的刘文华，除了满腔的抱负，什么都没有。

为什么是金融？

在文华看来，隐藏在高盛神话背后的，是另一个版本迥异的故事。而它正是文华神圣使命的发源。这个故事对于许多人来说，一点也不陌生。

2007年6月，《货币战争》正式出版。这本内容号称80%为西方历史的书，出人意料地在接下来的两个月里重印了9次，销量突破20万册。在书中，作者宋鸿兵收集了大量的历史材料和各个版本的民间故事，然后自信满满地向世界宣布了他的发现："一部世界近代史就是犹太金融家罗斯柴尔德家族的阴谋史。"

他在书中描写了罗斯柴尔德家族等美国金融机构，怎样通过遥控美联储，来实现对美国政府的控制，并由此掌控整个世界。在他的描述中，罗斯柴尔德家族在战争和金融危机中上下其手，积累了令人可怕的财富。书中透露，这一数字大概是 53 兆美元，相当于 2006 年全球 GDP 的 80%。

2007 年 8 月，美国次贷危机爆发，并最终在次年的 9 月全面失控。在这一轮的信用危机中，包括雷曼兄弟在内的多家美国大型金融机构，或倒闭，或被政府接管。金融危机很快席卷全球，引发了世界范围内的经济衰退。一时间，全世界都开始咒骂华尔街，在受害者看来，正是这帮吃人不吐骨头的金融蛀虫的自私与贪婪，让全世界人民陷于水深火热之中。

2007 年 6 月，宋鸿兵出版《货币战争》。美国通过货币金融殖民世界的阴谋论，开始充斥中国的大街小巷，并且深得人心。

在这样的大背景下，美国通过货币金融殖民世界的阴谋论，借助宋鸿兵精心编制的故事集，开始充斥中国的大街小巷，并且深得人心。

两年之后，没有任何金融从业经验的刘文华，开始在广州的办公室，着手《资本兵法》体系的设计。2011 年《资本兵法》横空出世，并在不到两年的时间里，做到了与中国培训界老大思八达同台比拼的位置。

刘文华是否读过《货币战争》，不得而知。但对于书中宣扬的"谁掌握了货币发行权谁就掌握了世界"的理念，以及罗斯柴尔德家族等国际银行家掌控世界的阴谋故事，刘相当熟悉。按照刘的说法，《资本兵法》课程的诞生，就是他深入研究美国历史后，对操纵财富背后那只无形之手的深刻领悟。

这只手，按照广为流传的说法，先是在1944年美国通过布雷顿森林体系击垮了老牌的大英帝国，建立了以美元为中心的国际货币体系。这使美国得以通过金融货币政策来遥控世界，并最终助推美国取得了领导世界的经济霸权地位。到了20世纪60年代，国际流通的美元数量已经超过了美国的黄金总量，布雷顿森林体系日益承压。尼克松政府终于在1971年宣布了布雷顿森林体系的终结。此后，美元的国际地位进入了一个新的阶段。

1974年，美国通过与沙特阿拉伯签订秘密协议，允许沙特以低于公开拍卖的价格购买美国国债。美国由此将世界最大的产油国和最富有的国家与自己牢牢地绑在了一起。

4年之后的1978年，当欧佩克组织重提"特别提款权"，企图改变石油的美元结算体系时，美国与沙特阿拉伯迅速达成协议，以提高沙特在国际货币基金组织中的投票权重，交换它不支持"特别提款权"，提案因此再次流产。由于石油在国家经济中的重要地位，各国依然需要储备大量的美元，来保证石油交易的顺畅。美元在国际货币中的霸主地位又得以延续，这即所谓的"石油美元体系"。

国际货币基金组织，被认为是美国实现其经济霸权的另外一个工具。成立于1945年的国际货币基金组织，本身就是布雷顿森林会议的产物。

它最初的出发点，是为了避免成员国爆发支付危机，例如一旦有国家的外汇不足以支付其所进口的产品，它就给予一定量的借款。如果某国长期借款，那么该国的经济政策就会受到"监管"。由于国际货币基金组织的投票权是按注资比重计算的，所以美国一直牢牢掌控着它的话语权。因此，美国得以操控一些国家的经济政策。

这种"监管"的直接后果，就是落后国家的产业保护，以及资本市场限制被迫取消。欧美资本因此得以长驱直入，它们像一头疯狂的野牛，闯入一片片未曾开垦的处女地，野蛮地冲垮、兼并当地企业，甚至控制该国的经济命脉。

通过货币与金融工具，美国最终实现了其掌控全球事务的目的。而美国政府的背后，同样藏着一个又一个的故事。这些故事中的一个版本是，包括美联储在内的美国权力机构，无不被美国的巨型财团所控制。他们宣称，包括美国财政部、证券交易所等许多政府部门的首脑都出身于高盛，或是与高盛有着千丝万缕的关系，奥巴马更是在高盛的鼎力相助下才赢得了总统的选举。

如此看来，与其说是美国掌控了世界，还不如说是以高盛为代表的金融财团、国际银行家掌控了世界。

这个观念深植于刘文华的内心。

研讨会原来是个广告

让数万人掏钱来听广告

20 期《资本兵法》研讨会现场，疯狂英语创始人李阳、亚洲销售女神徐鹤宁全神贯注盯着台上慷慨激昂的刘文华，生怕错过任何一个有价值的地方。他们俩出身、年龄、性别迥异，怀揣的目的却一样，都想发现刘文华在培训界迅速崛起的终极秘密，或者最起码也应该把令《资本兵法》之所以如此值钱的"有用把戏"拿回去用用。

李阳、徐鹤宁只是来学习《资本兵法》较为知名的培训界代表，他们同样将刘文华视为自己的"假想敌"来索取真经。

文华的会员主要是中小企业主。文华对外宣称，会员中还包括银行、证券、保险、基金等金融机构从业人员以及政府官员。但大多数会员反映，他们接触到的这类会员很少。

而文华自己则有对会员的另一套分类标准：一类被称为"为系统添柴火的人"，这些人对文华的理念有着较深的认同感，积极响应号召，参与大系统的各种义工活动，为大系统出财出力，他们在文华里面最为活跃；另一类是"拔柴火的人"，这些人不但不为大系统出力，还持续地消耗系统内部积累起来的资源，甚至给大系统不停地注入负能量，透支大系统的信用和声誉，他们中的许多人都是来自其他培训机构的竞争对手；最后一类是"既不添柴火，又不拔柴火的观望者"，对于文华，他们更多是带着一种好奇的观望心态。而文华，则用"海纳川穹"四字来表现对各类人等的包容和博大胸襟。用他们的话说，文华也在社会化，既然社会化，就应该对各类人都要接纳和容忍。

上文提到，一些培训界同行的假想敌是文华，而文华的假想敌是高盛。这样一段如此不对等的关系用数字最好说明：高盛集团成立于 1869 年，在 23 个国家拥有 41 个办事处，超过 1100 人的风控部门，34500 名雇员，409 名合伙人，在全球投资的项目无数个，市值在巅峰时期突破千亿美元。反观文华，2009 年成立，13 名员工，成立公司伊始老板尚未从破产阴影中走出。人从哪来？钱从哪来？项目从哪来？这是成为投行具备的最基本要素，也是刘文华不得不面临的问题。起步之初，为了打开局面，刘文华也曾考虑过在媒体上做做广告。但做广告出身的他很快否定了这一想法。

据他陈述："上个世纪 90 年代，有人说每 100 元广告费中有 90 元是打水漂的；但是到了 2009 年，说句难听的，每 100 元里面可能有 99 元是打水漂的了。"

在了解了各种广告形态之后，刘文华发现，或许会议营销会是个不错的方式。所谓的会议营销，也就是通过集会、开会的形式来推广产品，吸引客户。在国内，会议营销被广泛应用于保健品等医药行业，曾多次因虚假宣传而臭名昭著。2010 年，一家采取会议营销的企业更是成为了央视 3·15 晚会的曝光对象之一。

犹豫再三，刘最终还是选择了放弃。他的理由是：会议营销这种东西，有 80%—90% 的情况都是忽悠。而他的宣传目的，是要找一群可以共事的伙伴。

"伙伴"，是刘文华的口头禅，是他对参加《资本兵法》研讨会的会员的昵称，也就是《资本兵法》初级研讨会瞄准的潜在客户。在兵法的相关推介内容中，他们这样定义文华会员的身份：企业老板与股东、中层的政府工作人员以及银行等金融机构的从业者。用文华的话说，这是"一群有事业基础和有未来的人"。

想了很久之后，刘文华终于想出一个至今都觉得自豪的主意：价值转换。说白了，就是交易，让他瞄准的目标人群用钱来买他对资本的理解、对金融的研究等智力知识，这些智识的浓缩，也就是我们今天熟知的《资本兵法》研讨会了。

通过这样不断的价值交换，刘的收获显而易见：学费、人，以及这些人背后源源不断的资源和项目。

老子曰：江海所以能为百谷王者，以其善下之，故能为百谷王。刘文华对这句话深有体会，所以他明知有些同行是想来"偷学真经"、抢客户甚至"搞破坏"，他们仍采取"怀柔政策"。"这些人在某种程度是在为文华做广告，我们没有理由拒绝。"刘说。

从《资本兵法》第5期开始，针对忠诚度高的会员，9天的课程结束之后，刘适时地开启了省市二级分公司加盟的窗口。各地加盟的分公司，开始自发地组织初级研讨会，以此来吸纳新会员。刘让许多对兵法内容认同强烈的会员，通过切实经济利益的纽带，与文华的使命紧密地结合在了一起。

刘这步棋，确实走得相当精妙，而且也收效显著。《资本兵法》研讨会在经历了前面十几期艰难的生存阶段之后，终于在13期迎来了井喷，在此之后，会员数节节攀升，并在29期达到了近3000人的高峰。

零固定成本化

如果把《资本兵法》看作是文华的产品，像很多公司的产品有产品推介会一样，《资本兵法》也有推介会，不过，在刘文华这里，改了一个名称，叫《资本兵法》初级研讨会。而初级研讨会的形式，无非是选好时间、地点，邀请身边潜在的客户在一起听由讲师分享的《资本兵法》课程里最有价值的内容点。

有别于思八达为了开发新客户，苦心培养了5000多名号称"战士"的销售人员，文华的总部至今只有13个领工资的员工。最初，刘文华身兼初级研讨会的召集人和讲师。后来，刘把销售工作悉数交给了下面的380多个分公司，由每一个分公司自己去组织开展初级研讨会的宣讲。不用说，初级研讨会的一切费用、人力和物力，都由所在的分公司来承担。而在台上分享的讲师，亦变成了他的弟子，这些人在文华被称为"财神"

和"准财神"。这群人与其说是文华的员工，还不如说是刘文华的合作伙伴。

这里不得不提的是文华迥异于其他培训机构的成交模式——说起培训行业的成交模式，经历过机构课程推广的人肯定忘不了。机构往往先是祭出一帮不屈不挠的"战士"，通过电话、短信、邮件、QQ 等方式对客户进行狂轰滥炸，直到客户投降屈服为止。更为可怕的是，一些难以攻克的老板，甚至可能成为公司全部"战士""打怪升级"的靶子，谁要是能达成任务，他就能成为队伍中的"战神"。

说服老板来到现场试听推广课程，只是这些机构迈出成交的第一步。推广会宣讲完，会场往往依然大门紧闭。场内的主持人这时则会使出浑身解数引导老板们成交。这时候，一大帮的美女帅哥就开始手持着 POS 机在人群中来回穿梭，让你刷卡。

为什么要采用这样的成交模式？学者西蒙的研究表明，决策中的个人既有理性的思考，也极大地受到周围环境的影响。经过推介会上讲师激情四射的渲染和互动，台下的老板正处在大脑发热的状态，最容易被动员成交。这在心理学中叫"羊群效应"，就像一只羊处在一群羊中很容易盲从一样，个体在人群中的理性思考能力往往会大大降低。一些机构便利用人性的这一弱点，通过安插"托儿"的方式，引发人们的冲动性购买。

而文华的做法却截然不同。现场根本就没有人拿着 POS 机给你刷卡，不明真相的人还以为是刷卡机忘记带了。听完了初级研讨会，如果你想加入，你得去找到有招生资格的分公司填表报名。如果不想报名，接下来也没有任何的强制措施。

这一成交模式曾经让许多分公司股东不解。来自成都分公司的股东罗启东就是其中一个，"当时我跟我们的'财神'讲，你这个整完了以后别人怎么找，别人花了时间花了场地，听完了你不成交，那不是没有业务？"

来自广州的股东荣明伟也表示，这种成交模式让《资本兵法》早期的推广"很不容易"。"不做广告，不做宣传单页，也没有易拉宝，开始别人都不知道文华，更别说加入了。"

文华内部把这样的成交模式称为"零抗拒成交"。

根据刘的好友金琼斌的说法，早在2009年，刘就零星跟他说起兵法里面的一些东西，包括研讨会里关于一个人成就大小的公式，以及一个企业如何实现基业常青等内容，都先后出现在了刘与他的谈话中。而其中最为重要的一点，还是要数如何实现"零固定成本化"的构想。

刘文华早年在经营广告公司，以及生物科技公司的时候，已经展现出异于一般人的思路。

"没有业务员，我也不需要业务员，都是各个广告公司拉了单放到我公司来。"按刘文华的说法，那时他已经学会整合上游、下游和同行资源。

在金琼斌看来，刘那时就开始有意识地控制员工的个数。他会让一些同行，或者找一些代理商，帮他完成他前期的交接工作，比如说开发客户、销售等。"他的公司都没有几个人，但业务却是相当好。"员工少了，意味着成本低，利润高。

在文华大系统中，这一点体现得可谓淋漓尽致。一个几万人的活动通常由会员和义工们自发组织完成。据说光2013年的年会，就至少有1000人当"义工"，这些人不拿一分钱，甚至连吃饭住宿都自掏腰包。

甚至《资本兵法》研讨会中所需要的组织和后勤人员，也全部由往期学员回来当顾问实现。对于总部来说，它就是完全的"零固定成本"。

《资本兵法》前传

《资本兵法》一开始，其实并不叫《资本兵法》。据上文提到的赖东强介绍，大概在 2010 年年末，刘文华曾短暂地推出过一个名叫《引爆资本利润》的课程。4 个月后，《引爆资本利润》改名为我们今天熟知的《资本兵法》重新起航。

见证了《资本兵法》诞生的赖东强，也参与了当时《引爆资本利润》推介课程的主讲。当时的推介课程，也不叫初级研讨会，而叫《企业的基业常青》。推介会中，他负责讲授资产配置，主要是关于企业和个人的投资的内容。据说现场效果还相当不错。赖回忆，刘在台上讲完之后，相当含蓄，也不见他有任何的推销动作。赖就故意在台下问了一句，那怎么报名？现场来的几个人中，就有两个人刷卡报了名。当时学费是 19800 元，优惠之后是 9800 元。

其中一个老板还带着他们公司的 5 个人一起出现在了《引爆资本利润》的课堂上。这一次《引爆资本利润》的学习使他成为了后来《资本兵法》初级研讨会中资本分拆案例的主角。只是这位会员和他公司的具体名称都做了模糊处理。

文华总部资产运营部总监陈新平，也是《资本兵法》成长历程的见证者之一。2010 年，他在一次聚会中认识了刘的太太陈凯旋，之后便带着他自己的团队加入了文华，负责国际理财业务，主要做 A 股和黄金、白银交易。那个时候的文华，还只有财务和字画收藏两个部门。

对于《引爆资本利润》，他坦言："那时候对这个培训不感兴趣。因为我自己赚钱就足够了。"当时会场选在从化的一个度假山庄，参加的人大概有十来个。因为他负责的理财业务行情好，非常忙，所以他并未参会。"我们现有的《资本兵法》的几个经典案例，就是那个时候老师带着他们实践出来的。"他补充说。

《引爆资本利润》的缘起之一，就是文华当时在做的理财产品。

金琼斌回忆，因为做理财，所以要不停地去给客户介绍各种理财产品，做一些小型的介绍会。但当时主要是金在讲，刘则把主要的精力花在了对外的资源链接上。

事实上，在《资本兵法》研讨会的早期，文华依然保留着个人理财业务。据陈新平介绍，在兵法的第 3 期和第 5 期，晚上不上课的间隙，他都还曾给会员讲过理财课程。

《引爆资本利润》3 天讲完。相较于《资本兵法》3 个月 9 天的时间，短了许多，虽然课程效果不错，但《引爆资本利润》只开了一期，据赖东强说，原因主要是招生难，"很多人不相信这样一个课程"。

《资本兵法》的秘密

重新出发

2011 年是辛亥革命 100 周年，中国共产党建党 90 周年。这一年，中国企业界发生了很多事。

4 月，"亿万富姐"吴英集资诈骗案二审在浙江省金华市中级法院开庭审理，引发社会各界对民间借贷"罪与罚"的争议。

7月，一部叫《变形金刚3》的电影在内地上映，片中，联想、伊利舒化奶、美特斯·邦威、TCL 等"中国品牌"组团植入广告，引发热议。

9月，号称"眼镜大王"的温州眼镜龙头企业浙江信泰集团董事长胡福林失踪，后证实是由于负债过高、资金链断裂而逃跑。此后引发多米诺骨牌效应，掀起震惊全国的"温州跑路潮"。

同样是在浙江，一个叫新昌县的地方却是另一番景象：新昌制造业企业中没有人投资房地产，100%的经营利润来自主业，当地企业平均利润率一直超过 10%。在严峻形势下，"新昌现象"引发了一场"回归主业"的讨论。中央书记处书记、时任浙江省委书记赵洪祝要求全省各地要认真研究"新昌现象"。

12月，中国商务部批准雀巢公司以 17 亿美元收购徐福记 60% 股权的交易，糖果业步入寡头割据时代。而此前的 7 月，欧洲最大的私募股权投资集团安佰深宣布，已经完成对金钱豹的收购，媒体称，这是继百胜收购小肥羊后，又一个餐饮业巨头被外资"捕获"。

这一年也是刘文华人生轨迹中颇为重要的一年，亦被称为文华大系统的发展元年。

2011 年 4 月，沉寂 4 个月后，《引爆资本利润》更名为《资本兵法》，重新出发。

按照赖东强的说法，在这中间的几个月时间里，刘文华对《引爆资本利润》的内容做了很多调整。至于具体做了哪些调整，他说："全部是老师一手策划的，有些东西并不知情。"

从形式来看，《资本兵法》研讨会对内容进行了扩充和重新编排，时间由原来的 3 天变为 9 天。从"研讨会"的取名来看，刘相当看重"研讨"

的功能。赖东强回忆，刘在早期的课程中，知无不言，确实和会员有着非常好的互动。

课程编排的另一个奥妙，是把 9 天的课程拆分到了 3 个月，每个月 3 天。这样台上的讲师在每一个阶段开始，都可以对他想强调的重点进行重复，非常符合记忆的规律。会员在学完一个阶段之后，便可以立即回去操练，然后又带着问题回来听课。同时，也非常利于会员与会员之间的链接与沟通，虽然间隔的时间里大家不在一起上课，但许多会员之间一直保持着联系。

在赖东强看来，因为有《引爆资本利润》打下的基础，《资本兵法》研讨会的内容从一开始就非常系统与完善。据说研讨会中所用到的 PPT 课件，从第一期到现在连一个字都没改过，甚至至今里面还有几个错别字。

《资本兵法》第一期总共到场 8 人。他们基本上都是朋友，或是朋友的朋友。大师兄赖志红，兵法开课之前，就已经通过圈子认识了刘文华，他还带来他的另一位股东欧阳。除此之外，就是来自长春的大师姐杨丽群、许家顺、一个叫小李的女孩子以及赖东强和他的两位朋友。大师姐在此前已经通过朋友认识了刘。许家顺开始是以他爱人的名字报的名，恰好他要到香港办事，顺道便改由他来。另一个小李就更传奇了，报名的是她爸。临上飞机时她爸才对她说心脏病犯了来不了，还骗她说，退不了费，这才把她哄过来听课。

小李坐在杨丽群后面，来的第一天上午一直在画画，基本上没怎么听。小李后来承认，她当时就是想砸场子捣乱，然后退费走人。但是到了下午，她就不画了，开始记起了笔记。"带头大哥"许家顺，也一改上午仰头靠椅的样子，正襟危坐起来。

担任摄影的赖东强，至今记得他们每个人讲起自己的目标时对他的触动，"每个人的领悟，每个人的生活，每个人走的路都不同"，他感叹道。

第 1 期的会员不少人跟着刘一直走到了今天。大师兄赖志红竞选上了 1 期商会会长。研讨会还没结束，他就下定决心要全职做文华。后来他回到珠海，成立了珠海分公司，许家顺与杨丽群一起成立了长春分公司，一南一北，遥相呼应。据说，当时他们还定下了一个盟约：要从这一期开始，"打造文华信用大系统，缔造基业常青，达成文华梦、中国梦"。

从 2011 年 4 月起到 2014 年 3 月，每 40 天一期的研讨会从未间断，到 2014 年 3 月的 31 期起改为每 10 天一期，会场设在全国各大区的主要城市。除此之外，还有大量的初级研讨会不定期举办。据文华官方资料显示，截至 2014 年 8 月，文华大系统会员达到了 3 万人，直接和间接受文华《资本兵法》影响的企业家多达 10 万人。

初级研讨会的目的，是要让那些潜在客户了解《资本兵法》课程，初级研讨会"讲出了一些东西，但羞羞答答，遮遮掩掩"，一位老板听完后在微博中如此评论。而也正因为如此，一些会员在被吊足胃口后便报名参加《资本兵法》的正式研讨会。

实际上，许多进入正式研讨会的老板都没听过初级研讨会。一些人是因为真的太忙，根本就无暇参与到这样的推广课程中。而另外一些会员则是被身边最亲密的朋友或客户邀请而来，冲着昔日的交情和信任，就报了名。有些人甚至纯粹是因为推不掉人情，拉不下面子。

尽管如此，多数会员在刚刚听完的时候，都觉得研讨会非常好。但是，却自始至终都说不清楚到底好在哪里。"刘文华是个做培训的高手。"一位不愿具名的早期会员这样评价。

虚拟现实

2014 年 3 月 21 日，随着冷空气的南下，位居中国南部的清远也有了一些冷意。清新花园酒店在这一天早上迎来了一个客流高潮，停车场里陆续开进奔驰、宝马、劳斯莱斯、路虎等汽车。这里即将举行为期三天的《资本兵法》第 31 期研讨会。

9 点 50 分左右，会员开始陆续进入会场。这时会场已经响起一首歌："打开一扇门，推开一扇窗……"

听说这是文华藏宝馆的馆歌，歌词颇令刘文华满意，后来这首歌几乎成为文华的主题曲，在许多场合都被拿来暖场。

研讨会在 10 点钟正式开始。台上的讲师不是刘文华，因为自 30 期开始，刘文华就已正式停讲《资本兵法》。据说，由他本人讲的最后一期研讨会的会员人数达 4000 多人，加上复训和顾问团，有 6000 人左右。坐在最后一排的人几乎只能看到刘文华在台上的一个身影。

走上台的这位讲师穿着一身设计考究的套装，腰上系的是一条镶着文华金色 LOGO 的皮带。这套行装与西服风格迥异，有些像中山装，但又不完全是，在文华内部，被称作"华服"。刘文华称，这是他亲自设计的。

这位讲师，名叫赵梓雄。在文华官网，对他的介绍是这样的：

男，出生于河南开封，创业于广东。2011 年走进文华大系统，师从于《资本兵法》创始人、文华投资集团董事长、文华金融研究院院长刘文华先生。二期《资本兵法》会员、二期资本英雄，现任文华投资集团执行董事，文华投资集团决策委员会委员。

时间安排：每期《资本兵法》研讨会一阶段第一天。

个人风格：风趣幽默，声音洪亮，通俗易懂。

人生座右铭：别人没有想到的，我提前想到；别人想到了，我提前做到；别人做到了，我提前服务到了，永远超前一步。

未来愿景：成为世界上最有影响的演说家、投资家、金融家。

在文华，讲师被称作"财神"，"财神"——顾名思义，他们是掌握了财富之门钥匙的人。因为讲台比较高，场下的会员如果要看台上的"财神"，基本要做仰望状。

文华"财神"赵梓雄。其身上所着的套装是文华"财神"们的标准装扮。据说，这一套装是刘文华亲自设计的。

在进入研讨会的第一天，会员们会根据地域进行分组。每组7人，再配备一个顾问辅助大家学习。在9天的课程中，精心设置了许多小组讨论的环节。讨论时，财神一声令下，100多人的会场顿时热闹得像个超级菜市场。

会员们聊着聊着，跑题的现象时有发生。而正是在这些看似跑题的闲聊中，透露出会员各自参加兵法的迥异心态。一些会员跳出来，开始兜售自家的产品或代理的其他课程；一些人相互谋划着一起做个项目。这些现象见多了，大家也就觉得司空见惯。

研讨会的第一个小高潮来自第二天的扑克牌游戏比赛。扑克牌游戏的目的是训练大家从结果倒推的思维——文华术语叫"B点思维"。游戏开始之前，应"财神"要求，每人各要拿出100元作为PK金，然后各组分别选派人上台PK。扑克牌游戏的玩法，已在前一日晚上的小组作业中给出。有些小组要一直做到凌晨才能完成作业。PK由台上的"财神"主持，现场最终决胜出前三名，由他们的小组分享几万元的 PK 金。

沙盘演练是整个课程中的另一个高潮，它被安排在第三阶段的第二天。沙盘游戏由市面上的 ERP 沙盘模拟改良而来，据称由刘亲自操刀设计，会员被要求严格对外保密。

沙盘游戏模拟了一个包含政府、银行、证券交易所、企业等机构的商业环境，甚至还设置了监狱。参与游戏的各小组，根据设定的规则来运营自己的公司，最终或成功上市，或倒闭破产。那些违反规则的玩家，将接受相应的惩罚，甚至蹲监狱——被顾问护送进一片代表监狱的特定区域。

沙盘演练的厉害之处在于，它巧妙地把 9 天课程中的一些抽象的准则和内容，嫁接到了一个个接近真实的商业场景中。课程中那些看上去模棱两可的格言式准则，竟然能在生动的游戏中落地运用，还与现实多少有几分相似。比如，玩家可将拥有的虚拟专利作为抵押物，从银行取得相应的贷款；公司可通过捐赠希望学校等方式，从政府部门中获取认定与荣誉，最终提高在银行等金融机构的授信额度；由于所有的机构都是由顾问担任，若玩家系统建得好，与某个岗位的顾问熟络，那么顾问在规则允许的范围内，便多少会有一些倾向性，比如给予玩家的虚拟抵押物较高估值，等等，不一而足。

沙盘演练对会员的冲击不言而喻。游戏完之后，不少会员感慨，原来在资本市场翻云覆雨是一件如此容易的事情；而累积财富的过程，不过是在 1 的后面不停地画圈圈而已。

"财神"温娜对此就深有感触，玩沙盘时，她和她的小组夺得了冠军，当时他们的业绩是：净资产 30 万万亿。"在沙盘里，我体验到是怎么做的，觉得这是完全可以做到的，我能感受到什么是国家营销。那时候心力就变强大了。"一年之后，说起夺冠的情景，她依然有些动情。

文华课堂上，会员被分为7人一组，再配备一名顾问的方式上课。图为文华23期研讨会一隅。

夺冠之后，温娜激动不已，一整个通宵都在与会员们分享。第二天早上9点，在安排完工作之后，她就晕倒在了回去的路上。

非常规金融培训

说起《资本兵法》研讨会，大家都知道这是一个关于金融的培训。而对于为什么偏偏就它能火起来，许多人的看法不一。

20期的会员徐新颖，自称是学习专业户，其曾参加过各种各样的培训。他认为兵法所主打的金融培训，刚好弥补了市场的一块空白。"过去的培训公司，主要停留在抓销售利润、抓供应链管理上，成功学、励志的比较多；还有就是采购、执行力、领导力等这些东西。总体而言，这些东西更适合总经理学。"

老板本人应该学什么？当然是金融了。他说："很多人花了几百万，学了那么多东西之后才发现，原来根儿在资本。"

事实上，在《资本兵法》之前，市面上已经有各式各样的金融培训课程，包括全国各大名校的 EMBA 等课程。这些课程一般都由国内学界的一些大佬亲自操刀授课。这些人的金融知识和水平，自然不在话下。但这些与金融有关的课程，大多还停留在学术研究的象牙塔形态，枯燥乏味，是它们的一个共同点。

财经作家吴晓波在《用我们的产品让人生活更幸福》一书序言中曾这样写道："在知识的获取上，中国的民营企业从来处在一个被压抑和边缘化的境地上……民营企业已经壮大成中国经济成长的主力，可是，'到底有多少商业知识及培训是专门为民营企业而创新和设计的'？这实在是一个极让人尴尬的问题。"

文华的《资本兵法》，无疑就是其中之一。开过广告公司与生物科技公司的刘文华，在商场中摸爬滚打十几年，拥有丰富的与中小企业家打交道的经验。他熟悉这些中小企业家的思想和烦恼。因为浸淫得太久，《资本兵法》从一诞生起，就包含了中小企业的基因，并逐渐长成了他们所需要的那个样子。

在《资本兵法》研讨会中，没有涉及任何高深的概念和函数，全是没有任何专业知识的人都能听得懂的大白话。因为刘文华比谁都明白，在台下的这群企业家心中，重要的不是严谨的逻辑，更不是什么缜密的推理，而是你讲的这一套，符不符合他们的口味。

研讨会结束之后，文华还为会员提供了一个可以实践的平台。许多会员不断地在这里分享他们的经验，在学员陈信豪看来，"每一次分享的背后，都是一次实践的精华"。

然而，对于《资本兵法》的内容设计，在会员里也不乏争议。比如大量使用格言式的教学，是《资本兵法》研讨会的另外一个特点。像在第一天下午讲述的《资本兵法》20 个基本原则中，劈头第一句就是："时间是一切资本之源",还包括"天下人的钱都是你的,只是目前别人帮你代管而已"等令人匪夷所思的阐释,最后则以"对未来财富预期是最重要的财富"结束。

案例的稀缺也是会员们反映最多的问题之一。整整9天的课程中,涉及的案例可谓是少之又少。会员通过兵法成功落地的案例,更只是课堂之外的传说,讲师在现场展开的并不多,会员们还在一片迷雾中时,又被迅速带入了下一个模块。

文华课堂上呈现出来的为数不多的几个案例,几乎没有多少具体的细节,讲解时也不提供任何可操作的详细步骤。以往的众多培训的不同之处是,讲师习惯把一个个发生的案例,立体分解到每一个细节。"但是站在旁观者的角度,那个未必就是真实。""财神"罗启东说。

"一个100亿身家的人、一个1亿的人、一个5000万的人和还在起步阶段的人,他们看待一个案例收获的东西显然不一样。详细地剖析,可能符合一部分人胃口,却未必符合所有人的胃口。所以很难说哪种剖析正确。我们是站在360度的角度,所以我们把案例讲得相对简单。只是把这个步骤发生了什么告诉大家。接下来,我们不会讲一二三四五步是怎么做到的。""财神"罗启东这样解释为什么文华课堂上不讲详细案例。

在罗看来,由于每个人过往经历的差别,导致人们的思维、所拥有的条件都不一样,各自的结果自然也不一样。会员们只有通过讨论才可以碰撞出不同的思路来。

罗将这种做法称为启发式教学。"这才是其他培训机构应该向文华学习的地方",他说。有别于中国传统灌输式、填鸭式的教学思维,文华希望每一个会员能够根据自己的思维习惯和实际情况,去找属于自己的解决方法。这也符合老板的身份,因为前面没有路,也没有成功的道路可以简单复制,"真正的老板都是自己去找答案的"。

在"财神"们看来，《资本兵法》告诉你的只是一种可能性。"兵法中的 36 计，每一个企业因为实际情况不同，用到的可能都不同。并且一个企业不是所有的计都要去用，也不是每一计都能用得了。而作为"财神"，我们已经把他该讲的都已经讲了。如果你不明白，或是没听到，说明跟你无关，你不需要。"

"财神"们常常挂在嘴边的一句话是"学生准备好了，老师自然来了"。而这，也是刘文华经常说的一句话。

"兵法"到底教什么

《资本兵法》被认为是一门研究资本背后规律的学问。那么，"资本"到底指的是什么？

资本首先是一个经济学概念。它指的是用于生产的基本生产要素，包括资金、厂房、设备、材料等物质资源，以及用来生产其他商品或产生收入的累积物力和财务资源。

对于资本的划分和内涵，不同的经济学家和流派有不同的观点。一般而言，它主要可以分为以下三类：一类是制度或社会生产关系资本；一类是人力资本；另一类是物力资本，其中又包含自然赋予和人类创造的两种。

货币资本、实物资本和无形资本，这是文华对资本的重新划分。货币资本包括每个人所拥有的现金、银行卡上的存款等；而每个人拥有的汽车、房产、机器等，则是他的实物资本。

无形资本的范围就要广泛多了，它几乎包含了货币资本和实物资本之外的所有东西：你个人的声誉，你所创造的专利技术，你在某个行业的影响力，等等。

《资本兵法》研究的是资本的规律，那就是所有的这些都在这里，因为你看到的万事万物，其实都是资本。"很多人认为《资本兵法》就是融资技巧，其实这只是九牛一毛。《资本兵法》是什么？包罗万象：你钱包里的钱，或者卡上的数字，这对你来说是你的货币资本；你开的车、你的房子是你的实物资本；你个人的信用、品牌属于你的无形资本。"文华的一位会员说，"但所有你的这一切对于我来说，都是我的无形资本。"他停顿了一下，"它们都可以为你所用。如何为你所用呢？你要知道这里面所有的规律。"

在这名普通的会员看来，这些规律的载体，就是大系统。只要进入大系统，成为大系统的主人，在理论上，大系统中其他人的所有资本，也就成为了你的无形资本。

"天下财天下人取之，所有钱都是我的，之所以现在不在我账上，只是因为别人在帮我们保管。"在研讨会第三天下午，"财神"会这样告诉你，"即使你拥有百亿财富，与天下财相比，也不值一提。"而在系统中，同样汇集了你所不能匹敌的天下之财。

所以，"只有把眼光从自己的口袋移出来，关注、帮助大系统里的更多人，你才会发现，别人的财富也会源源不断地流向你。""你的胸怀与格局，决定了你的财富多寡。就好比，天下财富像海洋一样多，你的格局却只有一个小酒杯，面对海洋一样的财富，也只能望洋兴叹，取回一小杯而已。"

在文华网站主页的宣传语，以及初级研讨会广告中，他们曾经这样写道，一旦企业插上了《资本兵法》和大系统这两个翅膀，那么企业就将懂得如何实现赢利性融资，迈入真正不缺钱的轨道；同时，它的营业额也将获得 5 倍，甚至是 10 倍的增长。

一些学过的会员感慨，"资本兵法"这一工具，说白了，就是教人怎样从银行等金融机构融钱。其最核心部分就是出现在研讨会第二天以及第六天的融资 36 计。

讲课时，讲师往往先在 PPT 上简单地呈现出来——他们反复重申，这些 PPT 从《资本兵法》第 1 期到现在从来没有更改一字，然后吩咐底下的人抄写，抄完再进行简单的讲解。一般而言，中间会穿插一些会员提问和讲师回答。

"《资本兵法》把自己的金融思维打开了。"13 期会员雷宗平这样评价。他来自广东中山的一家太阳能应用企业。他笑着说，"以前做生意的方式太老土了。"因为不喜欢赊账，只做现金生意，连供应商的钱他也一次性付清。

来自长春的大师姐杨丽群，形象地描述了她学完这一部分的感受：以前最困扰她的是银行的合同每年一签，签的时候就必须把上次的钱还了，然后再走手续，把下次的钱借给你。但是作为企业，不可能在这一个月把所有钱都收了回来。

她说，北方人不喜欢借钱，也没什么其他的融资渠道，所以一般的小微企业家那个时候会比较痛苦。

于是她找到刘文华。"那是我头一次听说什么叫'过桥'。"但是该找谁呢？刘告诉她，你向谁贷的款，就直接找他们，他们会告诉你。回去她跟合作伙伴一说，还真可以做，花了 10 分钟签了个字，就把事情给搞定了。

"当我签完字，跟我爱人走出那个门的时候，我顿时觉得天特别蓝。困扰我们两年的烦恼就这样解决了。"回想起以前逼着业务经理，天天追讨回款的痛苦情形，杨的感触特别深。

她总结说："有的时候路就摆在眼前，你的思维没打开的时候你真的就看不到。但当你的思维打开后，你就会发现，哦，原来就在这里。"

不过，也有一些质疑的声音。一位不愿具名的 9 期会员反映，对于兵法中的许多金融工具的讲解太笼统了。"它只是让你知道有这个东西，但是听完之后，你根本就不知道如何下手去做。"

课程中的"一些资本运作的技巧很多在现实中根本就行不通"。另一位自称是 21 期的会员在网上公开质疑说，他有一种被骗的感觉。

被文华称为另外一个翅膀的，是"文华大系统"这个工具。

用文华的话来说，参加《资本兵法》研讨会的都是一群有事业基础，有将来的人；系统中的每一个企业，或许都不是非常的大，但是如果他们联合起来，化身为大系统中的一个要素的时候，这个系统的能量就不可估量。据百度贴吧的一个帖子，在文华第二届全国高峰会执委换届的选举中，光参选的 37 位企业家就共掌控了规模达 1170.4 亿元的实体企业。当然这些企业家，光是聚集在一起，还不足以构成一个系统。在《资本兵法》9 天课程中，除了一天半是讲授专门的金融知识之外，剩下的时间都是在做这样一件事情，按照文华的说法，就是统一大家的理念和价值观。

刘文华将如何建系统归纳成这样 6 个步骤：

1. 找到一群有事业基础和将来的人。

2. 形成共同的理念和价值观。

3. 习惯性的感恩、分享、添柴火。

4. 建立有默契的利益共同体。

5. 周期性地重复以上动作。

6. 周期性地优化系统中的关键节点。

"做到"的学问

随着《资本兵法》研讨会的知名度增大，互联网上开始出现兜售《资本兵法》3期9天的课堂笔记，售价从几百元到万元不等。然而，看到这个被传为"圣经"的笔记后，是否就一劳永逸了？

"《资本兵法》是门做到的学问"，文华内部很多人都反复地强调这一点。

如何理解这个"做到"？在他们看来，文华大系统今天所呈现出来的结果——近3万名的中小企业家围绕着刘文华等文华核心圈层紧密聚集在一起，这本身就是文华大系统工具最成功的应用，是文华的"做到"。

"做到胜于一切！一句话，去做！"兵法研讨会上，"财神"的声音铿锵有力，敲打在每一个台下企业家的心上。

去做什么？当然是去"建系统"了。

建系统当然不是毫无目的地建。按照文华的说法，围绕着你公司系统的，是你的下游客户、供应商、同行、政府管理机关等，它们共同构成了属于你的"藏宝图"。只有尝试着从这些方向找人去建立以你为中心的系统，做到了，你才算学懂了文华。因为如果没有了系统，一切都是无源之水。"你再懂融资的方法跟技巧，但是若你只有一个人，也做不了什么事。"

在系统理念的驱使下，很多人等不及三个月结业，就把身边的家人、客户和供应商带进了文华。据称，文华会员间的转介绍率达到了85%。

文华集团董事吴毓隆解释说，对很多会员来说，这是建系统最为便捷的方法，因为学完之后，他们就有了同样的理念和价值观，再合作起来，就会畅快很多。

按照文华的说法，这世间万象，人们肉眼所见事物的背后，无不隐藏着一种本质的规律，他们称之为"道"。而文华需要做的事情，就是筛选出那些有悟性、有善根的人，让他们领悟到那只背后操控财富的无形之手，并且自发地加入到义务传播兵法的队伍中来，一同改变世界的金融格局。

在他们看来，真正有善根的人，断不会自己学懂了就独自去发财。他会怀着一种爱和使命，去传播和分享《资本兵法》，教给更多的企业家，因为"我们中国的民营企业家太需要《资本兵法》了"。这也就是刘文华说的"有悟性、有善根"的内在逻辑所在。

然而，这种对事物的本质，对操控财富背后这只无形之手的领悟，怎么可能那么简单？从第一节课开始，"财神"们就在台上向会员反复暗示。"老师站在台上讲半个小时，但是你真的每句话都听懂了吗？"

从进入研讨会的第一天起，台上的"财神"就开始引导学员形成一个超低的期望值。他们常常这样说道："《资本兵法》包罗万象，深奥得很。学一次是不够的，是学不明白的，它要多次感受，多次学习。"言下之意，即使你第一次听不太懂，那也是再正常不过了。

"每一次听《资本兵法》，都能有新的收获。从术到道，到文华大系统，到国家营销，最后到无边界金融城堡，是深刻理解兵法必经的五个层面。所以9天的兵法学完之后还不是完整的，必须回来当顾问。通过做顾问来了解整个兵法背后的东西。"文华的核心高层黄健文说。

在黄健文看来，大系统中只存在两类人：一类是看懂文华的人；另一类是看不懂文华的人。兵法是一门"做到"的学问。只有尝试着"做到"的人，才算是看懂文华的人——不论他是来自集团董事、大区董事、高峰总会，还是其它"系统"。当他"看懂"的时候，那他必然已经开始"做到"。

而他所说的"做到"，就是将课程讲授的内容付诸行动，不断地去分享，将家人、合作伙伴带入文华；不停地为大系统添柴火、做义工，组织参与大系统内部的各种活动，等等。文华反复强调一个说法，"在大系统中添柴火做加法越多的人，拥有的资源也越多"。

看懂文华的路径，就是把大系统里面的每一个重要岗位都做一遍。黄健文称，这是他花了两年多的时间在大系统中领悟到的。

事实上，文华核心圈层几乎所有人，基本上都有多重身份：文华的股东、"财神"、顾问、会员等。据温娜估算，在文华近 3 万名的会员中，股东人数就占了 1000 多人。也就是说，每十几二十个会员中间，就有一个是文华的股东。

加入到股东的队列，这当然也是"看懂文华"的应有之意。成为股东，也就意味着与文华的核心圈层走到一起，共同结成一个更为紧密的利益共同体，而这正是建系统六个步骤中最为重要的一环。

不过，更多的普通会员在做了几次顾问之后，便选择离开。在文华集团董事吴毓隆看来，这就像自然规律一样自然。"到了冬天树木该凋零的要凋零，到了春天该长出来还要长出来。有些人可能暂时离开，过段时间可能又会回来。"

那些经历了多次的 PK 并胜出，最终如愿以偿地成为顾问团团长的人。他们将继续以资深顾问的身份参与研讨会。无疑，按照文华的说法，他们便是那些最"有善根的人"。同样，按照文华的说法，只有具有了善根，他才能听到"财神"没有说出口的三分话；也只有收到并相信了这三分财富背后的故事，他才会不停地回来复读，做顾问，建系统。而一旦他怀着爱与使命这样做了，那么他就一定有机会在某一天从这场旷日持久的战争中胜出。但是在未来的哪一天呢？谁也不知道答案。

一位不愿意透露姓名的会员总结道：这其中每一步"棋"都环环相扣，逻辑严密，且自成一体。自始至终，刘所扮演的角色，是一个游戏规则的制定者。他无需选择谁成为胜负手，他只要看住规则，确保每一个人不越界；他不需要成为英雄成员，在系统中，他就是名副其实的"大英雄"。

文华
模式

附一：

刘文华总结的《资本兵法》中的二十条基本原则

1. 时间是一切资本之源

2. 没有最大，只有更大

3. 做不到是由于还没有想到

4. 凡事最少有一个有效的方法（好条件是创造出来的）

5. 天下财，天下人取之

6. 在大系统中，每个人都有足够多的资源

7. 没有缺乏资本的人，只有缺乏资本的状态

8. 财富本身没有好坏、没有性格，任何财富都可以用于实现正面价值，成为正面财富

9. 财富总是自动向资本密集的方向流动

10. 看到的是财富，看不到的是财富后面的故事

11. 只需要合法的方法就已经足够了

12. 在大系统中，诚信比生命还重要

13. 在大系统中，做出最多加法的人拥有最大资本

14. 若要求知，必须行动；若要巨富，必须行动

15. 同样的方法，只会得到同样的结果

16. 养成以结果为起点的习惯

17. 不能富贵对家族是不负责任的

18. 没有敌人的人不会有朋友；所有敌人，都可以变成朋友；所有的人，都可能成为自己的朋友

19. 资本在交换和流动中创造价值

20. 对未来的财富预期是最重要的财富

附二:

刘文华总结的融资 36 计

第一计:应收账款融资

第二计:应付账款融资

第三计:资产典当融资

第四计:企业债券融资

第五计:存货质押融资

第六计:租赁融资(大设备)

第七计:不动产抵押融资

第八计:有价证券抵押贷款

第九计:经营性贷款

第十计:装修贷款

第十一计:专利技术融资

第十二计:预期收益融资

第十三计:个人信用融资

第十四计:企业信用融资

第十五计:商业信用融资

第十六计:民间借贷融资

第十七计:应收账款预期融资

商会诞生记

"商人小社会"

19世纪末的一天，广东拳师黄飞鸿带着十三姨、梁宽赴京探望父亲，准备购买蒸汽机回乡办药厂。来京第一天，他们住进了广东同乡们建立的"广东会馆"。

这部曾经红遍一时的《狮王争霸》，让观众认识了"会馆"这个词。而会馆，其实就是今天的商会。

1904年，清政府颁布《商会简明章程》，将所有的"商业公所"全部改名为"商会"。而早在1902年，上海商业会议公所就已经诞生。由此推算，商会在中国已经走过了110年的风雨历程。

明清年间石狮拱卫的广东会馆。中国商人建立商会的历史源远流长。

"商与商集合而成商会，其在今日明效大验。"历经清末、民国、新中国这一个多世纪的发展，它的作用也越来越被商人认识到。尤其是近30年来，随着民营经济的进一步壮大，商会也迎来了一波快速发展的浪潮。

根据 2014 年两会期间的一份议案，全国各地商会的总数，已经超过了 10700 家。日益庞大的民间商会，开始作为政府与市场之间的第三方力量崭露头角。

"结乡谊、谋财、沟通政商"，商人冯仑把商会的作用总结为这三件事情。

商人通过以天然地域而划分的地方商会团结在一起，行业协会成为某一特定行业企业的聚集，高端俱乐部、高端旅游团、高端体育活动等又以一种更为松散的方式为富人群体创造交流的空间。中国正在形成多种形式的"新商帮"，比如，由曾经就读长江商学院和中欧商学院 CEO 班的刘永好、王健林、冯仑、郭广昌、李东生、曹国伟等企业家组成的华夏同学会，成立于 1994 年的汇聚了段永基、冯仑、任志强、史玉柱、柳传志、李彦宏等的泰山会，2006 年马云、冯根生、沈国军、宋卫平、鲁伟鼎、陈天桥、郭广昌、丁磊八位浙商共同创办的江南会等。

在文华，3 个月 9 天的研讨会一结束，当期会员将按惯例注册成一个商会，然后便在以商会会长为核心的执委会的带领下，开始进行进一步的内部链接与合作，同时，让文华大系统内各期进行对接，实现互动。

商会执委会设置会长、副会长、系统架构师、副系统架构师、秘书长、副秘书长和监事长、风控师等职位。商会选举一年一届，会长及执委成员如果干得不够好，就很可能在下一次的选举中被其他人所取代。

"官场现形记"

因为商会在文华的意义举足轻重，每期商会的执委竞选就显得尤为重要。

从第一天的小组组长推选开始，就为商会执委的竞选埋下了伏笔。每七人一组的组长，在研讨会的第一天就要定下。一般而言，是由小组成员毛遂自荐，最积极的那位往往被任命为组长。组长往往是小组里付出最多的一位，负责协助顾问联络组员，发起讨论，组织活动等。

组长之后，是大区区长，最后才到商会执委层面。而这每一次晋级都是通过竞选完成。竞选，通俗而言，就是"PK"，是文华文化里很重要的一个基因。

说起竞选，最容易联想到的是西方的总统选举。这一度被视为一个国家民主的最高体现，但由于随之滋生的黑暗和腐败亦被广为诟病。贿选是西方选举中经常出现的招数。只是有的比较高明，在选举制度发展较好的西方国家，很少表现为直接的贿赂选举和向选民发放金钱，而是表现为政治献金和选举经费的不断攀升。

如美国大选被认为是烧钱选举。最终决定谁能当上总统的很大一个因素就是看谁获得更多的资金支持，谁能在选举中投入更多的金钱进行政治宣传。

文华商会里的每一次"PK"也都难掩背后暗流汹涌。

以文华 31 期为例，文华把当期会员根据区域分为六大区：华南一区、华南二区、华东区、华中区、西南区、北方区。第一阶段的第二天，要竞选出各大区区长。当天，各大区的组员被指挥集中在特定区域。

选举全程由会员自己组织，过程看起来不复杂。由各小组推选的候选人会先上台竞选。这里的"舞台"，其实是就地找的一把椅子。一般而言，小组组长被推上去的概率比组员更高。当有些小组成员实力较弱，没有人上台竞选时，就会立即被别的组"笼络"过去共同推选他们的理想"区长"。

事实上，在正式竞选之前，不少有意参选的人就开始了简单的"拉票"行动。最常见的手段当然是请吃饭了。研讨会第一天中午还没结束，会员的微信群里已经陆续收到了好几个饭局的邀请，不少人戏称之为"鸿门宴"。

竞选时，区长候选人站在"椅子"上振臂高呼，大声喊出他的竞选宣言，大抵是他有哪些资源，他能为大家提供什么价值，他当选的优势之类的内容。然后再由会员进行投票，根据得票高低的顺序自动产生胜出者。区长人选确定后，又有一轮由区长牵头组织的大区执委竞选，里面同样设置秘书长、监事长、风控师等职务。

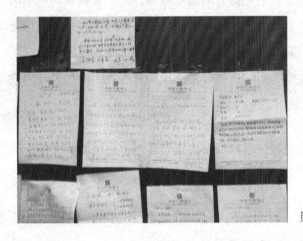

文华 31 期竞选会长，会员们贴出来的竞选简历。

激烈的 PK 过程，也是打造影响力的过程。这些上台 PK 的人尽管有些落选了，却不影响他比普通会员赢得更多的关注，也因而成为日后一些竞选商会执委的利益团体拉笼的对象之一。

商会执委的形成与其说是竞选的结果，还不如说是"水到渠成"，因为在正式竞选之前，有意向竞选商会执委的人已私下形成一个隐秘的"利益共同体"雏形。

这个"利益共同体"往往由当期商会里较有实力和较为活跃的会员构成。通过两个阶段六天的相互碰撞、了解、熟悉，这群人基于共同的利益很容易走到一起，并为他们第三阶段胜利当选做了大量准备。

在正式竞选前，尽可能多地在公共场合发言，以及记住大家的名字，这是候选人必须做足的功课。候选人会将亲笔书写的简历，贴在会议大厅的墙壁上，供大家熟悉预热。

为了成为执委会成员，一些会员竞相捐献不同级别费用，有的甚至高达百万元。这些钱不归属文华，而是由会长进行管理，用于服务学员。其常规项目包括：制作豪华文华会员通讯录；举办高规格传承晚会；举办各个大区系统高峰会；举办项目落地大会；挑选好项目，管理项目池和资金池等。

比如在文华 19 期商会会长的竞选现场，候选人一致同意先捐款 100 万元出来支持商会发展；20 期"疯狂英语"的李阳，同样为了胜出会长而花了 100 万元的代价；而在 21 期会长及执委的选举中，更是汇聚了胜者集团总裁白雪、味之都集团总裁齐大伟、科宝博罗尼集团创始人蔡先培、重庆兄弟建设集团董事长陈强等人。最终，大家熟悉的爱国者总裁冯军夺得了这一殊荣。

20 期商会会长选举现场，爱国者董事长冯军最终成功当选为 20 期奥狮商会会长。

文华总部声称，从来不对商会的运作施加任何干涉，从而实现了他们所说的"自愿入会，自选领导，自聘人员，自筹经费，自理会务"的"五自"原则。

"传承"的意义

慈善传承晚会，是由商会牵头，组织当期会员共同完成的第一件事情。

晚会所有的节目，都由当期的会员自编、自导、自演。据称整个过程中，文华总部的人员与顾问从不参与，也不干涉。

商会的传承是从《资本兵法》研讨会第一期商会就一直保留下的传统。1期会员杨丽群回忆，1期结业的时候，他们听说，2期的人给他们带了礼品，是一本书。但因为上课的地方很偏远，他们不知道应该回送什么，就做了一面文华旗，买了一些水果，在顺德的碧桂园里，做了一个简简单单的传承，"当时刘老师说，我们这个旗要留着，要一期一期这样传承下去，用不了多久，这个传承将载入文华的史册，而且将改变很多企业家的命运"。

刘文华说这话的时候，他们无论如何也想不到，以后的传承晚会场面可以发展成什么样子。当看到9期、10期、12期乃至更晚些的传承，他们才相信，原来刘文华说得没错，一个小小的传承也可以有这么宏大的场面。

慈善传承晚会的规模和精彩程度往往象征着当期商会的实力，所以每一期商会执委从募捐、策划、排练等都挖空心思，都想办出文华最好最有特色的传承晚会。

也许，刘文华早已洞悉了人性里都有不服输的一面，所以一开始，他就对1期会员说出了那样的预言。

除了执委成员，也有很多其他较为活跃的会员参与其中，慈善传承晚会意在加深当期会员间的了解和沟通，被认为是文华中一个相当关键的点。"慈善传承晚会的目的，是要让商会会员通过共同参与晚会来进行碰撞和交流；让不同性格的人，在一起做事的过程中进行磨合，从而增加商会的凝聚力"，很多"财神"都这样说。

许多会员确实为晚会尽心尽力——无论多忙，还是会选择放下手头的工作，参与晚会节目的筹备。

每期晚会有许多共同之处，比如倡导普适价值观和传承文华大系统"三不做"、"三做"及"五心（孝心、爱心、善心、同理心、慈悲心）"的慈善使命，涵盖了歌曲、舞蹈、小品、魔术、诗歌朗诵、民间曲艺及琴棋书画的演绎等节目。晚会主题也大多深深打上了文华烙印，比如"中国梦，文华情，诚孝万里行"、"一元万象，三生万物"之类的。

每期传承晚会中，有一个环节必不可少：文华旗帜的传递。图为第 29 期商会传承晚会现场。

在晚会正式开幕前，通常会举行一个庄严肃穆的升国旗仪式。当《义勇军进行曲》响起，五星红旗冉冉升起时，全体嘉宾肃然起立，共唱国歌，对国旗行注目礼。

在晚会现场，表演者们琴棋书画、杂技、川剧等十八般武艺各显神通，精彩纷呈。作为一场慈善传承晚会，压轴的重头戏自然是文华旗帜的交接传承仪式。当当期商会执委将"文华国际"、"文华慈善基金"、当期"慈善商会会旗"三面旗帜传递到文华国际集团董事手中，再由文华国际集团董事传递到下一期商会执委手中时，伴随着激昂动情的音乐，许多在台上台下的人已泪水涟涟。

慈善传承晚会的落幕，意味着《资本兵法》研讨会正式画上了一个句号。而历经3个月，90个日夜，2160个小时，129600分钟的碰撞后，来自各地的会员开始各奔东西，而有的则开始了更深的链接与合作。

对他们而言，这是一个结束，也是一个新的开始。

活动魔方

学完了，才刚开始呢！

文华各期会员所组建的商会，不是行业协会，因为每期文华商会的会员，遍布三百六十行，有做汽车配件的，也有做生态农业的、做保健品的，等等；同时，它也不属于同乡会，因为大多数的会员都是通过《资本兵法》研讨会才第一次见面认识，他们通不了乡音，更无乡情可诉。然而，短短的3年时间，文华内部每年举办的活动之多，可能超过其他商会10年的总和。

百度百科里对"活动"的定义是这样的：人类生存与发展的基本形式，是人类与周围客观事物交流与改造的过程，是人类完成对客观环境认识和需要的目的的过程。

在文华有一个说法，研讨会的结束，其实才是真正的开始。作为《资本兵法》的第一环，研讨会负责讲授金融工具与大系统等基础知识，传播文华的基本理念和价值观。紧接着它后面的，是包括复读、顾问、准"财神"培训、项目落地会等一系列不停滚动的活动。据介绍，在这些活动中，文华将以身示范，告诉会员课堂中那些抽象的格言式准则，到底是如何落地的。会员间的这些深度链接以及落地交流活动，才被认为是《资本兵法》的魔力所在。

做顾问，即是学完之后报名成为研讨会现场的义工，协助新会员开展《资本兵法》的学习。在培训现场，每个小组都配备了一名顾问，此外，还有一个庞大的负责安保等后勤工作的顾问团队。根据"财神"黄健文的估算，课堂上每 100 人中大概就有 30 人的顾问团队。

而所谓的系统高峰会，则是专门负责项目推广与落地的机构。它由全国的高峰总会和各地的高峰分会构成，其产生的方式同样是 PK 选举。系统高峰会最为重要的一项职责，是定期举办各地的项目对接会与全国的项目落地会，遴选出系统内部的优质项目，对其进行推广投资。

除此之外，会员较为集中的城市，还可以自发举办当地的会员日。同一城市不同期的会员可通过会员日这一平台交流学习心得，实现优质资源的对接。当然，有志于成为"财神"的会员，还可以参加定期举办的准财神培训，为推广和传播《资本兵法》做准备。

第 30 期之后，刘文华本人宣布告别《资本兵法》讲台，改为每月在全国各主要城市开讲三天的大系统论坛。

成思危在文华大系统论坛上演讲。

这一论坛向所有的会员开放，在 2014 年 4 月的第二届大系统论坛上，文华成功邀请到有"中国风险投资之父"之称的成思危先生，其主讲的题目是《人民币国际化之路》。

以上一些活动，都只对文华系统内部的会员开放。除此之外，文华还有一类面向所有企业家开放的活动，其中最为重要的当然是初级研讨会和每年的重头戏——年会。

初级研讨会自然不用多言，它是文华推介《资本兵法》课程最重要的方式。各地分公司通过举办初级研讨会，邀约企业家参会，从而吸引新会员加入。而年会，同样扮演着这一功能。刘文华对外宣称，课程所收取的会费，全部通过年会和慈善的方式回馈给了会员和社会。

2014 年 1 月，文华在广州市体育馆、深圳市宝安体育馆、上海市梅赛德斯·奔驰文化中心等六地同时举办年会，吸引了近 6 万人参与。而这 6 万人都是各个大区的文华学员邀请而来的。文华总部为每位参会的企业家提供免费的五星级酒店住宿和餐饮。

对文华这样的"大手笔"，许多人可能不太理解。事实上，各地在年会开始之前，都会举行大型的初级研讨会推介活动，对《资本兵法》课程进行宣传推广。以西南区的成都为例，当天下午的《资本兵法》研讨会和晚上举行的晚会，总参与人数超过了 1 万人。由此可见，年会营造出来的奢华、隆重氛围，已经成为宣传和推广《资本兵法》的重要手段。

活动背后

舞台上灯光摇曳，台下人潮涌动——虽然 31 期传承晚会的地点选在了花都一个偏僻的大学校园里，但丝毫不影响文华会员的参与热情，近

300 名会员和他们邀请的嘉宾朋友从全国各地赶来晚会现场。从深情的情歌对唱到风趣幽默的小品，再到引来阵阵惊叹的魔术表演，让人很难相信，这是一群企业家的"业余之作"。

传承晚会上，会员们在表演节目。

台上的这群表演者，全都是 31 期的会员，之前都是毫无表演经验的企业家。为了这台传承晚会，他们从三个月前就开始准备。尤其是 31 期商会的执委们，将传承晚会视为对他们的第一个考验。

根据文华的惯例，文华总部不对传承晚会的具体事务进行任何干预。晚会的所有节目，都是 31 期会员自编自导自演，甚至包括晚会的后勤、安保人员，都由 31 期的会员担任。

组织和参与演出的会员，平日里都是忙得分身乏术的老板。为了这台晚会，他们从一个多月前就开始搁下手头繁重的工作，定期在一起切磋排练，忙到凌晨是常有的事情。为了方便照顾小孩，一些会员甚至把他们也接到了排练现场。

整场晚会的花费，同样是通过系统内部的众筹完成，在晚会现场的节目牌上，印着几十个赞助单位——在文华，这与自愿充当晚会的义工一样被称为"添柴火"。而邀请身边的朋友参与晚会，则是其"感恩"、"分享"理念指导下的应有之意。

在文华，几乎所有的活动都有着与传承晚会一样的"添柴火"模式。活动的组织者和工作人员都由回来做义工的往期会员担任。为此文华总部还成立了一个所谓的"添柴火部"，通过便捷的微信群等方式专门为每次的活动征集自愿添柴火的义工。而许多人愿意加入到义工团队的一个重要原因，就是看中了活动中优质的资源和人脉，想借此方式认识更多的老板。

文华人时常挂在嘴上的一句话是，"时间是有浓度的"。所谓"浓度"，无非是增加工作强度和工作时长。一般人的工作时间是 8 个小时，文华的人很自觉地把时间浓度加到 10 个小时，16 个小时，甚至更长时间。

据说，文华的"财神"，集团董事，各大系统的核心人物，已经习惯晚上 2 点钟还在工作。"有一次，论坛结束后都晚上 7 点多了，到睡觉前我还开了 5 个会议，有的是谈判，有的是交流，有的是互动，有的是公司性的会议。"文华集团董事赖志红举例说。

据透露，刘文华在做事上是个玩命的完美主义者，所有活动举办前，都要反复开会。如此密集的活动和会议，搁在一个地方还好，可偏偏都分散在了全国各地。会员刚刚在清远开完顾问会，可能就要赶最近的一班飞机去往成都，短暂地停留之后再赶下一场。

在文华一年飞行里程 10 万公里以上的，更是大有人在。尤其是来自长春等地的北方会员，他们要历经 4000—5000 公里的长途奔波才能到达广州，然后再转乘大巴赶往清远。他们，也被戏称为一群"没长翅膀的鸟人"。

家住长春的大师姐杨丽群，就是这群"鸟人"中的一个。每次来清远参加活动，她都得早上 4 点半天还没亮就出门，去机场赶最早的一班飞机。7 点 05 分开始飞，飞到广州，马上打车，到清远就超过 3 点半了。所以无论飞机怎么飞，她还是没法赶在下午 3 点钟到达，而 3 点，是每次的顾问 PK 的时间。为了让她也能参与进来，后来大家才商定把顾问 PK 的时间改在了 3 点半。

上文提到的赖志红说，"财神"或者董事同样经常在空中飞，去考察或做分享的时候，通常是乘坐最晚的一班机提前到那里，如果没有飞机就坐高铁，都是最晚的一个班次。第二天，把一天的工作完成以后，还是最晚的那班机或者高铁离开。据说，"财神"赵梓雄最多的时候，13 天跑了17 个城市。甚至有的人一年中住在酒店的时间，加起来超过了 300 天。

每一场刘文华在场的活动，文华的核心圈层成员几乎都会到现场。而其他的活动，这些人会根据不同情况不同分工分布在全国各地的活动现场。

解码活动

"链接"，是文华的又一个高频词。如果说传承晚会、企业走访等活动是在当期的会员间建立一种横向的链接，那么回去复读、做顾问，参加项目落地会等，就是与不同期会员建立纵向链接的过程。

通过横纵两条线上的活动，文华各期的商会，以及会员，最终实现了融合，从而形成了一个商会云集的平台。这个汇集了近 3 万个老板的平台，正是驱使这些老板回去做顾问，不停参与其各类活动的主要动力。

文华将之称为"建系统"。用大白话说，就是来这里结交各种各样的朋友，积累广阔的资源和人脉。而这，也是近 10 年来商会鼎盛发展的一个重要原因。不少老板，甚至把参与各种商会活动，当做是一件极其重要的工作来做，并从中结识少数老板进行长期的感情投资，为以后的生意合作打下基础。

文华宣称，只要成为文华会员，大系统里所有资源都免费向你开放。这对中小企业家来说，其价值远大于学习了 3 个月的《资本兵法》知识。

甚至有人直截了当地说，来文华就是冲着这些资源来的。

《资本兵法》第 1 期研讨会学习第一阶段结束的时候，刘文华对着 8 个会员说了一段话，他说："各位伙伴，我们花 3 年的时间，2011 年、2012 年、2013 年，我们所有的会员，去中国任何一个城市，你要见那里的领导人，那个地方的行业老大，只要你给我们客服打电话，我们客服就会安排好你要见的那个人或者领导。到了那天你坐飞机去，你会发现已经有人在机场等着接待你，整个行程就像回家一样轻松，有人安排你吃、有人安排你住，有人接送你。甚至到了酒店，你要见的那个领导人或者行业老大已经等着你，见完了以后，你又像回家一样可以回来。"

当时在场的大师兄赖志红听说，惊讶不已，但随着时间的推移，他已经对此深信不疑。以下为笔者与他的一段对话：

"你们现在到全国各个城市去，会提前打电话给客服？"

"现在只要你是文华大系统里面稍微有点名气的人，去到任何一个城市办事都有人接待。她们提前就帮你安排好了，甚至不用提前打电话，很早就邀请你说，大师兄你过来吧，我已经帮你安排好了。"

"一般的会员应该不可以吧？"

"对。在大系统中如果平时见不到你，你有困难需要帮助时，大家都不认识你，肯定不能帮你。就像在公司一样，你什么业绩都没有，平时还吊儿郎当，你说你缺钱，谁敢借钱给你。文华也是社会化的平台，你在大系统中，在当期商会有影响力，或者企业有点影响力，或者在大系统的高峰会有影响力，或者在文华九大脉络某个地方有影响力，或者经常回来做顾问，大家都很愿意帮助你。如果你只是学完三个月就不见了，那就没办法帮你，因为大家不了解。这就是我们讲的没有时间、没有信用累积，也就没有机会。"

按照赖志红的说法，成为文华会员，这只是积累人脉的第一步，意味着会员企业家之间形成了一种弱关系。但是这种关系离相互拉一把，甚至进行深度合作还差了十万八千里。怎样把这种弱关系升级成一种强关系呢？首先想到的方法，当然是引入"利"的因素。通过一起合作，共享利益，共同绑在一条绳上，大家自然密切相关，难以割舍；另一种方法，是动之以情，同甘苦，共患难的经历，往往能超越利益的因素，让会员黏合在一起。

而不管是哪种方法，都离不开一个让大家聚集在一起的媒介，那就是活动。活动就是会员间的润滑剂，巧妙地将人与人连接在了一起。

在文华，一旦成为了会员，那么他就和所有的会员名义上结成了利益关系。因为每一个人在系统中的言行，将决定系统能走到哪里，最终关系到每个人在系统中的利益。而通过慈善传承晚会，每一期的会员都能够全身心地投入进去，共同完成一件事情。在共事的过程中，他们相互间很容易碰撞出火花。多年之后，他们也许都不再记得研讨会上的内容，却依然能清晰地想起那个舞台的灯光和音乐，以及一起挥汗排练节目的"家人"。

不仅如此，文华活动的设计之妙，还在于它不止于情感的层面。它通过培训活动，直接将一整套的价值体系移植到了每个老板的心中，形成了以39个字为核心的理念和价值观，以及携手改变世界金融格局的目标。文华有意识地将这个目标拔高到了一种近乎信仰的层次，从而在会员心中激发出了一股强大的动力和能量。

由此看来，通过活动这一形式，文华成功地将自己打造成为一个集资源、情感于一体的老板社交平台。通过塑造统一的价值观和理念，植入共同的目标，让来自五湖四海的三百六十行的老板都自愿围绕着文华的核心转动起来。而作为平台的拥有者，刘文华相当睿智地向每一个企业家开放了一个在平台展示自我的机会。

最终，大系统就像是一场精心设计的游戏，里面的每一步都紧扣人心，让人欲罢不能。

分公司之谜

3 年时间 380 多家分公司

早期，文华分公司里有"五棵大树"之说，这五棵大树对文华分公司的发展起了至关重要的作用。"五棵大树"是大师兄赖志红，大师姐杨丽群，2 期会员赵梓雄，5 期会员吴毓隆、张念瑛。他们都是刘文华的朋友介绍进入《资本兵法》学习，然后就在当地开了文华最早的五个分公司。

也就是从第 5 期开始，《资本兵法》正式向文华会员开通了分公司加盟的窗口。星星之火，可以燎原。来自不同地方的这"五棵大树"很快在全国各地播撒了《资本兵法》的种子，使日后文华大系统会员数量一次次发生裂变。

据 9 期的一位会员回忆，在文华第 9 期慈善传承晚会上发生了一件令很多人都难忘的事。那天，在晚会现场，有 50 位企业家踊跃站到台上，表示要成立文华的分公司，当时现场气氛激荡而豪迈，刘文华顿时泪如雨下。那是他第一次在文华的公共场合流泪。那一期，被认为是文华大系统的第一次重大裂变。

在短短不到两年半的时间，文华建立了 380 多家遍布全球各个城市的分公司。平均算来，文华每个月差不多就要开 16 家分公司。这一数字，也远远超过了培训界一哥思八达在 2000 年到 2002 年间，18 个月开 106 家公司的纪录。

以此为对照，《资本兵法》研讨会的人数，恰好也经历了这样一个巨变：第 1 期 8 人、第 2 期 13 人、第 3 期 17 个人、第 5 期 47 人，到第 13 期，会员人数终于迎来一个小高峰，达到 300 多人。13 期也被认为是整个文华的转折点。13 期以后，兵法的会员就逐渐稳定在几百人上下。20 期以后，会员人数达到四位数的高峰。

2012 年夏天，"财神"罗启东还在成都经营着一家食品连锁店。一天，他的一个朋友找到他，给他讲《资本兵法》。那个朋友说听完了就感觉这个东西对四川的企业家会有很大的帮助，所以准备把分公司引进到这边来，代理这个产品。罗启东的朋友那时刚学完《资本兵法》。

罗启东被朋友说得心动了，就决定跟这个朋友一起干分公司，再加上其他两个学过兵法的，一共四个人。因为文华有规定必须上完兵法才能做分公司，其实罗启东是没有资格的，但在四川分公司的筹建和运营他都参与了进来。自此，文华在西南区域的这块空白被填补。

13 期，罗启东一下子带了 60 个人一起学习《资本兵法》。按他的说法，那一期出了很多优秀人才。现在文华的"财神"里面有 4 个都是 13 期的，比如国际老板节主任温娜，主讲兵法一阶段第 6 天的文新国，还有"财神"公司的执行 CEO 李桃，另外，还包括罗启东自己，他紧挨着文新国，主讲兵法一阶段第 7 天。

"三个阶段下来，确实感觉非常震撼。因为当时我已经是分公司的股东，是主人了。"这是罗启东学完以后的直观感受。

分公司模式

文华的分公司分省市两级，严格上讲更像是经销商，因为各地的分公司都具有独立的法人资格。同时文华又成功地保持了一定的掌控。成立之初，分公司需要给文华总部一笔不菲的现金，从总部以较低的折扣批发会员的名额，再以总部统一的价钱卖给学员。

这种经销商加盟的模式，谈不上新鲜。回顾近30年中国企业的发展史，企业的营销管理模式经历了从早期的集中到后来的分散，再到集中的循环发展过程。尤其是在保险、家电、陶瓷以及保健品等"渠道为王，终端制胜"的行业，围绕着经销商、分公司以及代理商孰优孰劣的争论，已经多不胜数。

众所周知，传统的分公司模式属于集中的销售管理模式，它的优点是总部对渠道的管理和控制；缺点是公司前期的布局需要耗费大量的人力和财力，因为分公司没有独立的法人资格，员工的福利和薪酬都得总部承担。

文华的创新之处在于，它模糊这些渠道的界限，博采众长，发展出了一种具有文华特色的分公司模式。

与史玉柱做脑白金的营销渠道构建类似，文华的省市两级分公司并没有任何的隶属关系，他们统一由总部进行管理。不同的是，一个城市可以有多个分公司。这样设置的好处就是让渠道实现了"扁平化"，便于公司的快速反应；而一个城市设立多个分公司，最大程度地保证了会员的充分供应，其次还给分公司之间营造了相互竞合的环境，从而使组织更具活力。

在功能设置上，分公司几乎承担了文华市场营销服务的所有功能。从最早期的主办初级研讨会进行推广宣传、广告投放，到跟进报名成交，再到后期活动的组织与联系，悉数由各地的分公司完成。

各个分公司在财务上完全独立。"重赏之下必有勇夫"，通过给予省市两级分公司较高的让利，激励各地具有大量客户资源的老板不断加盟，开拓异地市场。短短两年半的时间，分公司数就达到了380多家，股东总数则高达1000多人。同时，较高的让利有利于分公司渠道的稳定，从而实现总部对他们的管理，甚至有利于总部制定一些"苛刻"的政策。比如省市两级分公司的最低批发额，分别高达500万元和150万元，后来更是分别涨到了800万元和200万元。

这就等于说，课程还没卖出去，文华就已经把钱装进口袋了。对于刚刚重新起步的刘文华，这一模式用最低的成本实现了最广泛的营销，与上世纪90年代初，史玉柱的"赊账"艺术可谓异曲同工。

1989年，27岁的史玉柱在深圳以高出原价1000元的价格，获得了推迟半个月付款的优惠，赊得创业必需品电脑一台；其后史玉柱继续趁热打铁，以电脑作抵押，在IT届享有盛誉的《计算机世界》连续做了3期占据半个版面的广告，方法同样是推迟半个月付款的"赊账"模式。

在这种分公司模式之下，除了以最低的营销成本取得了最广泛的营销效果之外，还最大程度地减轻了文华总部的负担。他们基本不用去处理课程的销售问题，也不需要为分公司的财务烦心，得以最大限度地集中精力，进行宏观布局与策划。所以至今文华的总部也只有13个人，创造了一个13个人管理3万个企业家会员的商业神话。

隐秘的利益链条

在文华，有一个做法一开始令很多人看不懂，就是研讨会价格每三个月上调 1 万元。大家认为这只是一个培训机构的炒作，但后来它确实坚持这么做了。而这一策略，是影响分公司数量暴增的一个重要因素。

美联储前主席格林斯潘有一个著名论断：真正决定价格的并不直接是基本面，而是市场参与者对基本面的预期。刘文华的这一定价策略制造了投资者对未来的高预期，进而进一步促成了合作，也使时间越早加盟分公司的那些股东获取利益就愈大。因为相隔时间越长，购买名额的价格与售出名额的价格相差就越大，利润就越大。

在刘文华传授给学员的《资本兵法》20 条基本原则里，最后一条便是——对未来的财富预期是最重要的财富。文华无疑是将它运用到了极致。

除了对研讨会利润的预期，文华针对分公司股东还设置了一个新的分红机制。刘文华经常给股东们分享这样一则故事：

60 多年前，有个美国老太太在可口可乐股改的时候通过可口可乐某州分公司花了几百美金买了可口可乐的股票，拿到了一个股权证，股权证在可口可乐的财务公司备案，备案完了以后，再把这个送到股票交易中心，股票交易中心根据她的股权证给了个编码。后来，可口可乐上市，一直到现在她还是可口可乐的股东，啥都没做，每天分点利润，财富也增长到几十万美金。

2014 年，文华开始面向股东免费发放股权证。持股的份额跟他的业绩，即输送多少会员进来有直接关系。

"这种股改的方式在中国、在全球都是唯一的。我们能够令到所有的股东真正团结起来。如果他根据今年的业绩发到的是有 10 万股，第二年我们会 1:1 配股，再送你 10 万，第三年我们会 2:1 配股，再送你 10 万。等于说你现在的 10 万股相当于 3 年后的 30 万股。文华的盘子现在我们自已核定的就有 1 亿股，很多人觉得不止 1 亿，也就是说它的含金量很高。以上市后市盈率 10 倍算，3 年之后就变成 300 万股，我假设估价是 10 元钱，那就是 3000 万。"文华集团董事吴毓隆这样解读股权分红的奥妙。

他说，所有的股份里，总部仅占 10%，70% 分给大家。比如，1 亿股，7000 万股是分公司股东的，使得总部跟分公司形成紧密的利益共同体。其他 20% 做自由流通，现在就可以开始买卖了。

"低期望值，高满意度。永远超值，这就是我们的理念。"吴毓隆说。

当然，除了这种对未来收益的预期，建立分公司还有另外的收获。

"我那朋友跟我说《资本兵法》的时候，有一点最打动我，他说如果在这个地方以你为发起人，四川乃至西南，哪怕是几百个或是上千个企业家就会形成以你为中心的一个系统，通过抱团和金融运作来做事情，你可以想象这样的威力有多大。"罗启东说。

分公司内部也会有淘汰机制。用文华的话说，是"优化"。除了每三个月涨一次价外，文华还遵循价格不打折、不优惠、不赠送原则。因为价格高，有些分公司为了做业绩，就会出现一些违规现象。

"一旦打折，如果总部收集到证据，就会被优化出去。我们已经优化了不止一家分公司。这样就令到所有人都不敢打折。因为我们打造的是一个诚信体系，这是全中国其他培训公司做不到的。"罗启东说。

自 2013 年 9 月起，文华不再签约新的分公司，开始推出系统建设中心。但是原来所有分公司股东仍然是股东。分公司做得不好，到后面就会调到系统建设中心，系统建设中心做得好的也可以成为文华的股东。

所谓的系统建设中心，它基本上承担了文华分公司同样的功能，即推介《资本兵法》课程，不断吸纳新会员。然而与分公司不同的是，系统建设中心并不是文华的股东，只有那些最为优秀的系统建设中心（吸纳会员足够多的），才能成功挤掉分公司成为股东。而成为股东，是能否进入大区董事、集团董事甚至文华核心圈层的重要门槛，也是投资系统内一些优质项目的必要条件。此外，能否分派到文华的原始股，也是分公司和系统建设中心的一个重要区别——只有成功晋升为分公司的系统建设中心，才能根据吸纳会员的多少取得相应的文华原始股。

合伙人制

一荣俱荣，一损俱损

通过分公司的模式，3 年时间，文华在全国 30 多个省市自治区、200 多个城市安营扎寨。它的触角还远不止于此。文华官网上，在分公司一栏，仅有一张世界地图，上面用红点标示着：广州总公司、大洋洲公司、非洲公司、欧洲公司、南美洲公司、北美洲公司。

这种在很多其他公司连做梦都想不到的极短时间完成的渠道布局背后，隐藏的是一条利益链条。如前文提到，高额学费差价、股权激励、建系统的动机以及对未来的预期等，使分公司股东与文华集团的利益紧密捆绑在一起。用"财神"吴毓隆的说法，这是一个一荣俱荣、一损俱损的利益共同体。

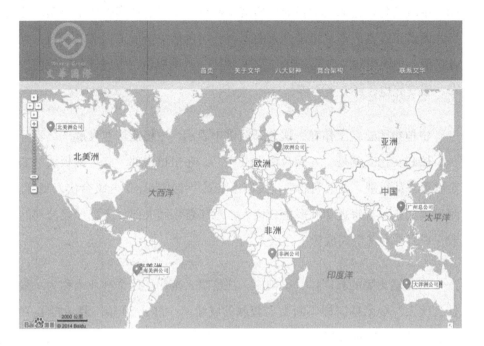

文华官网上的分公司分布图。

这种制度设计在美国广为人知,它被称作"合伙人制"。合伙人文化是西方金融投资界最核心的商业文化之一,也被称作美国数百年金融发展史上最有效的机制。

这种制度在美国投行的运用,最早可追溯到19世纪末,其中相当一部分创始人是1830至1840年代移民到美国的德国犹太人。所罗门兄弟、雷曼兄弟和高盛就是其中的佼佼者。在这些投行里,一到两名最著名的合伙人管理着整个公司,在整个金融界的地位举足轻重。

近年来,合伙人制也开始被一些中国企业借鉴使用。中植集团就是一个典型的案例。很多不熟悉资本市场的人或许从未听说过这个公司,但就是这家极为隐秘低调的公司,在2012年福布斯中国富豪榜上,其当家人解直锟家族以35亿元财富名列第308位,通过自身持股,或是股东、亲友、部下等种种关联方隐秘操控等方式,成为10余家A股上市公司的股东,旗下中融信托也已成为信托业注册资本额排名第二的公司。"中植系"的资本图谱正逐渐成形，目前介入的上市公司包括中南重工、SST 华新、兴业矿业、上海电气、江西长运、TCL 集团、贵绳股份、吉恩镍业、福田汽车、三安光电、*ST 圣方等。

中植集团总裁王伟在一次公开演讲中表示，中植能快速发展，离不开一个核心文化，就是"九级合伙人文化"。在中植内部，其金融板块、非金融板块从级别、贡献利润率、工作年限三个维度制定了九级合伙人制度，到目前为止，有将近 700 多位合伙人，意味着集团大部分人已经是公司的股东或者在业务层面成为了合伙人。

而复星集团的郭广昌、梁信军、汪群斌、范伟，这个被业内称为"最佳合伙人"的团体同样不断交出靓丽的成绩单：过去 20 年，复星投了 70 余个项目，年回报率超过 30%。

合伙人制有两个显而易见的好处：能聚集大量优秀人才、较强的抗风险能力、相对较低的运营成本以及由紧密的利益共同体而衍生的强大凝聚力。

从创办伊始，就把高盛视为"假想敌"的文华自然是不会忽略掉这个对高盛而言最厉害的杀手锏。3 年 30 多家项目公司如雨后春笋般冒出来，就是刘文华运用这一杀手锏的最佳例证。

3 年 30 多个项目公司

2014 年 4 月 23 日，一位名叫 macoo 的用户在百度文库里上传了一份注明为"资本兵法'文华大系统'最核心资料"的文件，内容是关于文华项目公司的介绍。文件上列了 22 个公司的名字，并称所列公司"由刘文华院长带领文华资本兵法和资本英雄会员共同发起的核心系统项目公司，这些公司无一例外都是在全球的格局下，在十余万文华资本兵法会员企业共同支持下，在 2030 年前必须要成为世界 500 强的企业"。

时隔仅 1 个月，文华项目公司的名单里又新增了 7 个。截至 2014 年 5 月 27 日，总共 29 个。文华会员、文华传媒公司股东朱霄宇说，这一数字还会不断增加，文华未来将在三百六十行成立 3600 家项目公司。

这些项目公司全部以文华命名，比如文华藏宝馆、文华财神公司、文华公关公司等，所涉领域包括影视、航空、汽车等。

作为文华传媒公司的股东，朱霄宇对文华传媒公司的发起情景还历历在目。2013 年 7 月的一次股东大会上，刘文华在台上说文华要做一个叫《资本内参》的杂志，问股东里有没有做传媒的人，朱霄宇就上去了，于是直接发起项目。到了后来，他才知道这绝对不是一本杂志，而是负责文华影响力系统打造的平台。他说："我自己看明白了，后来几次开会讨论，定下来我来全职做。那时候，我在福州还有几家公司，就直接交给其他股东了。"

文华诚信展也是这样诞生的。2013 年 9 月 15 日，刘文华找到会员陈军谈话，说可以尝试着做做诚信展，此前陈军在展览行业做了几十年。2013 年 9 月 27 日，文华举办了第一届诚信展，由陈军担纲，文华诚信展公司的雏形开始形成。

"原来在展览行业只是经营每一家企业的产品，现在要跳出来带领企业家经营他们的诚信，对我来说是跨越。要放下以往很多东西，扒掉以往的皮，才能让新的东西长出来。在犯错的时候，要不断回看自己，提醒自己一定要坚持下来。老师教你怎么做，那是老师的，只有自己深切体会到才是自己的。"陈军这样描述她从发起"诚信展"至今的感受。

在这些项目公司中，有一个名为"系统二代"的公司，这家公司的成立同样颇具戏剧色彩。

文华系统二代公司创始人兼CEO王坤回忆，在研讨会上讲《资本兵法》基本原则第10条的时候，刘文华说，真男人要的是财富吗？要的是权位吗？不是，他要的是背后的故事。真男人是被别人打倒趴在地上，甚至被人吐上几口痰之后也可以站出来的。人家80岁都可以东山再起，你们才多少岁呢？

"感觉一股新的力量瞬间就注进来了，当时就萌生了要和文华老师谈事情的念头，第三天结束的时候，我接就直找到了文华老师。"当时历经创业失败后精神一直不振的王坤，觉得刘文华的这番话就好像说给自己听的一样。

王坤第一次和刘文华聊的时候，刘就已经听说过他，知道他之前在另外一个平台运作二代的业务时取得过很好的成绩。

"我就告诉他我的经验、想法、理念，文华老师对我说，这套理念加上金融和资本的力量，会有什么样的变化。紧接着，我想着不如我们合作吧，你有这方面的经验、方法，我来运作，你来帮助落地就可以了。他说好啊，你先做方案。"刘文华和王坤的系统二代项目的合作就此拉开帷幕。

前两个月，王坤做了很多方案，但是都不成熟。于是，他就天天黏着刘文华，抱着电脑追着刘，问刘做到这里该怎么改，怎么继续。

有一天半夜，王坤跟刘文华说，晚上去找他。刘说不行，那天晚上要忙到3点多。王坤说，没事，3点多也要找。刘说，不行，他受不了，他要睡觉。

结果，凌晨3点的时候，王坤到了刘文华的房门口，一看里面还有两组人。又过了十几分钟再次回来，最后一组进去了，他就在门口待着，最后一组人出来的时候，刘一开门，王坤就迎上去说，老师真巧，我刚好路过，我们谈一谈吧。刘文华无奈，只好又跟他聊了半个多小时。有时候刘文华坐飞机到一个城市，王坤通过刘文华助理知道他的航班号和落地时间，就搭火车到那个地方，在机场等着他。

"那个时候，刚刚被打倒，想要赶紧站起来的动力很大。我觉得，如果加上金融资本的理念，比起我过去整套的思想优秀得多，可以让一个平台活过来。"刚开始王坤踌躇满志。他和刘文华说，文华有一个历史，用资本运营的方法，293块钱两年赚了5个亿，这是你曾经的历史。而我们这帮孩子用一块钱不到一年就可以整两个亿。

刘文华跟他说："现在有大系统的支撑，别说两年，一年运作不到就说明你资本运作的思维还没有完全打开。"听刘这么讲，他就更有信心了。

然而，王坤将他的项目在当期培训中宣传了两个月，全场没有一个人理会他，"还有人把我当作神经病。他们觉得孩子参与能干什么，带一块钱能干什么，他们不知道我和老师已经碰撞出了一整套的模式和理念，我们把步骤都整好了。"

一天，一个朋友带王坤去另一个酒店房间里取东西，恰巧有一帮二代在房间里喝酒聊天说，你们不觉得王坤有点神经病吗？又有人说，这个王坤肯定是忽悠，反正我不愿意做，你们做不做？我们都不做，干！刚好王坤在房间门口听到，就进去了，所有人看到他都呆了。当时，桌上放了三瓶高脚啤酒，他一口气全部打开了，说，我敬你们三瓶，干完一瓶就鞠一躬，最后三瓶全都干了。

喝完后，王坤站在椅子上，用最大的声音吼了10多分钟，告诉他们为什么系统二代可以做。吼完了，他转身就走了。

经过这事后，王坤很受伤，找到刘文华，说怎么不要钱项目都启动不起来。刘告诉他说，一般做公司融资扩股方案，都是有偿原则，一般人认为你不要钱是陷阱。结果为了把盘子开起来，王坤和刘文华一人投资100万，后面刘追加到300万，王坤也跟投到200万。一听说刘文华投了，很多人便参与了进来。

作为文华公司的元老，赖东强亲自参与过文华内的另两个公司——文华藏宝馆和文华拍卖公司的筹建。他说，项目公司之间业务相互有交叉，但又互惠互利，它们同属一个文华系统，但是在管理、经营上都是独立的。

终极问题：人

刘文华经常说这样一句话：做好两样东西：找到合适的人，站到合适的位置，做任何事情都不难。

在高盛，有一个传统，就是每两年进行一次，每次持续7个多月的合伙人选拔。2.4万名员工都想成为1200名中层中的一员，这1200人又个个想成为300名合伙人之一。而这300人，年薪都在60万美元以上，还可以参与公司分红。这一机制的特点，很好地保证了所有高盛员工一面努力赚钱，一面对共同利益进行监督。

在文华，也有一套完善的PK机制。每年6月是五个大区大区董事的换届，7月份是全国集团董事的换届，10月份是系统高峰总会的换届。会员在文华大系统里的身份晋级大抵如此：会员——分公司股东——大区董事——全国董事——决策委员会委员。

截至本书截稿时，文华集团决策委员会成员有7名，候补委员7名，全国董事33名，每个大区董事20名，分公司股东1000多名等。

8 期会员、决策委员会成员黄健文讲述了他一路走过来的历程：8 期结业后，10 期开始当顾问，11 期是副团长，13 期又回来当资深顾问，兼职当"跑麦"的。"跑麦"很简单，坐在那里，有人举手就将麦克风送过去，没人举手就继续听，黄健文认为这是最好的学习时间。15 期，他成了团长，16 期他又回来做资深顾问，18 期他是顾问团的总顾问。（团长和总顾问的区别在于，团长是负责顾问团内的一些工作，配合"财神"9 天内所有的工作；总顾问就是配合当期商会的执委。）

像黄健文这样，通过 PK 基本上经历过文华的每个岗位的人不在少数。至少决策委员会里的 7 个成员都必须有类似的经历。

黄健文说："文华的 PK 文化不是'优胜劣汰'，而是'优中选优'。如果他有狮子的性格，他就会看见自己该提升的地方，有 PK 机会的时候，他就会站出来挑战。不是挑战别人，是挑战自己。"

PK 胜出的人意味着能获得更多机会。早期顾问团的人说，刘文华会给当期进顾问团的人开小灶，传授一些研讨会上没学到的东西。

管理学认为，归属感是合伙人制最大的优点，员工在经年累月的工作中培养出对公司的强烈忠诚感。而成为合伙人意味着终身雇佣，几乎没有人会放弃这一备受尊敬的地位而加入其他公司，合伙人彼此间会参加婚礼和葬礼这样的家庭活动，并在这个"扁平组织"中分享所有信息。

经过层层 PK 最后冲到最前面的人，无疑是对文华大系统最有忠诚感的一群人。

首先是认同，其次才是能力。这是与刘文华项目合作的必备条件。

显然，PK 是最佳方式。

玩转投资

每个人都可以是"天使"

2011 年，天使投资人徐小平向一家线上的化妆品零售商追投了 20 万美元。加上之前的天使轮投资，徐共为这家公司投了 38 万美元。这一年 4 月，刘文华在从化一个偏僻的度假山庄，开始了《资本兵法》研讨会的第一期，8 名会员参加了当时的研讨。

4 年之后，徐投资的这家公司成功在纽交所上市。他 38 万美元的投资，瞬间变成了 2.3 亿美元。超过 600 倍的投资回报，一时被媒体传得沸沸扬扬，让不少人欣羡不已。

无独有偶，2014 年，资本兵法的会员也从 4 年前的 8 个，一跃成了近 3 万个，涨幅更是超过了 3000 倍。当然，除了他们的掌舵人对自己的定位相同之外，二者看上去并没有多少的可比性。

在这 4 年的时间里，刘文华从一个生物公司的经营者，摇身一变，成为中国教育培训行业数一数二的领军人物。而他自己却反复对外宣称，他要做的是一个天使投资人。

2011 年的刘文华，当然预见不到徐小平 38 万变 2.3 亿的财富神话。但在商场中摸爬滚打十余载，卖过电脑，开过广告公司，甚至经历过生物公司破产的刘文华，那时却已经敏锐地觉察到了实业家们接下来的这波艰辛。与此同时，他还看到了金融的神奇力量，并下定决心要做一个天使投资人。

2012 年被称为中国的天使投资元年。大批的天使投资不断出现，形成了以北京为代表的"北派"，以深圳为代表的"南派"和以长三角一带迅速崛起的天使投资俱乐部为代表的"沪派"三足鼎立之势。

《创业邦》研究中心的一份报告显示，中国大部分天使投资人始于 2005 年之后，2005 年以前开始投资的人只占约 14%。这份报告还指出，中国天使投资一直处于一个不断升温的过程。尤其是 2009 年和 2010 年，这两年第一次做天使投资的人数有了明显的上升。2009 年以后开始天使投资的人的比例甚至接近了 60%。

这种快速发展的背后，一方面是因为社会上有相对充裕的资金，但投资渠道却非常有限；另一方面，则是由于国内优质企业稀缺，大批投资人被迫将目光转向种子期和初创期的项目，化身为天使投资人。

刘文华无疑敏锐地把握到了这一点。当培训公司都在挖空心思广招学员，通过规模效应来赚取天价课程费的时候，刘已经看见了培训之外的巨大商机。通过构建文华大系这样一个人人都可以是投资人和项目发起人的投融资平台，刘成功地实现了价值的转移。

来自四川的罗启东等"财神"，反复地向笔者强调，文华不是一个单纯的培训公司，它不靠培训赚钱。除了支付每年年会的高额开支，总部还将大笔的会费投入各种公益事业。

在他看来，最为重要的是，刘为广大的中小企业老板搭建了一个活跃的投融资平台，圆了不少民营企业家们的天使梦。这里的"民营企业家们"，当然也包括了他自己。

在中国的很长一段时间，天使投资的话语权仅限于一群"精英"。绝大多数的民营企业家，除了自己生活的圈子，能够接触到的东西其实相当有限。投资这个"高端"的词，对他们来说似乎很遥远，更别说天使投资了。对于他们来说，天使投资人，还是个有些神秘的职业。

然而，刘文华却通过他的这个平台，让每一个人都相信，自己可以是一个天使投资人，并且一点也不亚于那些从专业机构出来的人。

来自福建的小伙子詹宗朝，是刘最早的 18 位弟子之一。生于 1988 年的他，毅然放弃了读大学的机会，到北京北漂了一年。2012 年，他在他二姐的引荐下进入文华。在短短两年的时间里，他已经成为了北方大区的董事，先后投资了文华财神公司、文华会务公司等四个项目。这些项目投入的资金数额，从几万到几百万不等。

在国外，天使投资从来就不是精英阶层的专利，而是非常普遍的一种投资行为。成功创业者、职业经理人以及其他所谓的"3F"人员（即家庭、朋友、傻瓜）等，都是潜在的天使投资人。在硅谷的许多同乡会或同学会中，都有"天使俱乐部"。他们会你三千、他一万地把钱聚起来给朋友创业。这也算是今日反响火爆的众筹模式的鼻祖之一。

除了给创业者提供资金上的支持之外，许多有人脉和资源的天使投资人，还会为创业者提供各种各样资源对接；而另外一些投资人，甚至还会合力运营项目。

一期英雄麒麟会就是一个典型的例子。16 期会员陈信豪，从事皮具行业已经有 20 多年。他和一些往期的会员一拍即合，决定一起做一个高端华服的定制公司。与许多专业投资机构的投资人不同，麒麟会的 6 个发起股东，每一个都有过创业经历，并在各自的领域积累了大量的人脉和资源。除了带来资金之外，他们也把这些资源带进了项目。

投项目，投的是人

投资，说白了就是让钱找到合适的项目，让合适的项目找到钱。文华要做的事情，就是如何高效率地实现这一过程。与此同时，文华凭借着自己作为信息中枢的优势，广泛布局，然后通过投资来获利。

从根本意义上说，刘文华要做的事情，是基于培训等系列活动，来打造一个线下众筹平台。

笔者在前文中曾提到，这一起源于美国网站 Kickstarter 的众筹模式，在 2011 年传入中国之后，便大受追捧。从 2011 年第一个上线的点名时间开始，国内先后诞生了众筹网、追梦网、淘梦网等系列众筹平台，数以万计的草根梦想和创意通过这些平台落地成为了现实。然而，在网络的虚拟世界里，人与人毕竟隔了一层纱，很难建立起托付得起资金的信任。因而当前大量的众筹项目，还停留在类似商品预售的商品众筹、纯粹公益的捐赠众筹，以及回馈纪念品的奖励众筹模式等，真正通过募集资金来运营一个盈利项目的股权众筹并不太多。

2014 年 2 月，众筹网旗下的股权众筹平台上的一则光伏电站众筹信息，引起了人们的广泛热议。在这起案例中，招商新能源旗下联合光伏集团有限公司，计划通过众筹方式融资 1000 万元，用以建设一个小

近年来，众筹模式开始风行中国。

型的太阳能发电站。其中，国家开发银行负责众筹资金的监管，国电光伏负责担保工程质量及发电量。

热议背后，是股权众筹在国内的暧昧身份。根据国家相关规定，股权不能在网上直接买卖，个人和机构也不能出售标准化、份额化的股票，并且，募资的对象不能超过 200 人。

为了规避以上风险，在光伏电站项目中，众筹网不得不另设规定：只有审核通过的投资者才能看到项目收益率等更详细的信息，且总人数控制在 100 人以内。除了身份尴尬之外，股权众筹还面临着项目信息真实与否，项目质量是否可靠等其他一系列问题。

事实上，天使汇、大家投、创投圈等天使投资众筹平台，早就开始了股权众筹模式的运作。然而，这些众筹平台发挥的却主要是线上展示项目和线下撮合的功能。股权的交易，则基本上都在线下完成。参与者也大多为专业投资人。本质上，他们只是把找项目的环节搬到了网上，从而解决项目和资金方信息不对称、地域限制等问题，让创业者更有机会找到资金。

文华的解决方法是，将投资的焦点转换到"人"上，而不是停留在项目上。就如文华的一位"财神"说的那样，投项目的核心和根儿，是投人，不是投项目本身。所以作为投资人眼光很重要。

那么创业者怎么展示自己，投资者又如何判定一个人？"财神"徐新颖介绍了他的经验：

通过他的朋友圈，他的家人，他的为人处世。比如这个人走进系统之后有没有把老婆、孩子、父母、公司股东带进来？当他全家人都在文华的时候，这个人的信用想不好也难。但如果有人进入文华半年都始终是一个人，那他的信用可能就要打问号了，因为他可能随时会消失，身边也没有人认识他。

还有就是实地考察。他讲得多好不重要，重要的是他公司的实力。他公司到底怎么样，去他公司洗手间逛逛，就知道他公司管理怎么样。跟他公司员工聊聊天，就知道他公司有多少老员工，老板创业了多少年。多问几句，就了解他公司的房租、营业额到底是多少。如果还有必要的话，就去他老家看看，看看是否有这个人，打听下他在老家的口碑。只有这样才能确保投资的安全。

这一投资的理念，与徐小平可谓不谋而合。在徐小平看来，天使投资最终的秘诀，就是投人。事实上，一个人如果被徐小平看上，那绝对是创业者的一种福气。2006年，徐小平将他的第一笔天使投资投给了一个浙江的小伙子。这个小伙子一次创业不成，他再投；二次创业不成，再投；直到第三次，他才创业成功。

聚美优品创始人陈欧也一样，陈欧一开始做的不是化妆品，徐小平就已经投钱进去，直到陈欧决定业务转向，他还是继续支持，投到成功为止，这就是他的"投人法"秘诀。

打造了金山软件、欢聚时代、猎豹和迅雷四家上市公司，投资了20多个项目的雷军也持类似观点。他将他做天使投资的经验总结为四个字："只投熟人"。

为什么只投人不投项目？在他看来，即使创业者自己，在创业初期对未来的商业模式也不一定有清楚的概念。雷军坚持，项目有所调整并不重要，重要的是找到那个你认为可以持续投资的人。因此，他在与创业者沟通时会提一个要求：要持续投资创业者四年时间，第一年200万元人民币；如果第一个公司砸了，那第二个公司他也要有份，他继续投200万元。总之，在创业者接下来四年里干的事情，他都必须有份。因为他觉得中国的创业市场缺的是执行力而不是创意，他看好的是创业者和他的时间。

揭开神秘的面纱

所以问题最终又回到了"人"上面：如何让投资者找到他们觉得足以托付资金和心血的人？如何让优质的创业项目，找到所需的资金和其他资源？

这是整个投资活动的核心所在。围绕着"资金"、"项目"与"人"这三个投资活动中最为关键的因素，刘文华通过金融培训的模式，构建了一个聚集了近3万个中小企业家的平台。用文华自己的话来说，"这是资金、项目、客户等资源的密集体"，进而又吸引了更多的人加入进来。在这里，项目和资源可以实现高效畅通的对接，而这正是投资人和创业者梦寐以求的事情。

如果缺乏他们所需要的投资人，那么就去塑造他们。文华各个分公司的很多股东，就是典型的被刘文华塑造出来的投资人。在文华3个月9天的课程中，除了一天半讲授金融工具的内容，其余的7天半时间，都是在兜售刘的"改变世界金融格局"的梦想。而众筹模式在美国兴起之时，它的一个响亮的口号，就是"贩卖梦想的生意模式"。

认同刘这一梦想的会员，纷纷以投资人的方式加入了刘的队伍中。他们以150万到800万元不等的价格从文华批发课程名额，然后卖出赚取差价。除了高额的加盟费用，他们投入到文华的，还包括大量的时间精力和各种无形资源。最终，文华在三年多的时间里，实现了会员从8人到30000人的飞跃。

如果仅仅是分公司的模式，还不足以保证文华的迅速崛起。也不能解决开始提出的关于找人的问题。文华模式的另一个成功的核心，是它通过不断滚动的活动，在会员间创造一个集投融资与社交于一体的平台。

每期的研讨会结束，迎接当期会员的，便是共同策划一场自编自导自演的慈善传承晚会。对于传承晚会的设计，罗启东这样分析：

慈善传承晚会最重要的目的，是让商会的伙伴通过组织这个活动进行碰撞和交流，不同性格的人在一起进行磨合，令每一个投入过的人一辈子都会记忆深刻，从而形成深层的情感链接。同时，在交流碰撞的过程中，每个人的性格、优点、缺点全都真实呈现出来了。

事实上，文华的几乎所有活动，都遵循着与慈善传承晚会类似的原则：通过添柴火、当义工等形式，给每一个愿意为活动出力的会员提供参与的机会，让他们在这个平台上来展示自己；会员们在共同完成一件事情的过程中，相互揭开各自的伪装和面纱，进而呈现每个人最自然的一面。

在文华这个社交平台中，会员们相互认识，并接受长达 3 个月 9 天的高强度培训——这样的高强度的培训，甚至远超许多公司的新人入职培训。在徐新颖看来，现实中任何一个老板，都不可能先给员工讲上 9 天，统一完价值观再干活。

接下来，就是在共同策划慈善传承晚会、一起当顾问、合力推动某个项目的过程中加深对各自的了解，赢取信任。按照文华的说法，这些活动中，他们将知道，哪些人可以一起走几个月；哪些人研讨会结束后就不再有交集；哪些人可以一起走几年；哪些人随着热情的消去而慢慢失去联系；而又有哪些人，值得他们一辈子去交往共事。

在投资人和项目方之间搭起沟通和信任的桥梁，这正是天使投资平台梦寐以求的东西，也是文华这个线下的众筹平台得以持续发展的根本所在。

财富背后的故事

合法、正面、共赢的讲堂

这 39 个字真的那么神奇？

"合法、正面、共赢、不谈论政治、不攻击他人，低调、务实、执着、海纳川穹、做到最好，感恩、分享、添柴火、爱国。"这 39 个字从台上"财神"的口中脱口而出。对于他们来说，这已是一种绕口令般的潜意识行为。"一个字也不能出错"，"财神"罗启东告诉笔者。

这 39 个字，被文华称为"普适"价值观，也被"财神"们普遍认为是文华最核心的竞争力。它直接脱胎于刘文华对沃尔托·罗斯托的国家发展六个阶段的理论分析与对国际关系的观察。与之不同的是，刘文华自认为他的这 39 个字理念，将完美地解决长久以来一直存在的国际纷争问题。根据他的分析，不管是资本主义理论体系还是社会主义理论体系，其发展的最终阶段无一例外都是想通过各种手段终结对方，而缺乏互利共赢、共同发展所需要的包容性。

刘文华说，随着这 39 个字在全球范围推广，再加上根据他对全球最先进国家发展规律的研究，他的国家发展六个阶段理论，可以成功地在全球实现，从而最终消除战争、消除区域冲突、消除种族歧视、消除饥饿和各种不平等不和谐现象，实现世界大同的目标。

2012 年以来，随着影响的日益增大，文华成为同行们竞相模仿的对象，培训界迅速掀起了一阵学习文华的旋风。比如大家都学文华，三个月涨一次价；商会架构的模式，也成了各家培训机构的标配。然而真正通过模仿文华而成功的机构却是寥寥。甚至有的机构不学不要紧，一涨价还把自己给涨死了。

这些看似有模有样的依葫芦画瓢为什么会失败？按照"财神"们的分析，唯一的原因就是：模仿者只学到了文华的表皮，却学不到文华内在的血肉和精髓。而这精髓，在他们看来，就是文华的这 39 个字。

"39 个字真有这么神奇？"这是许多人心中的一个疑问。在他们看来，这无非是文华的企业文化，而企业文化大多都是虚的。

自上世纪 80 年代传入以来，企业文化就受到广泛的推崇。1984 年，"企业文化四重奏"中的《日本企业管理艺术》、《Z 理论——美国企业界如何迎接日本的挑战》、《追求卓越》先后翻译出版，开启了中国企业文化的启蒙教育。这一年，海尔、联想、万科等一批民族领军企业先后创立，又被誉为"中国公司元年"。

到了今天，大小老板都在谈企业文化。文化专家、管理大师们异口同声地告诫企业家，企业缺了文化就前途堪忧。结果就是，去到国内的任何一个企业，随处可见各种空洞的口号。

许多人把这些华而不实的标语口号，就当成了企业文化；另一些老板则大搞"包装"，进行"形象广告"式的宣传轰炸；还有一些企业认为，企业文化建设无非就是组织员工多办几场文体活动，树几个典型、唱几曲赞歌。"企业文化是个筐，什么都能往里装"，它成了包治百病的万金油。企业"不舒服"的时候就拿出来抹一抹。

然而事实却是残酷的，多数的企业耗费了大量的人力物力，从上到下却普遍感到企业文化建设之"虚"。久而久之，一些人开始质疑企业文化的价值，转而宣扬"企业文化无用论"。

那么文华的这 39 个字，怎么就能够不同于这些企业了呢？怎么它就能有这么神奇的力量呢？要回答这个问题，就得先看看文华的这 39 个字，到底有什么不一样。

为什么选择这 39 个字？

文华的 39 个字普适价值观和理念，被分为三组。"合法、正面、共赢、不谈论政治、不攻击他人"是基本原则；"低调、务实、执着、海纳川穿、做到最好"是企业家精神；最后，"感恩、分享、添柴火、爱国"则是行为习惯。

刘文华为什么偏偏选择了这 39 个字呢？

以合法为例，合法本是市场经济基本内涵之一，也是任何一个普通人都应遵循的最基本的准则。然而，在中国的民营企业家过去 30 年的尴尬处境，以及他们身上怎么也洗不掉的原罪的大背景下，却不得不被当作是基本原则，拎出来向企业家们反复灌输。

过去 30 年民营企业家的处境，正如财经作家吴晓波在《激荡三十年》中形容的那般："这些民营企业家，他们既是计划体制的突破者，又是现行制度的违规者，不得不游离在合法与非法的灰色地带。"

由于从计划经济向市场经济的转型不彻底，政府手中依然掌管着资源配置权、项目审批权、行政处罚权等诸多权力。对企业家来说，企业的成功在很大程度上不得不依靠政治权力的庇护。经营活动中涉及到的银行贷款、土地征用、能源供应、项目争取、企业上市等等，无一不与政府官员手中的权力息息相关。

在许多民营企业家看来，企业要想获得某些资源就不得不与权力结盟，才能在层层叠叠的制度围城中，突出重围。这导致他们或有意或被迫游走于法律的灰色地带。

曾经的"首富"牟其中就曾坦承："我只可能用10%的精力去处理生产经营中的问题，而90%的精力被迫去应付环境的压力。"

于是，大量的民营企业一方面愤怒于政府对市场的干预与国有企业对资源的垄断；另一方面他们却又深谙跑关系的好处，利用各种机会寻租。这不得不说是一个天大的讽刺。

在跑关系的过程中，许多人没能刹住车，或是跑偏了，直接从康庄大道跑进了监狱的窄门。这种现象是如此的普遍，以至于吴晓波在书中感慨："这激荡的30年是一个多么世俗的年代，人人以物质追求为目标，道德底线被轻易穿越，心灵焦虑无处不在，身份认同被时时颠覆。所有的财富故事都暧昧不明，很多企业家前途难料。"

30年间，因官商勾结而"落马"，因钻法律空子而突然陨落的企业家可谓举不胜举。福禧集团的张荣坤、农凯集团的周正毅、国美电器的黄光裕等一批大名鼎鼎的企业家，最终都从官商勾结的悬崖坠落。

走出铁窗企业家不完全名单

姓名	时间	原执掌企业
陈久霖	2009	中航油（新加坡）
戴国芳	2008	铁本
龚家龙	2008	天发
郑俊怀	2008	伊利
唐万新	2008（2009年重新回去服刑）	德隆
赵新先	2007	三九
周伟彬	2007	金冠
胡志标	2006	爱多
孙大午	2003	大午
管金生	2003	万国

中国改革开放30多年来，因各种原因而陷入牢狱之灾的企业家不在少数。

官商勾结的反面，则是另一出悲剧。不少商人，虽然顶住了与权力同流合污的压力，却因为各种原因，最终倒在了官员的权力与民众的舆论之下。

对企业家来说，刺激权力和舆论的另一大因素，是太过高调与张扬——或对于政治问题过于亲近，或不懂守拙，陷于高调的纷争之中。其中最为典型的例子，无疑就是顾雏军案。

1990年，顾雏军凭借自已热循环方面的研究成果，顺势切入空调行业。在国内受挫之后，顾移师海外，在英国注册成立公司推广格林柯尔制冷剂。1995年顾雏军回国，仅用了5年时间，就打造了一家香港上市的高科技公司。

格林柯尔上市后，顾雏军就像一条突然浮出水面的巨鲨，先后击败通用电气、惠尔浦等一批国际巨头，于2001年吞掉年度亏损6.78亿元的科龙电器。之后，顾雏军便一发不可收拾，先后将美菱电器、亚星客车和ST襄轴收入囊中。历时两年的系列收购之后，顾雏军的格林柯尔系成为中国冰箱业的老大与空调业的劲旅，直逼全球老大的位置。

就在顾雏军做着反打高端市场、成就霸业美梦的时候，2004年8月9日，郎咸平在复旦大学发表题为《格林柯尔：在"国退民进"的盛宴中狂欢》的演讲，将矛头对准格林柯尔，揭露顾雏军在收购活动中侵吞国有资产等行为，掀起了所谓的"郎顾之争"。

面对郎的攻击，顾雏军选择了高调回应。随着争论加剧，舆论开始介入，有关顾雏军侵吞国有资产的指控甚嚣尘上。有关部门也开始调查顾雏军及其旗下的企业格林柯尔系。随着调查的不断深入，顾后来锒铛入狱。其苦心编织多年的霸业成了一场空梦。

反思顾雏军的失败，坊间一致的结论是：他太高调了。出狱后的顾雏军曾在一次发布会上表示，很后悔当初和郎咸平论战。

重复到脱口而出

由于直接脱胎于广大民营企业家血淋淋的教训，文华的这39个字普适价值观，一开始就引起了学员们的共鸣。然而如何将这极为抽象的精神内涵，落地到每一个会员的心中，却是文华面临的一个巨大的挑战。

事实上，这也是企业文化理论实行过程中遇到的最大困难。从上个世纪 80 年代掀起的企业文化热，将传统管理模式关注的技术、规章制度与财务分析等指标，逐渐转移到目标、信念、价值观和文化等软因素之上。而它们都有难以落地的困难。

在文华看来，文华的这 39 个字的理念，它不能只是用来听和念的，它应当作为一种行为准则，内化到每一个会员的潜意识当中。而要实现这一点，首先就是要不断地强化，创造出更多的接触机会。"财神"罗启东如是分析：

从管理学上讲，就是简单重复。你会发现《资本兵法》3 个阶段几乎每天都在讲这 39 个字，每个"财神"都会讲，重复，重复，再重复。通过重复，大家先认识到其重要性。对于我们财神来讲，这 39 个字都已经植入到我们骨髓里面去了，随时念出来都不会少一个字，也不会错一个顺序。这是第一个步骤。

第二个是群体监督。难免也会有人没做到，比如说正面，凡是有人说了一个负面的词，我们立刻纠正他，大家会相互监督，结果他会意识到马上要改。通过不断强化，自然而然形成条件反射。

更重要的是，在文华不断滚动着的许多活动中，其核心的理念都是传递这 39 个字抽象的精神内涵。传承晚会也好，顾问会也罢，所有的一切都是围绕这个展开的，设计这些活动就是为了去践行这 39 个字的价值观。"我们把这 39 个字融入到每个活动当中，每个字都会在活动中有所体现。""财神"罗启东说。

比如说合法，这可能是文华强调最多的理念了。与文华内部的爱国主义教育类似，刘文华擅长于通过类比的方式，将抽象的理念具体化。在文华，国家的法律被反复类比为公司立下的规章制度，而老板则是国家这个"企业"的员工。"如果一个员工连公司最基本的规章制度都不能遵守，这样的员工你会喜欢吗？你会给他晋升的机会吗？"他这样反问台下的企业家。通过这种最为朴素的方式，文华内部形成了一种以守法、诚信为荣的氛围，它在合法、诚信商业环境营造上起到的作用不可低估。

"这在当下许多游走于灰色地带，惯打擦边球的中小民营企业家群体中是相当难得的"，一位不愿具名的会员如是评论。

除了在思维上理解，在语言上说出来，还要在实际中践行。具体说来，它体现在文华总部对分公司股东的严格要求之上。第一，毫无疑问，所有的分公司要合法注册。第二，针对所有的股东，都必须向总部提供无犯罪记录证明。

通过这样一个具体的规定，合法的理念立即变成了可操作的制度层面了。当要求股东出示无犯罪记录证明的时候，一方面是要筛掉那些不合法的人；另一方面则是通过这样一个行为，让每个股东意识到合法的重要性。

在文华的各种大小活动中，"合法"同样被以制度形式固定下来。文华的所有大型活动，比如说传承晚会或是年会，全部都必须在当地的派出所报备。没有经过报备的活动，文华总部一律不批。

除了通过具体的制度和活动将抽象的理念具体化之外，针对不同的会员，文华还采取了差异化策略。

在黄健文看来，"财神"在课堂上讲的 39 个字与刘文华在"中国规划"中讲的 39 个字有着很大的不同。其原因就在于，讲授"中国规划"的时候，底下很多人都不是文华的会员。对资本兵法的会员，这 39 个字只是建议他们去执行，但是不强求全部做到。但是作为"财神"，作为集团董事，作为"英雄"，就不单只是理解了，同时要执行 39 个字，特别是"英雄"。

在黄健文看来，文华大系统之所以能够走到今天，就是因为践行了这 39 个字。

"如果你能够遵循这 39 个字来做生意和做人，都能做得长久。你说文华现在几万人，多吗？我们在 2030 年的目标是有 10 万家企业能做到 100 个亿，今天来讲还是个小的数字。但是通过这 39 个字，我们相信能一年一年地增长，最终覆盖所有的华人区域。"黄健文自信满满地说。

然而，也有另一种声音认为，所谓的"39 字"，不过是一种隐秘的忽悠和洗脑方式。以其中的"感恩、分享、添柴火"为例，一位不愿具名的会员质疑：文华反复强调的"感恩"、"分享"、"添柴火"，不外乎就是不停地掏腰包、出钱出力给文华"添柴火"；而"感恩"，是要对刘本人及文华感恩，从而彻底丢掉在"财神"们看来"不合时宜"的独立思考和批判精神；"分享"，则意味着不停地帮文华做宣传，将外面的企业家朋友介绍到大系统中来。

狮群作战

最具能量的义工群

并不是每一个人，从一开始就对文华的宣传感兴趣。一些人加入文华，纯粹是机缘巧合；还有不少人，则是碍于朋友的面子。然而有意思的是，不管刚开始时多么不感兴趣，他们中的许多人最终还是留了下来，甚至成为了文华的核心圈层。

来自9期的会员张连玉就是其中之一。性情豪爽的他，向笔者讲述了他初到文华时的情景：

2012年的3月27日，我第一次来到文华广州总部。到的时候，就听到有人在喊口号。我心里说，这不会是传销吧？

在饭店吃饭的时候，他们也在喊。学习的时候，也有人在喊，都很激动的样子。吃完饭后，有一辆大巴把我们载到清远，没有人管，也没有人接待，到了那儿发现都是文华的人。进去以后，我就休息了。心想，不管是不是传销，我都不怕，我一个东北人，这么大的体格还怕打不过你。

两年之后，张连玉成了文华决策委员会的成员之一。然而，张当时的疑虑，代表了许多人初入文华的心态。中国的民营企业家，号称是最为精明能干的一个群体。他们对于文华的认知，从始至终都保持着一份审慎和观望——虽然很多人不愿亲口说出来。

这也就决定了，要对他们进行引导是一件多么困难的事情——尤其是当这个群体多达3万人的时候。"领导300个老板比领导3万个员工还难"，16期的会长黄鹏说。

然而，文华不仅将这些老板们凝聚在了一起，甚至还让他们在这里一起合力打造了成百上千个项目。

文华总部更是创造了13个员工管理近3万人的奇迹。在文华一年四季滚动着的大量而密集的活动中，每次都能看见各期老板们忙碌的身影。要知道，文华总部可不给他们一分钱工资的，包括往返的路费、住宿费与餐费，都要老板们自掏腰包，甚至动不动还要因为迟到等原因以"添柴火"的名义罚款。

一旦加入到义工的队伍中，这些平日里威风凛凛的老板，可能就变成了一个会场角落里看门的门神，负责进出人员的检查和把关；多年不曾干过活，只是"动动嘴皮子"的集团董事，也干起了摆桌子搬椅子的活。

更让人哭笑不得的是，有时候一个现场"跑麦"的义工，因为有多人报名，还得经过 PK 才能上岗。有人说，文华的这群义工，也许是中国能量最大的义工了。

然而，该如何对老板这一中国最精明能干的群体进行管理，一直以来都是培训界头疼的一个问题。他们在商场中摸爬滚打多年，许多人自信满满，很难服人。培训机构的一般做法是，启用一些比较年长的讲师，以讲师丰富的实战经验，来赢取老板们的信任，从而树立起讲师的权威。

当然，时下更为典型的一种方法是，把讲师推向神坛。其结果就是中国教育培训行业，可能是全世界各种各样的"大师"和"天才"最密集的地方。

在培训界的标杆企业思八达，讲师刘一秒被学员认为是"天上飞的一条龙"，学员则是"地上跑的一群猪"，只有抬头仰望的份儿。在授课中，甚至有学员冲过去要给"秒哥"磕头。

"秒哥"每次开讲，都会有身家不菲的老板恭恭敬敬地给他倒水。据报道，一些资产过亿的学员，曾在台上郑重承诺，愿为"秒哥"终生倒水。而为了获得"秒哥的能量"，倒水者还曾偷喝"秒哥"的水。甚至，刘一秒穿过的一件衣服，也能拍到 300 万元的天价。

与这些培训机构不同，文华一直抵制将台上的讲师神化。从一开始，文华就把《资本兵法》课程定位为研讨会。课程中除了安排大量的会员讨论之外，还有不少与台上讲师沟通的机会。据说，在早期课堂上，经常上演吵得不可开交的场面。

刘文华退下讲台之后，他的弟子"八大财神"接过他的衣钵。然而让人大跌眼镜的是，这些弟子多是 70 后、80 后的年轻人。并且，课程严格按照刘的设计来讲，一有违规者就将被优化。

刘一秒和他缔造的思八达，以场面震撼出名。

在"财神"黄健文看来，这显然是文华有意为之。因为文华想要引导老板们明白，关键不是台上讲课的人是谁，而是讲者口中传达出来的内容。所以，来这里找明星或是瞻仰大师的老板，可能要失望而归了。

文华抵制神化讲师的逻辑，是它所倡导的狮群的文化。在"企业文化仿生学"日益成为时尚的今天，文华选择将犹太人、温州人的思维与狮群概念紧紧联系在一起。它试图赋予每一个台下的企业家狮子的气概。

在 20 期会员、"财神"徐新颖看来，动物世界中的狮子代表了文华应有的精神。它跟老虎不一样，老虎虽然也是猫科动物，但是一山不容二虎，无法凝聚群体的力量。但狮子就不一样了，狮子单个存在的时候是万兽之王，群体作战的时候又能够精诚合作，统治整个大草原。

从进入《资本兵法》课程的第一天开始，文华就有意识地引导这种理念让每一个老板在独立思考的同时，又能抱团一起，精诚协作。

而它的第一步，就是让讲师步下神坛。在"财神"罗启东看来，每一个老板都有自己的资源和思维模式，都得通过自己的思考去找寻问题的解决之道。简而言之，老板们来到文华，是要成为狮群中的一员，而不是嗷嗷待哺的羔羊，等待着被别人领导。

从狼文化到狮群文化

许多年后，当后人试图从故纸堆里找寻中国企业文化发展的轨迹时，有两个名字和一个词无法回避：任正非、华为和"狼文化"。

1987 年，军人出身的任正非用 2.7 万元起家，创造了今天名震中外的华为。那一年，他已经 44 岁。在那之后，他积攒了 40 多年的力量仿佛一下爆发出来，带领着华为如"土狼"般一路狂奔 20 余载。

"精神对物质的比重是三比一"，任正非实践着拿破仑的这句格言。在诸多资源的排列组合中，他尤其强调塑魂工程。

细数过去 30 年的中国企业，虽然绝大多数公司都有自己的"基本法"，却没有哪家的管理大纲受到像《华为基本法》这样的关注。从 1995 年着手，1998 年诞生，再到 2000 年在业界大为流行，《华为基本法》在中国企业纲领性文件中占据着独一无二的地位。

狼性文化是华为的文化核心。它也被认为是华为的成功基因。任正非解释说，狼性就是"哪儿有肉，隔老远就能嗅到，一旦嗅到肉味就奋不顾身"。后来，他把狼的优点总结为三条：一是敏锐的嗅觉；二是不屈不挠、奋不顾身的进攻精神；三是群体奋斗。但事实上，"嗅到肉味就奋不顾身"才是狼的本性，也是初创期乃至很长时期华为文化的真实写照。

2004 年姜戎出版《狼图腾》，国内企业界掀起学习狼性文化的又一轮热潮。

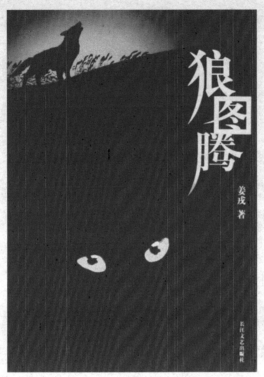

然而，在文华看来，狼性文化却是怎么想都不对劲。至于各大媒体宣扬的"穷者羊性，富者狼性"的说法，更是觉得不可思议。

文华第 20 期会员徐新颖告诉笔者，历史上跟狼相关的词都不是什么好词，像"狼心狗肺"、"狼狈为奸"、"狼子野心"等，都带有极强的负面色彩。

而动物世界里的狼，它虽然也有所谓的抱团精神，但却不够光明正大。它白天不干活，只在晚上出来捕捉猎物。"如果哪一个行业半夜才出动的话，这个行业肯定是见不得光的，它的利润也是见不得光的。"徐补充说。

事实上，近年来，华为已经有意识地淡化狼性文化。狼性文化中宣扬的"残酷无情""你死我活""为达到目的不择手段""无视人性"等造成的弊端也日益显现。在与竞争对手的拼杀中，狼性文化提倡置对方于死地。即使一方获胜，也会因失血过多元气大伤，形成"双输"的结果；而在企业的内部管理中，由于人性的缺失，很容易被唯利是图的原则所控，从而使大家相互提防、互相猜忌，信任感大打折扣，团队内部产生巨大的内耗。这些都与文华提倡的双赢原则、家人文化和感恩分享精神截然相悖。

在华为 20 多年的发展史上，李一男出走创办港湾的事例，便被认为是华为狼性文化的一个深刻教训。

2000 年，被认为是华为"二把手"的李一男，用结算股权换来的 1000 多万元设备，在北京创办了港湾，最初只是销售华为的产品。后来它开始与华为展开了同业竞争。深谙狼道的李一男同样利用狼性迅速立足，某些设备的市场份额后来甚至逼近华为。任正非对李一男暗渡陈仓、带走核心员工的行为非常愤怒。然而在这个过程中，李一男却表现得异常的坚决和无情。在华为的多年围剿之下，2006 年港湾最终被华为所收购。

但李一男出走创立港湾的事情，却让人们看到了狼性文化的后遗症。在狼性文化的熏陶下，这些华为培养出来的强有力的雄狼，必然不安于在老狼群里安心留守。在某个成熟的时候，他们终将出走并在必要时与老东家大打出手，甚至对簿公堂。在短短几年的时间里，华为诉员工、原员工诉华为的事件接二连三，每一件都透露着狼群相斗的血腥。

而这些弊病，显然不是文华想看到的。在文华看来，每一个企业家会员，都是一头狮子。狮子代表着领袖。他们中的每一个，都拥有独立生存能力和独立捕杀各种猎物的能力。离开了文华回到他们自己的岗位上，他们都是大杀四方的狮王。同时，在文华大系统的这个平台上，他们同样也有成为狮王的机会。

因为理想

动物王国里的狮子，是食肉性的高等脊椎动物，豹属，猫科。狮子体型矫健、性情威猛，是西方人眼中动物世界的"百兽之王"。现实中的狮子，有着至尊无敌的个性。它步伐豪迈，有种所向披靡的气概。它甚至从来不知什么叫避让，据说在国外野生动物园中，它们常常与管理员的汽车相撞。

狮子代表的是领袖，每头狮子都拥有独立生存能力和独立捕杀各种猎物的能力。在文华大系统里面，所有的会员都是小有成就的老板，在这 3

万个老板中间，他们更需要的是狮群文化。

有别于狼群文化，在一些人看来，狮群文化的特点是：一群领袖为了一个目标，团结但更要彼此妥协。与狼为了生存不得不妥协相比，狮子是为了理想而妥协。虽然其中的每一只"狮子"本可以不那么做，各自在自己的小世界里称王，但是他们却为了某个理想，选择了在一起。

对文华来说，这个理想就是改变世界的金融与经济格局，让中华民族重新屹立于世界民族之林。而其背景，是中国经济面临的内忧外患的现状。

按照刘文华的说法，中国的经济空心化现象到了不可想象的程度。中国市场上看得到的东西，60%—70%是外资的，不属于中国，也即意味着经营权和使用权在中国，但所有权是外国的；剩下的30%左右按照"二八定律"，还有20%的人拥有了其中80%的财富，但是他们都已经移民了。

对外，则是国际银行家贪得无厌、虎视眈眈的眼神。以日化领域为例，从上世纪90年代开始，外资日化巨头就开始出手收购中国本土品牌。据不完全统计，2003年以来，国内包括丁家宜、小护士、美即、大宝、舒蕾等近10个品牌被外资收购。

不少红极一时的民族品牌在被收购后陆续消失。而其根源在于，国外企业根本就只是为了占领市场，借本土品牌完成渠道的扩张，一大批的民族品牌因此沦为了牺牲品。

文华宣称，为了保护民族品牌不被国外资本巨头恶意收购，守住富饶的中国。中国的民营企业需要共同努力，抱团取暖。这个时候，需要的就是狮群文化，将分散而各自为战的民营企业之"狮"，集结到一起，最终走出国门，走向世界，去收购国际顶级企业。

"精神对物质的比重是三比一"，刘文华同样领悟到这句格言的重要性。从踏入兵法研讨会的那一刻开始，文华就在这些企业家的心中，植入了一个宏大的叙事，那就是文华的神圣使命。

文华倡导的是"狮群文化"。

这个神圣使命通过刘文华不断宣讲，传递到每一个企业家心中。从而使他们的思维方式和行为方式有一个共同的始发点，形成了一个心理契约。刘试图让这些改革开放成果的受益者们在中华民族腾飞的过程中，承担更多的责任。

在 2014 年 3 月 27 日中法建交 50 周年纪念大会上，习近平向全世界宣告，"中国这头狮子已经醒了"。他说，"中国这头狮子已经醒了，但这是一只和平的、可亲的、文明的狮子"。

文华的一些高层有意无意地向外界传递着这一信息，他们说，这正是文华在过去三年多来一直坚持做的事情，先唤醒这些更具影响力的老板。再通过他们，唤醒更多的人。

在文华看来，要实现这一宏大的理想，从来就不是一朝一夕的事情。它甚至可能需要一代又一代人不懈地努力。而只有通过狮群文化的传承，相互团结协作，才能让企业做得更好，国家变得更加强大。

改变中国人几千年的劣根性

"文华大系统现象"

关于"文华大系统"，文华官方网站上有这样几段介绍：

文华大系统是一个千万年来广泛存在于社会性群体的自然现象，无论是植物界、动物界和人类都普遍存在，有无意识地使用的，也有主动经营的，尤其是在人类和社会型动物中的精英阶层，往往表现为主动经营的结果。文华大系统在社会型动物中（以羊群为例）往往表现为一群力量和影响力相当的中间阶层，坚定地服从羊王的领导，同时又通过大系统的互相支持而获得更多更好的草地和水。在人类几千年的历史中，文华大系统往往表现在通过家族、联姻、契约等方式，帮助自己的群体获得更多、更好的生活和发展的机会的中间群体。

发现这一现象的是中国的一位名叫刘文华的物理学和金融学爱好者，他通过将近20年的观察和大量研究，发现了这一惊人的现象。人们为了方便记忆，将这一现象称之为"文华大系统"现象。这一重大发现，被人们誉为社会现象的三大发现之一。

乍一看，这些介绍有些民科民哲范儿。所谓的"民科""民哲"，是专门用来取笑那些外行的理论家而创设的词。其实系统的思想，在学界早有许多非常成熟的讨论。

1932年，美籍奥地利理论生物学家L.V. 贝塔朗菲（L.Von.Bertalanffy）

通过"开放系统理论"，就提出了系统论的思想。贝塔朗菲借助亚里士多德的"整体大于部分之和"的名言，指出任何系统都是一个有机的整体，它不是各个部分简单的相加，系统的整体功能是各要素在孤立状态下所没有的新质。

虽然他的论文《关于一般系统论》早在1945年就已经公开发表，但直到1948年他在美国再次讲授"一般系统论"时，这一理论才得到学术界的重视。半个世纪之后，源于古希腊语的"系统"一词再次在人类的语言史上获得了新生——今天，它几乎出现在我们目之所及的任何地方。

在古希腊语中，"系统"是由部分构成整体的意思。今天，人们从各种角度上研究系统，系统的定义也有不下几十种。其中最常见的一些说法包括，"系统是诸元素及其顺常行为的给定集合"，"系统是有组织的和被组织化的全体"，"系统是有联系的物质和过程的集合"，"系统是许多要素保持有机的秩序，向同一目的行动的东西"，等等。

文华这段宣传文字，大概想要表达的就是贝塔朗菲的系统论思维了。在贝塔朗菲开创的一般系统论中，他还给系统下了一个更为一般的定义，这就是我们今天在教科书中看到"系统"：由若干要素以一定结构形式联结构成的具有某种功能的有机整体。其中，系统、要素、结构与功能四个概念，则是这个定义中的核心之所在，它们表明了要素与要素、要素与系统、系统与环境三方面的关系。

以生活在世界上的人类为例，地球上的所有人构成了一个系统。每个种族、每个家庭都是系统中不同层级的要素，并且要素与要素之间同时具有不同的结构性。而不断地繁衍，保持种族的传递，无疑便是这一系统最为重要的功能。

在贝塔朗菲等人看来，整体性、关联性、等级结构性等是所有系统的基本特征。它们也是系统方法的基本原则。近半个世纪以来，这一理论在人类生活的各个领域有着广泛而神奇的应用。

藏宝图

刘文华提出的文华大系统，便是系统论的千万种应用中的一种。只不过，酷爱观看《动物世界》的刘文华，将他这一想法的源头归因于广袤草原上的羊群。

刘发现，当我们把羊群看作是一个系统时，每一只羊都是系统中的一个元素。这个时候羊与羊之间，不得不为食物和种群中其他有限的资源进行竞争。然而，当我们跳出羊群这一小系统，把整个草原生态看作是一个系统时，羊群变成了系统中的一个元素。这时候，羊与羊之间成为了相互协作者，他们服从领头羊的指挥，具有了共同抵御天敌、延续种群基因的共同使命。这个时候，羊群便获得了最大的力量，整个羊群的效率也最高。

那么刘文华如何将系统论的思维应用于商业活动呢？在《资本兵法》中，刘通过藏宝图来揭示这一应用。在他看来，如果我们把商业活动行为看作是一个系统，那么这个系统中的元素，理应涵盖商业活动过程中各个环节的各个主体。从供应商、制造商、渠道方、销售到终端消费者，甚至还包括商业活动中涉及到的政府管理部门、房东、银行等社会支持机构，所有的这些利益相关方，共同组成了一个商业活动系统中的元素。用文华的话来说，"它们是同一系统的"。

举个简单的例子，我只是一个街上摆摊烙饼的，然后你走过来跟我说，其实你从来就不是一个人，你的供应商是中粮集团，管理你的机构有工商局，你和他们以及买你烙饼的顾客都是同一系统的。这听起来似乎有些荒谬，虽然我们似乎真的有着某种关系。

知道了我们都是同一系统的，又有什么意义呢？中粮集团虽然跟我是同一系统的，它还是没少涨我面粉的价；我和工商局是同一系统的，它也没让我少交一点管理费。然而在刘看来，这一系统思维的转变，却蕴含着极大的奥妙。

这一应用的结果，就是所谓的"藏宝图"。在《资本兵法》初级研讨会上，它被当作吸引老板们加入研讨会的一个亮点。而一些听完初级研讨会的老板也确实承认，这个"藏宝图"提供了一些可供借鉴的思维。甚至在正式的课程结束之后，刘还建议会员去听初级研讨会，称"一定会让你有收获"。

以社会提供产品的公司为核心，刘文华将商业活动中涉及的所有主体一一列举了出来，他们共同构成了文华所谓的"公司系统"，如左图所示。每一个老板根据公司系统的模板，围绕自己的公司和资源，都可以绘出一幅属于自己的藏宝图。

藏宝图的意义，在于帮助每一个老板梳理清楚他的人脉与各种资源，而这些都被文华列为"无形资本"的范畴。在研讨会的第一个阶段，文华就有一个盘点自己资产的作业。在这份作业中，老板认识多少的银行行长、政府官员都被看作是一种可以进一步利用的无形资本。

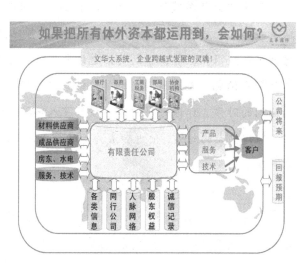

被广为传播的"文华藏宝图"。

集团董事黄健文向笔者讲述了他如何利用藏宝图的一个实际例子：

分公司的目的，是帮助会员，指点会员建立他的藏宝图。我在香港讲初级研讨会时，我添加了一项内容，就是每一个进来听课的老板，我都送给他一张藏宝图。这个藏宝图里，列了五个空，要求他们花3分钟列出他们最熟悉的上下游、银行，还有政府、同行的名字。这么短的时间里写出来的，肯定是他未经思考、从潜意识里跳跃出来的东西，所以能很好地呈现他的内在所想。

写完之后，我会问他，为什么这个公司写第一位呢？他是否是你最大的一个顾客？他想了很久说，这五个都不是最大的。那为什么写下来呢，我接着问他。他讲不出来。我问他，是不是这五个都是经常有联系，常接触到的，是不是都经常跟他打牌的？他想了想说是噢。那我问他，经常跟你一起玩的为什么不能成为你最大的顾客？他又说不出来。

藏宝图就是希望呈现一些他现有公司的状况，然后帮他理顺。经常有联系的顾客既然不是最大的，就看看是否能帮他把现有的营业额做到最大。老朋友既然很相信你，了解你，也许他不能成为你的第一位的客户，但第二位第三位呢，或者前五名都是他们？当你找出为什么他不能成为前五名的原因的时候，你通过跟他进一步的深入链接，帮助对方做得更大，这样当他做得更大的时候，他也会成为你的前五名。通过什么方法呢，来学《资本兵法》。

"来学《资本兵法》"，说这儿的时候，黄健文自己都笑了。而这也是藏宝图被放到初级研讨会宣讲的一个重要原因。

用系统经营系统

如果藏宝图是为发掘财富指出了一条明路，那么现在还缺了一把破解地图的钥匙。藏宝图虽然告诉老板们在某个地方有一笔巨大的宝藏，却没有告诉他们取回宝藏的具体方法。按照文华的说法，就是如何让老板们的无形资本流动变现，取回寄存在别人处的属于自己的财富。里面的方法，当然只有学过《资本兵法》的会员才能知道，甚至还需要反复回来复读、做顾问才能领悟。

在研讨会中，这个方法被概括地称为"用系统经营系统"。那么，究竟什么是"用系统经营系统"？

在麒麟会会长陈信豪看来，文华所说的"用系统经营系统"，其实是告诉中小民营企业家要告别单干，去抱团合作。而文华对大系统思维的传播，无疑从潜意识里给老板们植入了合作的理念。

在文华，中国人一直以来的"盯住上家，看准下家，宁愿自己不胡也不愿别人胡"的"打麻将思维"，被作为反面典型拿出来进行反复批判。它鼓励系统中的每一个企业家都团结起来，相互合作，通过建系统的方式来实现有形、无形资源的共享。并且通过自身的成功告诉大家，唯有如此才能改变"一个中国人是一条龙，两个中国人是两条虫"的糟糕处境。

简言之，"文华大系统"就是参加过《资本兵法》研讨会的近3万个中小企业家（未来可能更多）形成的群体。用文华的话来说，这都是一群有事业基础、有将来的人。系统中的每一个企业，或许都不是非常的大，但是如果他们联合起来，化身为大系统中的一个要素的话，那这个系统的能量就不可估量了。

这个系统汇聚起来的不仅仅是大量的资金，还有其他各种各样的人力、物力及无形资源。这一抱团合伙，或者说是众筹运营项目的模式，带来的好处也是显而易见的。第16期的会长黄鹏感慨："原来是很累的，你要取得一定的经济效益，你要付出很多，很不容易才能赚到一点钱；但是用系统来经营格局就不一样了，在业务量、营业额、利润率，以及公司的管理上都有很好的体现。"

　　在《资本兵法》课程中，一个经常被提及的案例是航空业的全产业链经营。该公司从航空业的下游入手，先是打造了发动机研发的核心技术，从而将发动机出售给飞机制造商，待制造商将飞机造好后，又通过公司的金融担保，采用分期付款的方式从制造商那里购买飞机。然后又将飞机出租给航空公司，与此同时，公司还为航空公司提供分期付款的贷款业务。通过全产业链经营，公司最终实现了发动机厂、飞机租赁、公司金融业务全赢的局面。它的上游发动机厂、下游航空公司都成为其"打工者"，而这一局面的实现，核心就在于其发动机研发核心技术所建立的优质系统。

　　文华宣称，当每一个老板带着他自己的系统走进文华，真正做到用系统经营系统的时候，那情况又大不一样了。集团董事吴毓隆这样解释其中的奥秘之处：

　　经营一个公司时，很多人都在研究公司里面的东西，比如说绩效考核制度、企业文化的打造等，都是在公司体内系统运作。

　　如果你站在行业高度来看的话就不一样了。举个例子，这个是服装厂，这个是它的下游经销商，这是它的上游面料商。那么，这是不是一个产业链？你跳出来看到的是什么？服装厂跟面料商，一般情况下我们就当它们是两个工厂，假设它们是同一个系统的，那么它们就是两个车间，车间跟车间之间需不需要付费？只需要订单这一张纸就可以解决问题了。

在吴毓隆看来，这就是"高度不一样"。当高度不一样的时候，看到的东西自然就不一样。诸如销售该怎么做，人员该怎么管理，融资技巧这些，都只是"术"的层面的问题。在其之上，是"道"和"系统"的高度。在《资本兵法》中，还有所谓的"国家营销"和"无边界金融城堡"的高度。

"系统经营的最高境界是，除了要把供应商，客户，甚至供应商的供应商，整个产业链纵向经营起来，还要把横向经营起来，与同行一起去短板效应，优势互补。最终实现你中有我，我中有你。"文华的另一位会员，从事太阳能科技开发的宇之源董事长雷宗平说。

戴姆勒公司与雷诺－日产互换股权是企业史上的一个经典案例。

与同行、上下游的公司建立利益共同体的一种常见方法是交叉持股。交叉持股最早开始于日本的阳和房地产公司事件。1952 年该公司被恶意收购，从而引发了三菱集团内部结构调整。从此以后，交叉持股在日本作为一种防止被恶意收购的策略而大行其道。在上个世纪 50 年代，日本企业还把相互持股作为跟银行保持密切关系以获取资本的一种策略。国内沪深上市公司交叉持股情况非常普遍，据不完全统计，沪深上市公司交叉持股为 340 例，上市公司参股银行 361 例、参股保险公司 68 例等。

2010 年 4 月 7 日，戴姆勒公司与雷诺－日产联盟宣布建立大战略联盟，被认为是交叉持股的一个典型案例。在这一操作中，戴姆勒将公司 3.1%的股权转给雷诺－日产，换得后者 3.1% 的股权。分析指出，雷诺－日产与戴姆勒互换股权并联合开发汽车的意义，在于分担成本及扩大规模。其更深的意图，则在于赶超大众和丰田。

公司间通过交叉持股，形成以股份为利益纽带的策略联盟，从而使持股公司之间形成利益共同体。这一策略将减弱外部因素对公司的冲击，同时，借助交叉持股可以有效实现公司之间技术、市场等方面的业务协作和整合。而在同行业上下游企业间的交叉持股，将形成采购原材料保障、质量安全等方面的产业链协同效应。

在雷宗平看来，交叉持股只是打造利益共同体的方法之一。他说，在文华的《资本英雄》课程中，提供了更多可操作的方法，但由于签了保密协议而不便多说。

平台化战略

"怎么玩都可以"

2010 年，当陈新平第一次听到文华想打造一个平台的构想时，他表示很不理解。"什么叫提供一个平台怎么玩都可以？"他反问。

这一年，正陷入事业低谷的陈新平，在一次偶然的聚会上结识了刘文华的太太陈凯旋。在那次聚会上，她告诉他，刘文华的团队要做中国的金融超市。当时的陈新平，正犹豫着要不要跳槽去做金融。"那时候我自己的想法是跳出来创业，做股票、期货、外汇、黄金白银交易，做一个给别人提供理财产品的平台。那时候我手下已经有十几个人的团队了，正在寻找一个突破口。"他说。

后来陈新平与刘文华单独见了一次面。在那次见面中，刘文华也没跟他多说。"你看我这反正就这么大，你要多大地盘随便你划，你要招多少人随便你说，反正你就把这当成自己家，想怎么做就自己规划，需要我支持的你尽管出声。"说完这些，不等陈新平细问，刘就说临时有事，匆匆离开了。

决定留下来的陈新平，坦言此时更加纳闷了，心里想，怎么有这样的老板？回去几天之后，他又回来找刘文华。这个时候他才明白，虽然共用一个办公室，但陈和他的团队将作为公司里面的一个独立的部门，并且这个部门也是一个独立的公司。"你想怎么做都可以"，刘当时对他说。

这个部门，也就是文华后来的国际理财部，专门负责个人理财业务。据陈新平介绍，这个时候的文华才刚成立不久，《资本兵法》的诞生则是一年之后的事了。投资理财部，基本上都由陈新平在打理，人最多的时候，有好几十个人。部门主要的业务，是 A 股，以及白银、黄金等交易。

陈新平和他的团队，严格意义上不能算文华的员工。刘文华也基本上不太干涉他们的业务。按照陈新平的说法，只有当遇到大的决策时，他才会找到刘文华商量。"我们在文华国际也算是个老板，也没定义自己是员工。"陈告诉笔者。

一年之后，《资本兵法》研讨会在从化开班，用了不到两年的时间。

文华终于破土而出，迅速聚集了两万多的企业家群体。文华作为一个"金融咨询、资产服务、项目对接的平台"，终于渐渐成形，而它的平台化策略，也日益清晰地展现了出来。

到底什么是平台化？

"平台化"是近年来各种报刊媒体中的一个热词，它尤其高频率地出现在有关互联网企业的讨论中。

那么到底什么是平台？韩国学者赵镛浩在其所著《平台战争：移动互联时代企业的终极 PK》中，用了一个咖啡豆工厂与自动售卖机的故事来回答这个问题。

在咖啡农场附近，有家专门加工咖啡豆的工厂，常年为农场提供免费的咖啡加工。任何人都可以在工厂中将咖啡豆制成咖啡原液，装车运走。工厂主甚至会为加工商推荐咖啡原液销售点。然而，提供免费的咖啡豆加工，工厂的收益在哪儿，难道厂主是个慈善家吗？

切换到另一个情景，一家公司的休息室里摆放着一台自动咖啡机。这台咖啡机里供应着价廉物美的原磨咖啡，生意红火。它的运营商，正是前面提到的咖啡豆工厂。人们只要在咖啡机中投入硬币、按下按钮，即能享用到美味的咖啡。有一点很特别的是，要从该售卖机中买到咖啡，必须使用一种含有芯片的专用咖啡杯。为了享用价廉物美的咖啡，人们对需另外花钱买杯子的事情也欣然接受。当然，这种咖啡杯由厂主独家销售。

回到前面的问题，厂主的利润点到底在哪儿？相信很多人都想到了咖啡杯。

没错，出售咖啡杯就是厂主赢利的方式，且利润还相当可观。为了从自动售卖机里买到原磨咖啡，即使花多一点钱，人们也愿意购买售卖机专用杯。但如果没有售卖机的存在，人们肯定不会愿意花同样价格去买一个杯子。

事实上，这种由"咖啡豆工厂—咖啡售卖机—咖啡杯"构成的商业模式在现实中广泛存在。在这一模式中，咖啡豆工厂和自动售卖机是相互捆绑的低廉而优质的服务，咖啡杯则是实际创造利润的产品。它们以彼此串联的方式提供给消费者，对买方来说具有价值，对卖方来说则能创造利益。连接咖啡原液生产商和从自动售卖机中购买咖啡的消费者这一体系，便是一个"平台"。

回到文华的商业模式，他们走的正是一个典型的平台化道路。从2010年陈新平团队的加入开始，刘文华就将他们定位为以独立公司存在的独立部门。他的本意，是不断在平台中聚集类似的团队。于是，就有了2011年的《资本兵法》研讨会的举办。

《资本兵法》研讨会的目的，是建系统，搭平台。按照刘文华的说法，它其实就是一个广告。然后文华再通过投资平台中涌现出来的项目获利。

许多人可能会觉得，文华与其他的培训机构，或是投资机构并无不同，无非是赚取高额的会费或是投资收益。然而，文华的这一模式与其他单纯的培训机构、投资机构实际上却有着本质的不同。那就是，文华运营着一个以投融资为目的的平台。

对于普通的培训机构而言，他们售卖的是单纯的课程，他们以课程本身的价值为中心进行经营。如果课程的功能单一，那么课程的设计、价格、口碑等都会对销售产生影响。所以，培训机构为了销售课程，既要关注市场动向，又要抓课程质量，还要加强品牌宣传，可谓是煞费苦心。单纯的投资机构亦是如此。

而对于平台运营商而言，情况就不同了。虽然文华要让利近一半给各负责销售的分公司，并且在年会和慈善中花掉利润的一大笔钱，但由于只有成为了会员才能参加文华后面的项目对接会，与内部的优质资源结为利益共同体，文华反而不用在研讨会的内容上花费太多心思了。同样，在培训中聚集了大量的优质项目和资金，系统内部积累了大量项目对接的需求，这样开展投资业务也变得简单了。

在平台化策略中，其核心是先通过免费或高性价比的方式满足市场的现有需求，聚集客户群，然后再根据客户群的属性进行二次开发获利。例如厂主先为农场提供免费的咖啡加工，满足公司员工对物美价廉原味咖啡的需求，再通过售卖杯子获利。在文华模式中，文华先通过早期相对较廉价的金融培训，来满足广大民营企业家对融资的需求，然后再从项目投资中获利。

在"咖啡豆工厂—咖啡售卖机—咖啡杯"平台模式中，成功的关键是赢得咖啡原液加工商以及顾客的芳心。一开始，咖啡原液加工商和购买咖啡的顾客会相对较少。只有顾客多了，咖啡原液加工商才会增加；同样，对于顾客来说，只有售卖机中的咖啡便宜又美味，才会产生购买欲望。事实上，在平台运营的初期，商家往往会在二者中选取一个重点突破，通过直接供应咖啡原液、让顾客免费品尝、发放咖啡杯优惠券等措施短期内扩大顾客群，使平台实现正常运转。

在《资本兵法》早期，会员人数相对较少，系统内部聚集的项目和资金自然有限。项目对接的效率并不太高，这就制约了它对外部企业家的吸引力。所以在这一阶段，文华会员的价格也相应地处于一个较低的水平，以此来快速吸引外部的企业家加入。此外，文华还通过设定分公司加盟期限营造稀缺性、在全国大规模举办年会等方式来实现会员的快速聚集，进而产生良性循环。

事实上，近年来，苹果、谷歌、微软等跨国公司纷纷都采用了"自动售卖机 + 咖啡杯"的方式。他们之间的差异，无非是各自产出的"咖啡杯"不同。苹果的 iPod、iPhone、iPad 系列硬件产品，微软的 Windows 操作系统、Office办公软件分别充当了带来盈利的"咖啡杯"；谷歌的情况较为特殊，给他们带来利润的，只是"杯子"或"售卖机"上的广告。总之，他们以适合自己的方式经营着"咖啡豆工厂"、"咖啡售卖机"及其他相关设施。

在文华大系统内部，充当"咖啡杯"这一角色的，是他们对项目、资金等资源的掌握，通过后期衍生出来的金融咨询、资产配置、项目对接等服务，他们成功地打造了一个平台"生态圈"。就像中国最著名的互联网公司阿里巴巴一样，文华自己并没有庞大的启动资金，也没有一堆的优质项目，但是它却牢牢地掌握着"生态圈"内游戏规则的制定，通过后续的服务来盈利。

平台的威力

平台化策略的精髓，在于打造一个完善并且发展潜能强大的"生态圈"。

平台的运营者，在早期通过树立平台内独特的规范和运转机制，激励平台内的多方群体进行互动，迅速实现人群的聚集。在文华，这体现在它的开放性等做法上，随着《资本兵法》研讨会影响力的扩张，许多培训业的同行纷纷潜入文华打探虚实，甚至不少人就是奔着平台里的优质客户而去的。

与一般的培训机构不同，文华对这些同行保持开放。任何符合报名条件的都可以进来，在这里学完也可以去学任何的东西，文华不会干涉和阻挠。同时，对于进入大系统内部的会员，虽然文华提倡"没有管理的管理"，却反复向他们灌输"合法、正面、共赢、不谈论政治、不攻击他人"等39个字的理念；对于忠诚度更高的顾问、"财神"或是"英雄"，还有着非常严格的管理制度。企业家稍有不慎就将为自己的行为"添柴火"，甚至被优化出系统之外。这些做法既在短时间内聚拢了大量的会员，同时又使得平台按照预定的轨道运转，保障了文华总部对平台方向的把控。

纵观全球许多靠平台化战略成功的企业，它们成功的关键便在于，建立起了一个良好的"平台生态圈"，在这个生态圈中连接了两个或两个以上群体的需求，从而重新调整了产业链中关键节点的价值分配。

前面已经提到，平台生态圈里的一方群体，一旦因为需求增加而壮大，另一方群体的需求也会随之增长。如此一来，便形成了一个良性的循环机制。例如，一旦文华聚集了大量优质的企业家会员，那么冲着企业家会员的资金、项目需求的群体也将迅速涌入。他们既可以是资金等资源的提供者，又可以是平台内项目的发起人。

在文华看来，平台模式达到战略目的，是快速地壮大规模和完善生态圈，对抗来自高盛等国际金融财团的竞争者，进而夺取行业话语权，实现重塑世界金融格局的目标。

平台给企业效率带来的杠杆效应是显而易见的。任何一个传统的模式，一旦遭遇了平台化的竞争对手，都将是一场噩梦。其中最为典型的案例就是杀毒软件360的成功。2009年，奇虎首次推出免费的360杀毒，短时间内掀起一股"鲶鱼效应"，不到一年的时间，便覆盖了超过51%的市场。而之前一直占据行业第一位置的瑞星以及江民等实力雄厚的对手，则无可挽回地走向了衰败。平台化公司凭借杠杆一端的绝对让利或是免费，既打击了对手，又迅速聚集了大量的用户。关键是，它的赢利点已经完全变了。

在一些学者看来，平台化公司构筑了更为强大的经营模式。这种经营模式从表面上看，像是在做捆绑销售，实际上却是成为了市场中的不同交易主体间的黏合剂。这样不管是拥有大量资金想找项目的老板，还是需要资金扩张的企业，都只能围绕文华这个平台转，花费大量的时间和精力，来"帮"文华这个平台免费做推广营销。

2009 年，奇虎首次推出免费的 360 杀毒，其推行的平台模式在不到一年的时间里，便覆盖了行业内超过 51% 的市场。

在这一过程中，平台的核心盈利点是服务经济。这种服务经济主要的一个体现是：平台公司提供的再也不是单纯的产品了，而是一整套的解决方案。对于平台中连接的各方，这套解决方案将是双赢或是多赢的。

至关重要的是，平台化让公司成为了一个信息资源中枢。它手中的话语权，最终让它拥有了重新分配产业链关键节点价值的能力。这样，一个小小的咖啡杯销售商，就变成了一个运筹帷幄的企业家，一个游戏规则的制定者。最终，这些优质的信息资源，也让项目投资成为了文华最为重要的赢利点。

"没有管理的管理"

"院子里没人，我一个人拉着拉杆箱就进去了。现场也没有接待，什么都没有，住哪儿也不知道。住下来吃完饭，已经 8 点半左右了。回到宾馆，我把所有的灯打开，不敢睡觉，后来困得不行了，倒在床上睡着了。"

1期会员杨丽群这样回忆初次参加兵法研讨会的"窘迫"情景。研讨会设在广东从化一个极为偏僻的度假山庄里。两年之后，兵法的会员从8个增加到了近30000个。然而，《资本兵法》研讨会创办初期的那种"寒酸"，却没有得到一丝改善。

只不过，兵法的研讨会现场，从从化移到了更为偏僻的清远。研讨会的现场，依然没有一个送水倒茶的服务人员，更没有人去接机、安排酒店，甚至连客服也显得有些冷淡。

文华这些与其他培训机构截然不同的做法，显然是有意为之。他们宣称，这是因为他们"只卖黄金不卖包装"。许多老板感觉非常奇怪：花了好几万的高额学费，现场的服务这么差，可是偏偏还这么多人趋之若鹜。

步入研讨会的第一天上午，台上的"财神"便会告诉底下的每一个人，他们可以做任何想做的事情，包括吃东西、打电话、睡觉、玩游戏，想干什么就干什么，没有人干涉。"就把这当作是自己的家一样。"他们说。

在文华，这被称为"没有管理的管理"。

在文华两万多会员的背后，总部一直以来都只有13个员工。其诀窍，便在于"没有管理的管理"。在倡导狮群文化的文华看来，能够走进资本兵法的人，都是一些成熟有事业基础的企业家，他们有自己的思维方式和处事方法，没有必要去严加约束。这样，他们更会为自己的行为负责。

事实上，在"没有管理的管理"之下，文华内部却呈现出了一副令人意想不到的秩序。这些平日里习惯了对下属指手画脚，发号施令的企业家，一旦步入了研讨会的现场，都变得谦恭有礼起来。研讨会近千人的会场，大多时候也是秩序井然。

集团董事吴毓隆揭开了其中的谜底。在他看来，"没有管理的管理"

最终的落脚点，还是"管理"。在文华发明的这个读起来拗口无比的管理模式背后，隐藏着外人看不见的东西。那就是它后面极其严格的管理。

原来，文华不是没有管理，只是针对系统内部忠诚度不一的会员，采取了截然不同的管理。刚刚加入研讨会的会员，他们多是在外面自由惯了的老板。这时文华对他们采取了一种极其宽松的管理，即呈现给外人的"没有管理的管理"。

对于那些经过了 9 天研讨会的学习，认同文华的理念留下来做义工的顾问团，文华采取了非常严格的管理。管理到底有多严？ 23 期顾问团团长陈军，就因为开会没有亲自到监事会签字而被罚了 6000 元。至于顾问们为迟到等行为添的"柴火"，那就更是多得数不胜数了。此外，顾问们还明确规定，在研讨会期间不能饮酒等。

庞大而纪律严明的顾问团，便是研讨会现场能够秩序井然的最为重要的原因。据估算，每 100 个会员，文华大概就配备了 30 个顾问来辅助研讨会的开展。没有他们的存在，就不可能呈现出"没有管理的管理"。

为什么要采用这样一种差异化，同时反差这么明显的管理方式？其根源，便在于它的平台化策略。平台化的公司的用户，某种意义上也是传统公司中扮演内容生产者的员工，但是对于二者的管理，却有着根本的不一样。

"比如说你是我员工，我发钱给你，我看你不顺眼，开掉就开掉，走就走了。假设我们两个是住在对门的邻居，我看你再不顺眼，我能赶你走吗？我不可能让你走的，我又没给你付钱。"吴毓隆分析道。

面对平台上这些性格迥异的企业家，该如何跟他们相处，带领他们走向文华想要去的方向，这是文华不得不面对的一个问题。作为当代中国最具能量的一个群体，影响他们比影响 10 个普通人更具价值。

强拉硬拽肯定是不行的。这时候，文华柔性地对 39 个字的普适理念和价值观的宣贯就发挥作用了。在文华看来，每个企业家都有他自己要实现的人生价值和他的使命。而这些加入了文华，并愿意留下来跟文华一起走的企业家，必然是认同了文华宏大使命，受到了这一使命感召的。

脉络化管理

随着平台上聚集人数的急剧扩张，发展到一定程度的时候，"没有管理的管理"似乎也不行了。在 16 期商会会长黄鹏看来，随着会员的增多，还必须加上的一条：有序的管理。

这就有了文华所谓的"脉络化的管理"和分模块管理。

何为脉络化的管理？在"财神"罗启东看来，"脉络化管理就是无论你在系统里面的哪个位置，你都可以找到自己的需求"。如果某个文华会员有打高尔夫的兴趣爱好，那他就可以在系统内部发起一个高尔夫球的小系统，联合系统内部的爱好者，把高尔夫做成一个产业；如果某个会员喜欢公关或是公关行业的高手，那他就可以把系统内部公关方面的高手发动起来，通过组成公关联盟来抱团发展等。

文华宣称，会员可以通过研讨会学到的金融的方式，让它们都形成一个产业。所以无论在哪个系统，会员都可以发挥出自己的价值，得到想要的东西。事实上，在文华有许许多多类似的小系统，这些小系统就像是一片树叶的道道脉络一样，与每期会员构成的各期商会相互交叉，形成了一张严密的网络。

刘文华说，他实行的脉络化管理，来自于树叶的启发。

在文华已经形成了所谓的"九大脉络"，它们分别是各期商会、各地高峰会、财神工作委员会、集团董事会、行业联盟、兴趣联盟、国际老板节、股东及系统建设中心。九大脉络由两大不同的功能衍生出来，一是通过培训、项目对接等方式促进内部会员的链接与合作，它们以各期商会、各地高峰会、行业联盟、兴趣联盟、集团董事会等为代表；另一大功能，则是充当系统内外的沟通的窗口，不断地向系统外的企业家推介文华，吸纳新会员，其典型代表是国际老板节和系统建设中心。当然，还有财神工作委员会承担的最为重要的初级研讨会宣讲。

九大脉络相互交叉，但各自独立运作。而许多核心圈层的人则同时有好几个头衔，参与其中重要活动的决策和运营。

来自福建的股东温娜，曾经是台球冠军，现在是系统内最为活跃的人之一。她自称凡是重要的活动从不缺席。除了自己在福建的分公司，她还负责系统内的兴趣联盟相关事宜，是单身俱乐部的盟主，也是公关公司的主要负责人，此外她还是国际老板节的主要推手之一。

根据她的介绍，文华内的一些兴趣联盟发展不错，以文华高尔夫联盟为例，已经通过所谓的"盈利性融资"融到了3000多万元资金。根据公开的宣传资料，文华高尔夫球总会举办了很多活动，比如，邀请海峡两岸的退休老将军们，举办了海峡两岸将军高尔夫球友谊赛和"万泉河漂流杯"高球联谊赛等，爱好高尔夫球的很多文华会员都参加了比赛。

成为各大脉络的核心，并最终进入文华核心圈层，是激励很多会员不停往前走的动力之一。集团年龄最小的董事王波，与第一届的一位集团董事共同组建了机械设备联盟，并顺利当选为秘书长。他坦言，当时是因为他的上游客户就是机械设备同行，所以想在这个过程中找一些客户、资源，一起合作共赢。

但做秘书长对他的帮助却同等重要。因为联盟刚刚发起，他不得不学着去主导大部分的事情，不断地链接系统内有能量的人，这使得几乎所有的信息都必须以他作为传递的枢纽；同时他还要主持会议，如今的他已是文华内部炙手可热的主持人之一。

脉络化管理的一个好处是，给每一个系统中的成员都提供了通畅的上升通道。它让所有人都有往前奔的想法和盼头。因为在系统里面，每个人都感觉自己会有机会。虽然，这中间可能需要你投入长达几年的时间和精力。

比如，如果会员没有成为股东，那么他依然可以通过商会，慢慢地成为系统高峰会成员。高峰会负责全国各地会员项目的落地，每3个月举办一次全国范围的项目落地会。高峰会所有会员都可自由参选，且每年都会有换届选举，由会员投票产生，然后由选出的会长自己组阁。此外，地区有地区的高峰会，由同样的方法复制而来。

"九大脉络"背后的产生机制，是公平公正的选举，也就是文华所谓的"PK文化"。选举带来的好处自不待言，凡是通过PK胜出的，参与者都会支持他，内部的活动开展起来自然较为容易。从当选的伙伴来说，看到身边会员对自己的支持，也更是加深了自己肩上的责任。这就形成了一个良性的循环，令到所有人都愿意去为系统建设做贡献，为落地去付出。

从 2014 年开始，文华还开始推行分模块管理，将全国分为北方大区、华中大区、华东大区、西南大区、华南一区和华南二区六大区。每个区按照文华总部的构架进行复制，实现运作。在这一模块化管理之下，研讨会的时间也由原来的 40 天一期缩短为 10 天一期，地点则实现了六大区的滚动。

分模块管理的首要意义，当然是保证每期会员的人数不至于太庞大，从而提高会员内部的交流质量。与业内标杆思八达万人上课不同，文华有意地将每期的会员控制在一定的范围内，同时将 9 天的课程分成 3 个阶段，文华对外宣称，其目的就是希望通过这些设置提升会员的链接和沟通效率，为后面共同经营项目做好铺垫。

每个大区都有相应的管理机构，它们与并列的机构相互补充，相互竞合。比如以前没有华南一区、华南二区的划分，现在华南一区还有个高峰会、董事会。此外，在庞大的顾问团管理中，分模块管理也应用广泛。顾问被划分为安保、后勤等若干个组，然后分别为每一个模块布置任务。

文华分拆术

说起文华平台内部的管理，里面还有一个不得不提的是它的"分拆术"。它又体现在文华的"八大财神计划"、"六大区分公司"和"决策委员会"等方面。

2014 年起，刘文华正式宣布退出《资本兵法》研讨会的课堂，将更多的精力用于《资本英雄》和深化系统建设。而取代他出现在讲台上的，就是严格选拔出来的"八大财神"。"八大财神计划"始于2013年。所有推广初级研讨会的"财神"，皆可报名财神培训。在接受了长达一周封闭式的财神培训之后，经过层层PK，最终形成了18名准"财神"。他们，也是刘文华第一批的18个弟子。

在兵法研讨会31期现场，排名靠前的8位"财神"已经登台亮相，接过了刘文华的棒。按照预定的安排，在未来的某一天，他们也同样将把接力棒交给未来的"财神"。

在文华的设计中，"财神"的另一个作用是传播《资本兵法》，让更多的优秀企业家掌握资本兵法和系统抱团的工具，然后植入到每个行业。这样就让每一个行业都有共同抱团、共同进步的意识，共同来完成文华的使命。

而"财神"，是其中最为重要的发起人，也是信息的枢纽之一。许多"财神"兼具股东的身份，可以通过吸引新会员的加入提取高额利润，另外还有一个好处就是成为系统内部的信息枢纽，利用手上掌握的项目、资金和人脉等其他资源优势，通过投资、咨询等行为获利。

2014年开始，刘在马来西亚、美国等海外市场开始推广《资本兵法》。这一调整中的一个大动作，就是复制总部的构架，在六个区成立大区公司，由六大区的公司全权复制资本兵法研讨会的培训业务。相关的事宜，也全部授权给了六大区，由六大区董事全权主持。

此外，2014年，刘从第二届的集体董事里面，又亲自挑选出13个人组成决策委员会，13个决策委员会成员理论上是可以代替他的。与集团董事与大区董事类似，委员会中7个有投票权，其他6个只有讨论权而没有决定权，算是候补委员。刘这样做的目的，当然是形成充分的授权，将自己从日常的管理事务中解放出来，将更多的精力用于方向性的重大决策。

当事情不是很重大时，每个决策委员都可以自己决定；当一件事情相对重要，但又没有涉及到系统的大方向时，便可以交给决策委员会去讨论，投票决策，最终将处理结果汇报给刘。在黄健文看来，这一机构的设置与文华 2014 年以来的国际化战略密切相关。"什么都交给老师，将来老师飞到其他国家的时候怎么办呢？"他说。

至此，通过分拆术，刘最终将他的"财神"身份、总经理身份与董事长身份，进行了全面分拆。他把"财神"这个身份技能，分拆到九个"财神"身上，将总经理身份分拆给了六大区公司，将董事长身份则分拆给了决策委员会。

刘的这一分拆术，与中国民营企业界广泛存在的集权现状显然大相径庭。一方面，通过"分拆"这一授权方式，刘最终解决了集团董事，包括执行董事的主动性问题。另一方面，刘的这一"分拆术"，又不同于一般意义上的合伙人制度。因为除了刘之外的文华的集团董事，并不是一劳永逸的永久身份，他们由每年 7 月的股东大会 PK 选举产生。这样一种 PK 机制，既保证了上下之间的流动性，让组织充满活力，又从另一方面激励股东们全力以赴——唯有如此，才能持续地接近文华的核心圈层。

这样一种模式，近似于华为的做法：许多资深的员工都拥有公司的股份，但他们却不直接参与公司的运营的管理。唯有进入董事会的成员，才具有公司运作的发言权。

事实上，马云在阿里巴巴的运作模式也有相似之处，即尽管雅虎和软银拥有阿里的大部分股权，但在公司的运营决策上，马云及其团队却拥有绝对的话语权。这一模式的好处自不待言，它既保证了组织的充分活力，又最大限度地发挥了每一个股东的能动性。然而其弊端也显而易见，那就是如何确保对组织方向的把控，保证组织分而不散。

在现阶段，对文华的方向性把控，依然牢牢地掌握在刘的手中。这主要靠两种途径来实现，一是刘在大系统内绝对的威望和精神领袖地位，这由文华反复宣贯的理念和价值观来保证；二是他是唯一不用参与 PK 选举的董事长。但是长久看来，如何实现组织中权力的过渡和继承，依然是一个悬而未决的问题。而未来文华能否重新塑造出另一个"刘文华"，也只能留待时间来检验。

第四章
文华人

另类"修道场"

企业家之惑

2008 年的时候，朱霄宇还在福建经营一家传媒公司，日子过得相当自在。闲暇的时候，他喜欢和朋友们一起出海捕鱼。然而有一次，他们出海时遭遇险境，和他一同出海的一位朋友再也没有回来。

他沉寂了很长一段时间，内心觉得非常内疚，"一个家庭就这样破了"。

他开始思考该如何才能让这种事情永远不再发生。他去找了佛教的师傅。师傅开解他，朋友是在用这种方式保护他，让他有更好的时间做他应该做的事情。而这个事情，当然也是他的朋友一生要做的事情。

回去之后，他在福建组织《弟子规》讲坛，尝试以各种不同的方式做公益。但他却发现，这些事情只能解决当下。跟某个人讲一些道理，他可能现在觉得开心，回家以后面临一些问题，他还是一样得面对；让某个人有了很大一笔财富，也总有散尽的时候。他想起师傅所说的"永恒的喜悦"。可是，什么才是永恒的喜悦呢？

中国当下感到迷茫的企业家，当然不止朱霄宇一个。虽然也许他们没有过类似朱霄宇那样的经历。早在 2009 年，阿里巴巴董事局主席马云，就开始迷上了道教的"辟谷"修行，每年到重庆缙云山闭关；2010 年万科"教父"王石，则公开了自己未来 3 年赴欧美游学的计划。

除了修行和游学，在强大的精神压力下，还有人做出了更为极端的选择。2011 年 4 月，企业家金利斌选择了自焚。不久，万昌科技董事长高庆昌从自己的寓所坠楼而亡。据不完全统计，在短短几年时间里，已经先后有 9 位亿万富豪相继自杀。

在经过了反复的试错之后，朱霄宇发现，要从根本上解决这个问题，给那些在恶劣的状况下生存的朋友带来幸福，除了把企业做好，与他们共享利益之外似乎别无他法。

"现在社会上一些砍人事件，归根到底是这些人没有得到稳定的财富，缺乏幸福的家庭。如果他们在一个企业里，企业的经营状态很好，每个月获利丰厚，他会做这种事吗？"他说。

2012 年，他走入了文华。有着这样一段心路历程的他，很快就理解了刘文华的这套体系。他觉得刘把一切归到 39 个字，把所有的道理都简单化了。"只要做到了，财富、幸福都是自然而然的事情。"他说。

在"财神"温娜看来，文华就像是一个修炼的"道场"。在这个"道场"里修行的人，他们大多是一些小有成功的企业家——他们与朱霄宇有着类似困惑，被"装在成功里"挣扎。

当然，更多的人是带着问题而来的。有的人是想解决企业发展层面的问题，有的人是来寻求成长的，有的人是来找客户的，有的人是来找资金的，而有的人是来找未来找理想的。

据朱霄宇介绍，之前在福建时，他给企业做品牌文化的输出，文华重塑了他的商业模式。回到福建做推广的时候，他在一个会场分享了 20 多分钟，就有 13 个人跟他下订单。后来他发现，他根本就没办法分身了。

朱上完《资本兵法》研讨会后不久，就毅然停掉了福建的传媒公司，成为一名全职的"文华人"。

"内心的力量要搏出来"

陈军第一次回去当顾问的时候，只是想把事做完。因为上课的时候，刘文华告诉他们，必须当了顾问才算把《资本兵法》学完。

她坦言，当时课程的内容对她来说，有些太高深了，根本听不懂。资本运作似乎离她太远了。

那时候，《资本英雄》第一期已经开始。她报了名并最终以文华的方式"PK"胜出。

准备PK的时候，他们告诉她应该有一个B点（意为"目标"，是文华系统的惯用词）。她苦苦思考了一个多星期，才发现自己真的没什么B点。对于成为行业的N0.1，也没太大的渴望。PK的时候，她退出了。

后来，她又去了，当了第二次、第三次顾问。就在当第三次顾问的时候，她终于被现场企业家的激情所感染。她做了两个决定：第一要当上顾问团团长，第二要进英雄。

从事会展行业，做这个行业的老大——她花了整整9个月的时间，才找到了自己的B点。在过去的近一年时间里，她反复地问自己两个问题：现在做的事是不是自己热爱的？愿不愿意用一辈子的时间为自己所做的事情负责？

此前，除了会展行业，她还涉足旅游等好几个行业。1992年，在她生活的县城里，当地所有的旅行社都没有出国游，她做了出国游。做了几年的出国游之后，她又慢慢了解会展行业，并且第一个在当地做起了会展，包括出国的展览。很长一段时间里，她在其中不知道如何取舍。

"心力"这个佛教的术语，多次被刘文华提及。佛教《华严经》有云，

"应观法界性，一切唯心造"。我们目之所及的法界，都是由每个人自己的心力创造出来的。所以通俗地讲，心力就是心灵的力量，是一个人的生命力和生命的能量。

而文华，尤其是系统内部营造出来的"竞合"氛围，不断地推动着每一个亲历者，提升他们的"心力"。

学完《资本兵法》后，陈军和朋友一起学了传统文化，共同做义工。她说，许多以前感受不到的提升空间，突然就涌现了出来。

就这样，她又来到了文华，并一直留了下来，开始有声有色地做起了诚信展。"内心的力量要搏出来。"她说。

"这个人的灵魂都换了"

1期会员杨丽群清楚地记得，第一次上台分享的时候手都在抖。3年后，对着笔者她侃侃而谈，绘声绘色地讲述过去3年的感悟和一些场景的生动细节，完全没有她自己说的那样不善言谈。而她将这种变化归功于文华——"给了企业家一个宽阔的平台"。

"在这个舞台中，每个人都可以去展现自己，允许他出错，又给他空间，这在任何平台上是没有的。这么多的人愿意在这里，就是因为在这里开心，能够找到自我，实现自己的价值，能够超越自己。"她说。

3年之间，她说每次回来都有收获，而且在每个人的身上都可以学到东西。到了后来，慢慢就被这个系统的企业家朋友真正吸引。她称，文华是她第二个家，文华的人就是她的家人。

拿我自己来说，我就是超越了自己。在文华第一年后，我跟原来的朋友在一起交流，他们说杨丽群你看起来还是原来的你，但是一交流就完全不一样了，感觉这个人的灵魂都换了。

就在来到文华之前，她还刚刚跟她爱人"谈判"完，要在处理完自己的企业和银行之间的事情后，"回家当家庭妇女，照顾家里的孩子和老人，没事的时候逛逛街，和朋友间聊聊天，吃吃饭，做做美容，过一个女人该有的正常日子"。

结果一进文华之后，她就扎根下来了。计划 30 岁出国游学的她，因为家庭和孩子没出成国，却开始了在广州的 3 年游学。她形容说："当时就像一块海绵掉到海水里面了。"很快她就把他的爱人、小孩一起带进了文华。

有太多像她这样的人，放弃了自己安逸的生活，来到文华。他们的物质生活已经很好了。可是为什么还要坚持下去？"只是为了给我们的后代搭起一片天空，等他们将来再起来的时候，不至于还是受制于他人，活在他们的阴影之下。"她说，"现代很多的行业，其实都不在我们的手中，没有话语权。连平等都做不到，还谈什么合作？"

据她陈述，她的企业在这 3 年间有了翻天覆地的变化。从最初做齿轮贸易的一个小微企业渐渐做成了一个中型企业。尤其是在学完《资本兵法》之后，他们就利用研讨会上的方法，收购了当地仅有的 2 个部级企业中的一个。"这个工厂如今价值几亿元，现在共有 19 万平方米的土地，2 条铁路专营线，1 万伏安的变电，还可以铸钢。"她说。

在吉林磐石，他们还做了一个 25 万平方米的铸造工业园，并于 2014 年 8 月份正式投产。由于这个铸造工业园大部分由政府资助，所以对她来说几乎是零成本。"懂得整合资源，通过合作的方式来做，不单靠自己"，这是文华带给她经营思路上最大的改变。此外，他们还正着手培养跟着一起打江山的合作伙伴，打算把一些板块都交给他们去做，从而实现文华所强调的"共赢"。

财神是怎样炼成的

"怎么一个小孩来讲课？"

"怎么一个小孩来讲课？"詹宗朝最初讲初级研讨会的时候，站在台上就能听到台下有人嘀咕这句话。出生于 1988 年的他谈吐老练，丝毫不像是个 20 多岁的小伙子。

刘的 18 位弟子中排名靠前的 9 位，自 2014 年 1 月起，替代刘文华站上了讲台，一人负责主讲九天课程中的一天。在不久的将来，余下的 9 位也将走上讲台，詹宗朝就是其中的一位。

在培训行业，学员们往往相当看中讲师的实际经验和过往"战绩"。詹宗朝的年龄却总让人不免产生怀疑。

比他年轻一岁的"财神"王波，也曾遇到过类似的困扰。11 期进入《资本兵法》的他，如今已经成长为集团最年轻的董事。谈及他在文华大系统中的成长速度，他用"坐直升机"来形容。

事实上，文华的核心团队一大特点就是年轻。他们大多数是 70 后，甚至还有不少是 80 后成员。比如，首席"财神"赵梓雄是 1983 年的，现在的国际老板节主任温娜，则出生于 1984 年。

不仅是台下听他们讲课的会员，即使是外面的人也感到不可思议。在培训业这样一个讲究经验辈分，注重名衔和"战绩"的行当，刘文华怎么偏偏选中这些年轻人？而这些乳臭未干的年轻人，又如何成为一个个通晓金融知识的"财神"，让台下的企业家们信服？

财富之门的钥匙

"我是8期进来的，8期第一阶段后隔了8天就是第一届的准财神培训。什么是财神我都不知道，反正我相信是好的，我就进了第一届的准财神培训。后来我才知道准财神就是代替老师去讲初级研讨会。"黄健文回忆。

从《资本兵法》的第5期开始，文华开启了分公司加盟的窗口。分公司为吸引更多的人报名，就会经常组织《资本兵法》初级研讨会。而被邀请至全国各地分享初级研讨会的人，就是"财神"。

会员是成为"财神"的第一道槛，紧接着的，是准财神培训。它专门为想当"财神"，上台主讲初级研讨会的会员而准备。准财神培训面向所有的《资本兵法》的会员开放。这一计划一经推出，系统内便迅速涌现出了一大批的"财神"。

他们一年四季在全国各地飞来飞去，联系场地和老板，讲初级研讨会。

庞大的"财神"群体背后，是文华的利益分享机制和"打怪升级"策略。

推广《资本兵法》，是文华财神和准财神们的最主要工作。

虽然每一个会员都可以通过准财神培训，成为"财神"，但事实上绝大多数的"财神"，都通过加盟的方式成为了文华的股东。这就意味着在帮助文华推广兵法研讨会的同时，他们也可以从新加入会员的会费中赚取较高的差价。2014 年，文华又提出内部的股改，将分 3 年免费将 70% 的股份派发给分公司股东。其中的关键指标，就是分公司吸纳会员数量的多少。此外，对于那些不是股东的"财神"，他们从 2014 年开始，也可以通过大系统内新推出的系统建设中心招募会员。

在庞大的准财神群体的推动之下，仅仅两年的时间，资本兵法的会员就完成了从 8 个到近 30000 个的飞跃。2014 年 1 月，准备了一年之久的"八大财神"终于结队站上了讲台。依靠"八大财神计划"，刘顺利地从讲台上解放了出来，可以有更多的时间用来"掌舵"文华。

更为重要的是，由于"八大财神计划"的推行，2014 年开始，文华得以在不同的三个城市同时开课，进而将 40 天一期的研讨会缩短为 10 天一期。

台上的"财神"，也将按刘文华最初设想的那样，从 9 个增加到 18 个，然后是 36 个、72 个、108 个，甚至更多，以适应大系统扩张的步伐。

"财神"之路

除了利益分享机制，文华还为"财神"设置了一套"打怪升级"的程序。在每一次的准财神培训中，都会选出一个叫做财神工作委员会的机构，组织大家开讲初级研讨会，为"财神"安排场次，进行分享提升等等。"财神"工作委员会参照商会进行架构和运作，成员都由当期参加培训的"财神"PK选举出来。"财神"每讲一场初级研讨会，需到财神工作委员会进行报备，也可以向他们寻求支持，帮忙召集听众，等等。

报备数量的多少，则将直接关系到他们能否进入更高层次的"八大财神计划"培训。在最新一届的储备财神培训中，这一门槛被设置为60场。这意味着一年中每周要分享一场多。在第一届"八大财神计划"培训中，总共有72人进入了培训。通过密训和台上PK，最终选出了首届储备财神18人，他们是刘正式承认的弟子。

"老师对弟子要求会更严格，其他的人是系统成员，可能走一走就散了，但老师跟弟子是要走一辈子的。所有的事情只能对，不能错，对是应该的，错是万万不可的。""财神"徐新颖如是说。

这些严格的规则，包括不准饮酒，在台上必须穿白衬衣和华服等。准财神培训一共是三天。根据文华的说法，培训完后，会员将明白初级研讨会在文华整个的商业模式体系里面起到的作用是什么，以及它又是怎么设计的，它背后的每一个字、每一句话、每一页PPT背后的考量是什么。当然，培训还包括"财神"的一些基本行为准则。

"爱"和"使命"，是准财神培训的另一个重要内容。在参加过准财神培训的朱霄宇看来，如果没有"爱"和"使命"，即使当上了"财神"，"财神之路"也走不了多远。其中的一个原因，就是"财神"全部都是义务的，文华不支付任何的酬劳。

接受准财神培训以后，他们就可以开始去讲授初级研讨会了。一旦所分享初级研讨会的数量达到60场，他就可以报名，通过PK进入第二阶段的财神培训。按照文华的说法，这60场的分享过程，就是一个"把自己讲明白"的过程。

事实上，能够坚持走完这一流程的人并不太多。系统中许多人都曾分享过10场、20场，甚至不少人讲完了40场。但是讲到60场的，并不算多。朱霄宇把这一过程称为一个修炼——"财神"的修炼。

跟大家分享《资本兵法》，自己要对《资本兵法》非常了解。讲到第20场的时候，你会发现自己的瓶颈。这个时候就必须回来做顾问，去找人请教，把自己整懂，整懂以后再去讲。

讲到第40场的时候，这对他又是一个挑战。他要考虑是不是真正要去做这个事业。

根据"财神"王波的回忆，讲到第10场的时候，他才明白了系统的意义，明白了货币资本、实物资本和无形资本的意义；讲到第20场的时候，他明白了一点点系统的价值，系统能够做什么；当讲到第30场的时候，才对怎样建系统有了一个清晰的理解，并开始邀约身边的人，共同参与到系统里面来；接下来讲到40场、50场的时候，每一场心里的感触又不一样，因为心里对使命的认同不一样。

从准财神，到储备财神，再到走向台前的正式财神，随着每一次晋级，PK就愈加激烈。在第一届"八大财神计划"中，72个符合资格者的报名中，仅有18个能够成功晋级。刘将再次对这18个人进行密训，然后再让他们登台讲课。

"爱"与"使命"

准财神完成60场甚至更多场次的分享，至少要耗费一年的时间。用文华自己的话说，要在这个平台真正见到成果不能以月为单位，而要以年为单位。"不是每个人都能坚持一年甚至两年之后再看成果的。"詹宗朝说。

生于1988年的他已经是北方大区的董事，18位储备财神之一。他坦言，进入文华之后生活完全变了个样。以前会觉得晚上9点开会好累，有什么明天再说，现在半夜两点钟通知开会很正常。即使洗了澡，躺下了，还得穿上衣服起来。在这样的工作节奏下，不免会有些小压力，但他还是会说服自己。"因为在文华待1年至少相当于在社会上艰苦奋斗5年。"他说。

事实上，快速地成长的确是吸引年轻人成为"财神"的重要原因。成为储备"财神"之路，对财神来说不仅仅是个人能力、知识的提升，还与他们个人的目标实现息息相关。这也是他们不断向文华核心圈层靠拢的动力。

集团年龄最小的董事王波，从2012年5月进入资本兵法到成为集团董事，只花了一年多的时间。成为"财神"之后，他依然觉得自己好像太年轻了，经验不够丰富。因为有此顾虑，他主动放弃了第一和第二梯队的上台机会，成为了第三梯队的成员，并转而竞选了72个"八大财神"商会的系统架构师。在此期间，他内心一直在挣扎："最初老是在想我到底应不应该去做，然后又担心自己做不到，担心自己经验不够，没这个能力。"

在2013年7月的股东超越大会上，他出人意料地比第二梯队的陈进多出一票，被全体股东票选为正式的储备财神。紧接着，又顺利补选为集团最年轻的全国董事。而在一年前，他还在为初次登台讲授初级研讨会惴惴不安：

学完以后我觉得这个非常好，应该告诉更多的人，但是犹豫了很长时间，一直迈不出这一步。一次在回深圳的车上，张念瑛就鼓励我，叫我讲初级研讨会。她帮我定了5月3日的初级研讨会，她说这10多天你去准备，应该没问题。后来我真的没准备好。离开讲只有5天的时候，她已经把邀约的信息发出去了，上面写着我的名字。我想这下麻烦了，不上也得上了。在讲课之前，她专门点对点地给我培训了3个小时，讲每个环节每个细节，3个小时培训完后，我真的就站出去讲了。

第一场讲得还不错，虽然说一直站在那里打抖，身上一直冒汗，对内容也不太熟，但是懂一些活跃的技巧，能够和大家进行互动。结束以后在场听的就鼓励我说，讲得不错。我想原来这样讲都可以，那我就敢去做这个事情了。

能够让他们留下来的另一个原因，是价值观和使命感，即文华所谓的"爱"与"使命"。

王波回忆，学完以后就有种冲动，想把这些知识分享给身边的朋友。

不仅仅是王波、詹宗朝这样的年轻人，在文华中还汇聚着这样一群人，他们早已解决基本的温饱问题，但在自己原有的领域里又遇到了向上发展的瓶颈，因而急切想在文华成就一番事业。用马斯洛的需求层次理论来说，他们急需的是自我价值的实现。

而通过文华设置好的"财神之路"，成为正式的储备财神，进而完成这一宏大的使命，正是他们自我实现的途径之一。所以在朱霄宇看来，文华只有两种人，一类是已经成为"财神"，到达彼岸的；一类是还没有成为"财神"，还在路上的。

而唯有承载使命的人才能向核心圈层靠拢，这是文华这个"打怪升级"游戏规则的一个前提。对此，做过品牌培训的朱霄宇深以为然，"因为品牌培训的核心，也是爱和使命感。没有爱和使命感不能成为财神，走不了这条路，只能回去做企业赚钱"，他强调说。

顾问团

会员中的会员

在文华，"顾问"是对那些协助组织研讨会人员的称呼。从第5期开始，随着会员的逐渐增多，文华开始有了正式的顾问。他们都是往期研讨会的会员。相较于一般会员，他们对文华有着更深的认同，是"会员中的会员"。

文华总部用 13 个人管理了一个近 3 万人的庞大会员群体，系统内部的活动动辄几千人，顾问便是其中的关键。在第 23 期的千人研讨会中，光顾问就有近 300 人。

对于顾问团，文华有着一套严格的管理体系，包括研讨会期间的饮食、言行都有规定。会员一旦成了顾问，那么就必须完完整整地参加三个阶段的培训，不允许中途退出。这也是文华对会员能够实现"没有管理的管理"的基础。

对于顾问团的管理到底有多严格，19 期的顾问团总团长荣明伟曾讲过一个例子。他说，当时的顾问团有两三百个人，都是老板，幕后工作不容易做。特别是沙盘演练的时候，虽然他们已经很努力，弄到凌晨 1 点多。可是刘文华一检查，发现某些环节还不合格，当面就把他给痛批了一顿。他们不得不从头再来，直到把每一个细节做到位。结束的时候，已经是凌晨 3 点多了。

在"财神"吴毓隆眼中，顾问虽然这么辛苦，但收获"超出个人的想象"。这位来自温州的商人，从第 5 期进入文华之后就再没有离开过。他自称不擅长站到台上讲话，如今却是首批接替刘站到台上的"财神"之一，是文华集团首届董事会的三位首席董事之一。在他看来，会员做顾问的过程中，会对《资本兵法》的理解上升到一个新的高度，能将培训中的知识融入到他们的身体当中。

他说自己这三年就是在学习——向自己学习，向身边的人学习，向老师学习。"你说文华大系统资本最密集的地方在哪里？就在会场里，这就是我们要来的地方。"

他说，《资本兵法》的所有东西，包括建系统的方法技巧以及资本运作的技巧，其实在文华的发展过程中，都一一呈现出来了。作为顾问，他们是在亲历这一过程。

"你可以见证它的发展"，他补充说。

"不想当团长的顾问，不是好顾问"

"我们说没当过团长的，不算当过顾问。"黄健文笑着说。

他解释，当顾问只是一些普通的工作而已，财富背后的故事只有团长知道，连副团长都不行。

在文华，每期有几百人加入到顾问的团队中，向未来某个团长的位置发起冲击。但很多人没能坚持到最后。在他们看来，这条路不是不可能，只是太漫长。

第 31 期之后，随着研讨会的分拆，同一天在三个城市将出现三批不同的顾问，这或许意味着将有更多的人能圆了自己的团长之梦，"顾问团长都是经过重重 PK 后才当上的，我 PK 了三次才当上顾问团长。"第 23 期顾问团团长陈军告诉笔者。那一期会员有 1000 多人，整个顾问团则有 300 多人。

在陈军的带领下，第 23 期创造出来了一种景象，"老师在现场讲解的时候，下面鸦雀无声，场外空无一人。"副团长安子告诉笔者。

尽管带团成绩优异，团长陈军还是被罚了 6000 元，对此她记忆犹新。原因是有一次开会，她没能亲自到监事会签字。而这必须亲自签字的规则，是监事长临时改的。"他就跟我说要罚 6000 元，我很不舒服。我可以跟他讲，因为游戏规则不是可以随便改的。"

但她转念一想，又问自己能不能在感觉不舒服的情况下，继续保持对这个规则的敬畏心，与大家一起来执行它。尽管，这是个根本就没有经过监事会开会讨论的规则。

陈军将它当作是一个挑战，并最终接受了它。"恰恰是这点，让我的印象特别深。"她回忆说。

许多做过第 23 期顾问的人反映，第 23 期是令他们最为感动的一期。副团长安子之所以会走上副团长的位置，就是因为陈军在竞选过程中屡败屡战那种力量感染了她。"我当时在想，这个女人这么的有力量，这么有冲劲，如果她去当团长，我一定要去竞选副团长，我要去协助她。"安子说。

模块化管理

第 23 期顾问团之所以这么出色，是因为他们采用了一种较为先进的管理模式——模块化管理。他们充分发挥了对讲机的功能，团长陈军专门负责统筹。他们给这套管理方法起了另一个名："大组长管理制度"。

当时的 300 多个顾问，被分为 14 个大组。每一个大组的组长又负责 10 个小组。大组长通过耳麦与各小组长保持联系。一旦发现了问题，他们就不用一一找那么多的小组长了，而是直接将问题反馈给大组长，由大组长去协调。

第一天，他们就把近千个会员的名单全部录入了系统。这在以前绝对是不可能做到的。采用大组长分模块管理之后，录入工作成功地分解到了各个小组长，小组长完成后上交给大组长，大组长再统一交到秘书处，效率提升了好几倍。

分模块之后，每一天的顾问会议的效率也大大地提升了。原来需要半个小时甚至一个小时的会议，现在可能只需要 5 到 10 分钟。

他们还要求小组长在第一阶段到第二阶段之间，最少要电话或短信联系两次。要通知小组的每一个人在第二阶段的时候，或者第三阶段的时候准时到位，这种模块化的传递方式，保障了信息的可通达性，大大地提升了沟通的效率。

拜把子的故事

拍电影？

2013 年的 3 月 18 日早上，泰山上的某个道观里，一群人聚在大厅四周。厅中央，一个中年道长着一身素色道袍，神情庄重，颇有一番仙风道骨的味道。19 个身着白衬衣、黑裤子的青年男女并排而立，在道长的主持下行跪拜之礼。

整个仪式简单而庄严。一些路过的游客也忍不住驻足观看。他们还以为是某个剧组在拍摄某部电影。

在中国，从汉代晚期开始，下至民间百姓、上至帝王将相都有结拜的风俗。结拜

隆中三义殿里的"桃园三结义"画像。

又称结义、义结金兰、拜把子等，不同宗族的人通过行结拜之礼，结为名义上的兄弟姐妹。据南朝刘义庆的《世说新语·贤媛》中记载，"山公与嵇、阮一面契若金兰"，说的便是他们之间忠诚奉献的信义精神。

结拜背后的精神基础，是结拜者共同的志向与追求，他们大多有着不同寻常的经历或承担着共同的使命。在《三国演义》中，刘、关、张结拜的誓词中就这样写道，"同心协力、救困扶危、上报国家、下安黎庶"。

文华在经历了一年艰难的生存期之后，会员从最开始的 8 个人一举上升到近 3 万人。在此背景之下，刘文华向系统内部的 19 个元老发出了拜把子的邀请。

"你们都来了我就放心了"

"最重要是基于情谊的考虑，这些都是刚起步时创业的兄弟。"刘文华这样解释这次结拜的缘由。

这 19 个人，从文华仅有 8 个会员的时候，就追随着刘文华，始终不离不弃。他们也是文华内部票选出的第一届集团董事。

刘提出结拜提议的时候，出乎许多人意料。一期的会员杨丽群说，她从未想过会和刘结拜成兄弟。在她眼中，刘是想通过这一举动来感谢大家。她说，刘是一个很念旧的人，第一届集团董事在他心里面从来都不一样。

除了 19 位集团董事的家属，还有许多系统内的会员一同前去泰山观礼。杨丽群回忆，由于人数较多，大家便从不同的地方上山。刘和其中一些人先到了山上，随着时间一分一秒地过去，眼看着最后一班的索道就要停了。刘紧张地反复察看谁到了谁没有到，表现出一种从来都没有过的着急和在意。最后发现只剩下两位，由于体质原因，动作慢了一些。等到大家都上来后，刘才松了一口气。

在晚上家族会议的分享上，刘说，"你们都来了我放心了"。那一瞬间，杨丽群止不住落泪了。

她说，不经意间就一起走过了一年，当时没有觉得怎么样，换届时才发现竟然这么快。他们一直把刘当成是台上的老师，但他却把大家当兄弟姐妹看。这令现场的许多人都非常感动。

在一些"财神"眼中，刘文华是一个相当大方、讲义气的人。据说，刘本人对大系统内部成员资助已超亿元。按刘的说法是，财聚人散，财散人聚。他宁愿自己做"散财童子"。

"这份感情可以走得远一些"

对为什么拜把子，刘还有其他的考虑，那就是让这份感情走得更远一些。

在他看来，随着文华大系统越做越大，对外面优质资源的吸引力也越来越强，新加入会员的素质也在不断地提升。他知道，早期初创的一些会员，必定会在将来的 PK 中被更优秀的会员所取代。他说：

第一届集团董事换届之前，我知道有一些人进不了第二届，肯定会有人被 PK 下来。

我也不可能拿多少钱给他们，给钱不一定是在帮他，说不定是在害他。从无形资本的角度考虑，结拜为兄弟姐妹之后有一个好处，将来他有困难，作为兄弟，我帮他一下，其他的人就没有话说了。

刘说，19 位集团董事中的一些人，与他的关系确实亲如兄弟，在文华最艰难的时候一路走来，互相之间形成了极高的默契和理解。他形容，"已经到了兄弟还比不上这样一种亲近的程度"，所以便有了开头那个结拜的场景。

而这种通过结拜对待初创功臣的做法，在中国近 30 年的民营企业史上也是独具一格。回顾近 30 年中国企业的发展史，许多创业企业在羽翼丰满之后，面临的一大难题就是创业功臣的去留问题。一方面，企业创始人既要适当地回报这些一路艰辛走来的创业者；另一方面，随着企业规模的扩张，一些早期的追随者在综合素质和管理能力上又不再适合担任原来的重要职务。如何处理，便成了棘手的问题。

在文华，每一届的集团董事由每年的全部股东票选而出，这便意味着即使是刘本人，也没有左右谁当选的能力。他对第一届的一些董事直言，他们中的一些人未必进得了第二届集团董事会，因为他们的一些行为模式、语言模式，可能未必所有人认同。"有一些地方该翻新的要翻新，该提升的要提升，要做好心理准备。"他对他们说。

他甚至当面跟其中的一位说："你老人家第二届可能进不去。"而这位董事也回答他说："我知道，肯定上不去。"为此，所有的 19 个集团董事还一个个进行了公开表态，纷纷表示将以大系统利益为重，上不去都没有关系，万一没选上，将如何如何，等等。

在后来的选举中，第一届集团董事中的好几个，确实未能继续留任。

"感情的升华"

这 19 个人结拜，很可能是整个文华发展史中一段独一无二的佳话。

在刘文华看来，结拜首先是一种感情的升华。对于其他人而言，从一开始踏进《资本兵法》研讨会的那一刻开始，刘在他们心中的形象就一直是老师。

结拜之前，19个人中许多人曾提出要效仿古时传统，向刘行拜师之礼，做刘的弟子。然而却被刘一口否决了。在他眼中，师徒关系等同于父子关系。一旦与他们行了师徒之礼，则意味着一个等级的差别，这是他所不能接受的。相反，兄弟间的这种感情，更能体现他内心对他们间这种平等关系的定位。

刘说："我内心觉得，大家都是一起创业的兄弟，为什么要变成师徒关系呢？实实在在地说，开始都在跟他们一起打拼，往前冲，我也没有太多时间教他们太多东西。"

想让这种兄弟情谊经受住时间的考验，是刘提议结拜的另一个重要原因。在他看来，兄弟姐妹的这种关系一旦确定之后，大家就可以走得更远一些，再也不会因为生意上不再合作了，就失去了联系。

"我们说生意伙伴一吵架，可能就分了，一辈子不再见面了，一旦结拜为兄弟之后，就算为什么事情吵了一架，过一两年，聚在一起还是兄弟，过两三年不见面，只要再聚到一起，还是兄弟，因为大家是拜过天地的。"

对于这一点，大师姐杨丽群深以为然。她说："我们兄弟姐妹在一起也会吵，也会发脾气，但是感情也是这么来的。"在她看来只有真实地面对，想吵就吵两句，那才是兄弟姐妹，才是家人。彼此都客客气气，反而是一种距离。

刘文华坦言，结拜之后，大家心与心之间的距离真的近了很多。原来两个人坐在一起，只是用公对公的口吻谈事。现在就不一样了，排行第九的刘文华，被大家敬称为"华哥"。

刘文华反问："一句'华哥'一叫，跟叫董事长，你觉得能一样吗？"

以前他想和大家聚一下的时候，总会听到各种各样来不了的理由，什么小姨子家里有事，岳母家里有事，等等。结拜之后，原来的生意伙伴变成了兄弟姐妹，很多事情都得让位于兄弟间的事情。由于大家分散在各个城市，每次文华活动的时候，19个兄弟姐妹就会借此一聚，不谈公事，拉拉家常。而在每年春节期间，则往往会有一个相对隆重的大聚会，大家各自带着自己的家属，甚至是父母一起吃团圆饭，与每家每户的家庭聚会并无二致。

谈及结拜当天的感受，刘说他相当平静，但是他感觉到了这些兄弟姐妹很激动。许多人带着一家人前去观摩见证这一刻。车子一到泰山脚下，他们都没来得及把行李放下，就大包小包地扛着直接上山了。

文华"铁三角"

文华合伙人

在文华，第8期会员谢青、陈新平、李志军三人有一个公开的昵称——"铁三角"。谈及他们间的关系，文华集团资产运营部负责人陈新平笑着这样形容："一年中，我们三个一起睡的时间都比跟老婆睡觉的时间多得多。我们一开始上课也好，企业走访也好，都是三个男人一起睡觉的。"

在进入文华之前，谢青与李志军是中大的同学，在业务上也一直有合作。李志军做了20多年的超市和零售生意，在广、佛、肇等地开了多家连锁超市。谢青经营的是咨询公司，在人力资源管理方面拥有丰富的经验。

李志军告诉笔者，他们两个都喜欢到处学习，"哪个地方有好的课程，我们就互相介绍，一起去看看"。就这样，在第9期的时候，谢青把李志军带进了《资本兵法》研讨会。

第9期的课程结束之后，他们就开始一起回来做顾问。在这个过程中，他们认识了陈新平，互相沟通之后，发现大家比较谈得来。然后就有了开头陈新平形容的那一幕：三个人一起不停地回研讨会做顾问。

来自文华总部的陈新平从2010年便跟着刘文华做投资理财的生意，对文华总部各方面都相当熟悉。就这样，三个各有所长、互补性极强的人就凑到了一起。

"我们三个各有所长，聚到一起也是不断地相互鞭策，谁偏了就赶紧把他拉正，互相鼓励互相支持，一起成长。"李志军这样评价他们的关系。

在文华，陈新平、谢青和李志军这样的"铁三角"并不少见，许多会员经常是两三个伙伴或者三四个会员住在一起，以便快速地学习与讨论研讨会上讲授的东西，或者是谋划着一起做个项目。所不同的是，他们三个沟通的频率，比一般会员更多，尤其是在他们都上了《资本英雄》之后。

除了《资本兵法》，这对"铁三角"的另外一个交叉点，是"天天回家"项目。

天天回家是一个新型的超市项目。项目的主导者李志军，积累了20多年的超市零售资源和经验。谢青和陈新平两人，同为项目的发起人。在谢青看来，天天回家项目的发展过程，正是他们一路不断学习的结晶。包括项目一整套的商业模式设计，全部都由他们三个一起讨论出来。

佛山天天回家超市。其发起人是有着"文华铁三角"之称的李志军、陈新平和谢青。

到底是因为这对"铁三角"才有了"天天回家",还是因为"天天回家"这个项目才形成了这对"铁三角",已经不重要。可以肯定的是,若没有了这些"铁三角"们打下的情感基础,那么就不可能有那么多类似天天回家这样的项目在系统内如雨后春笋般地冒了出来。毕竟,任何一个项目的诞生,都不会是一件容易的事情。

从"便利店"到"生活馆"

"我们跟现有的超市完全不一样。他们叫便利店,我们叫生活馆。"谈及"天天回家"时,陈新平一脸激动。

在他的描绘中,"天天回家"这个未来的生活馆将囊括日常生活的绝大部分需要。虽然全,但是又不大,每个规划在80~120平方米。

比如你家里厕所水管坏了可以找我们修,洗衣机坏了也可以找我们修;家里衣服没人洗,我们也可以上门帮你服务,买针可以,买菜也行,我们把生活中涉及到的方方面面服务全部放在这一个平台上。

而且生活馆放在不同的区域就有不同的需求。在商务办公区域,它主要提供便当,进行订餐配送,包括定制零食、制服等;在小区里面,除了生活必需品，连装修、家居我们也能帮你定制，按你的尺寸制作相应的家居用品。

如此全的服务，如何能够放到一个店里来完成？这可能是任何一个初听这个项目的人都会感到疑惑的问题，这也是"天天回家"早期受到的最多质疑的地方。但在陈新平眼中，通过使用《资本英雄》（《资本兵法》的进阶课程）的工具，这并不难做。"很多东西是可以整合进来的，不一定自己去做。如果你上了英雄你就知道，这些工具其实都很简单。"他对笔者说。

但对于具体怎么做的，他们并没有说出所以然。

"实业加金融模式"

对于这些工具，虽然陈新平没能细讲，但其核心无疑便是"整合"二字。

整合多方面资源，也是合伙人模式的优势之所在。中外的许多杰出的企业，都有着成熟而稳定的合伙人结构，如谷歌的拉里·佩奇和谢尔盖·布林，微软的比尔·盖茨和保尔·艾伦，伯克希尔·哈撒韦的沃伦·巴菲特和查理·芒格，等等。

复星，这个由来自复旦的五位校友合伙创立的投资集团，在其多元化的产业链条中，郭广昌是企业的灵魂，擅长战略布局；梁信军是复星投资和信息产业的领军人物；汪群斌是复星实业总经理，是生物医药领域的高手；范伟掌管房地产；谈剑负责体育及文化产业。五个合伙人各有所长，取长补短。

"天天回家"的主要操盘者李志军，在超市零售行业有超过20年的从业经验。在加入文华之前，他一直与超市、服装和大卖场打交道。谢青的森智顾问公司，在管理和培训上经验丰富。而另一个发起人陈新平，则相当熟悉资产和金融运作。

天天回家，就是超市实业、服务培训以及金融运作的整合体。更为重要的是，作为一个"英雄项目"，它成功吸引了系统内几万个潜在投资者的目光。2014年，"天天回家"项目第一次推广时，就有几十家分公司签约加盟，创下了一个月开二十几家店的纪录。

依靠股东合作的合伙人模式，"天天回家"成为了系统内第一个不是通过家族成员而进入《资本英雄》的项目。

在谢青看来，超市零售行业近年来的传统线下业务，经受了线上电子商务的强烈冲击，包括淘宝、京东、1号店在内的许多线上零售平台，交易量屡创新高。2012年底，"天天回家"项目在落地实操研讨会上第一次登台亮相时，呈现效果并不好，许多人认为，超市属于利润空间不断萎缩的传统行业，前景并不被看好。

但是他们没有气馁，而是重新调整了策略。如今，"天天回家"项目不仅实现了从传统大超市、大卖场到便利店、生活馆的转变，同时还融合了金融和资本的工具，"现在的便利店，看上去还是做实业，但是实际在实业的背后，已经植入了金融模式"。谢青告诉笔者。"天天回家"接下来将围绕"一个平台，两个标准和三个统一"进行推进。

所谓的"一个平台"，即将便利店打造为一个家庭生活的助理平台。它不仅卖产品，还会将代售代付、家政中介、住宅急修水电、干洗等一系列服务整合链接到超市和便利店中，从而使超市成为链接各种不同社区服务的生活助理平台。

"两个标准"，第一个是标准的形象，所有的店面将采用统一的VI

系统；第二个标准是标准的运营，"天天回家"将对平台内的所有便利店和超市输出一整套标准的运营系统。

"三个统一"，第一个是指对所有的从业人员和服务人员进行统一的培训。"天天回家"将搭建一整套完善的零售商学院系统，帮助缺乏相关经验的加盟商培训零售人员和服务人员；第二个是统一的配送，所有的加盟店将由"天天回家"配送中心进行统一的货品配送；第三个是统一结算，全部的超市和便利店的物流系统和结算系统，将由"天天回家"的收银终端统一连接在一起进行操作，各店的营业额和营收将在一周内统一结算回去。

在调整后的模式中，加盟商只需要投资就可以了，所有技术、运营、商品、物流等运作都将由"天天回家"统一帮他们解决。这就为缺乏零售管理经验的投资者解决了后顾之忧，降低了投资的门槛。此外，市面上那些零散、管理不够规范，或者经营不善的便利店，也可以与他们形成更好的合作。

至于金融工具的应用，谢青说："当达到一定规模的时候，就会产生金融上的需求。"除了 5 天的结算期内产生的大量的现金流之外，"天天回家"还配套设立了相应的担保公司和投资公司。它们都将在未来的金融运作中扮演重要角色。

当笔者问到，面对如今布局已相当完善的全家、7-eleven 等对手，作为一个后起者，是什么让他们这么有信心时，谢青的回答干脆而简洁——"系统的力量"。

再见了，猪头

"公司就像一头猪"

"养公司跟养儿子没有什么区别。"阿里巴巴的马云在一次论坛上这样感慨。把公司当成儿子来养，这是绝大多数中国民营企业家的态度。

这种观念是如此根深蒂固，2008年，当汇源老总朱新礼选择将公司卖掉时，外界对他的举动充满了各种不理解。新浪财经的一项调查显示，近八成的网友对朱新礼的行为投了反对票。

朱新礼关于"企业应该当儿子养，但要当猪卖"的言论，曾引来全社会的讨论热潮。一些商家甚至准备联名上书商务部反对朱新礼的行为。但朱新礼却回应："价钱好的时候你都不知道卖，你还叫企业吗？"

把公司当儿子养还是当猪养的区别，不在于老板是否投入百分之百的时间和精力，而在于，在适当的时候老板该不该出手把企业给卖了。不幸的是，就像朱新礼说的那样，"许多中国的企业家都选择将企业养一辈子，养到死，等自己死了，这个'儿子'也死了"。

"公司就像一头猪。"在《资本兵法》中，"财神"同样这样告诉台下的民营企业家。但"老板不应该是猪，也不是猪头"，他们接着告诉会员，每个老板都应该向刘备和曹操这两个聪明的老板学习。

好老板刘备，虽然身怀绝技，功夫远在张、关二人之上，但结义打天下之时，无论张、关二人身处何种被追杀的境地，刘备都稳坐泰山，岿然

不动，绝不插手。好老板只做好一件事，那就是管好人。不出手就是不出手，不做猪头。

朱新礼关于"企业应该当儿子养，但要当猪卖"的言论，曾引来全社会的讨论热潮。

第二个好老板曹操，他广结善缘，"开仓"纳客，吸纳最顶级的人才为己所用。得不到人才关二爷时，便以超大胸怀保护其安全离曹营——目的是为昭告天下，自己是惜才之人。他把行业里最高级的人才都养起来，即使没有及时创造价值也无所谓，因为他们同时也没有为竞争对手创造价值。

能不能对下属充分授权，向刘备和曹操学习，告别"猪头"状态，是有没有看懂文华的标志。

在"财神"黄健文看来，文华只存在两种人，一种是看懂文华的，另一种是看不懂文华的。学懂文华的逻辑，就是告别"猪头"。不管是授权给职业经理人管理也罢，把企业卖给别人也罢，或是IPO上市也罢。当老板只是一门心思扑在公司有限的体内资本上时，他就必定错过整合公司体外资本的大好机会。文华模式，提倡的是一种最大限度地实现资源整合的模式。办公司，只是一种将现有资源变现的方式和工具。一旦现有公司的体量，不足以装下现有的大量资源时，那就要考虑新的项目和新的公司，甚至开个"养猪场"。

曾经创立乐百氏的何伯权是不做"猪头"的典范。

这一逻辑操作的典范，是选择将乐百氏卖给法国达能的何伯权。2000年何伯权与达能签订协议，共同投资组建"乐百氏食品饮料有限公司"。何伯权通过投资公司持有新公司8%的股权，达能通过全资子公司持有另外92%的股权。

从1996年到1999年，乐百氏以年均50%以上的速度增长。然而出人意料的是，何伯权在这个时候选择了交易。如今，他依然是乐百氏的副董事长，但作为一名天使投资人的他，同时也是7天连锁酒店、久久丫、OFFICEBOX、诺亚财富、爱康国宾、九钻网、万乘金融等20多家公司的投资人。他用实业家的眼光找机会，用投资人的手段来整合资源。2008年在接受《创业家》采访时，他说他料到了大家不能理解他当时卖掉企业的行为，但对8年之后社会还是不能理解朱新礼卖掉汇源的行为感到吃惊。

"中国的第一代创业家，到一定时候都会走上这条路，这条路会比他们现在的更好，这有可能是他们的第二人生。"他肯定地说。

外面的世界更精彩

在文华理念的熏陶下，许多的老板做出了与何伯权一样的选择——告别原来的"猪头"状态，做一个天使投资人。

徐新颖便是其中一位。作为18个"储备财神"之一的他，从1995年到 2008 年，他一直不停地打工，做过服装、建筑、运输、服务员、销售，甚至还拍过电影。2009 年，他选择快递行业开始创业，刚开始是自己做，后来又把公司卖给了别人。

2012 年接触文华之后，他很快便成为了分公司股东，并在不久后成功地成为文华的"财神"。他之前投资的 5 家公司，以前每个月还去开开会，现在，他的主要的精力已经全部挪到了这里。

他坦言，在此之前，还曾经想过亲自去做项目，打造一家上市公司。但是到了文华之后，才意识到根本没有必要亲自去做某个上市公司，完全可以用控股或持股的方式，去拥有数家上市公司的股权。

在他看来，穷其一生把一个项目做上市然后退休，这是典型的传统中国民营企业家的格局。但在市场竞争已经非常激烈的今天这么去做，时间成本就太大了。

麒麟会的老板陈信豪学完《资本兵法》之后，对他的梦特娇首饰代理业务进行了改革，与公司的核心骨干分享利润，并加大了授权的力度。现在，公司每新开一个店铺，几个核心骨干都得投钱，而不只是老板投钱。"比如你要开这个店，那么你们都得投 1 万，然后一起分红。"这样就把每一个人的积极性都调动了起来。

他还引入了决策委员会架构，将日常经营事务放权给决策委员会。他坦言，就是借鉴文华做法，改变公司原来的集权状态。

他说他以前一直是一个很好的打工者，永远把老板的企业当成是自己的企业。但他又不是一个很好的打工者，因为他跳槽比较频繁，而一旦他一走，原来的企业就比较麻烦。所以他必须解决这个问题：

"我希望在我的企业里，不要出现像我这样的人。而是大家轮流来，我们有轮值主席，每个轮值主席都有他这一届轮值的目标，其他两个人作为辅助，三个人一起决策，每次决策过程由秘书全程记录，发过来给我看。"

如今，他不用花太多的时间去管理日常性事务，只需对公司发展的大方向进行把握。同时，这又让他们每个人也有活力，充分为自己的决策负责。

"昨天他们就砍掉一个店铺，问我要不要砍，我说我不知道。"接受笔者采访时，他笑着说。

对于文华的会员来说，如果他不能对员工进行充分授权，告别"猪头"状态，那他根本就不可能抽出这么多时间来参与文华的系列活动。而授权问题，是绝大多数中国民营企业家一大难题。根据美国知名财经杂志《福布斯》发布的报告，截至 2011 年，我国沪深两市的上市企业一半以上都是民营企业，其中 460 家为家族企业，占到了整个上市企业总数的 20.2%。

何伯权后来曾以《金刚经》里的一个典故来解释他当初为何卖掉乐百氏。经书中是这样说的："汝等比丘，知我说法，如筏喻者；法尚应舍，何况非法。"大意就是，佛法是渡你到彼岸的船，上了岸就该把船抛弃。佛法都应该抛弃，更何况那些非佛法的东西了。

在何伯权眼中，企业无非是渡人过河的船。中国的第一代创业者，披荆斩棘，艰难前行。当企业做大了，取得一定的成功，上了岸，很多人却舍不得扔下船，一路背着企业的重负，日子甚至比原来在河对岸还艰辛。

正如文华告诫的那般，企业不是你儿子，也别把企业当成儿子养。告别了"猪头"，外面的世界才会更精彩。

从台球冠军到"老板节主任"

人生低谷

接触到文华的时候，温娜正处在她人生一个低谷。在半年前结束的那场婚姻中，她把所有的财产都给了对方，只留下了女儿。"当时基本上处于迷糊的状态，不知道做什么。"她这样形容她当时的状态。

这位80后的年轻姑娘，2008年的时候，就已经是浙江和福建两省的台球冠军。全国最高的排名是第八名。年轻气盛的她，从开始时的职业球手，到后来的台球器材商，做什么事情都想做到最好。

曾经的台球冠军温娜。

但是因为婚姻的问题，这一切的辉煌，突然一下子就坍塌了。"只是赚钱的人生好像不是我想要的。"她告诉笔者。

就在这个时候，朋友周雪芳向她推荐了《资本兵法》。她告诉温娜："你一定要去学习《资本兵法》，你一定要去。"当问及具体都学些什么的时候，她说："你去了就知道了。"

那个时候的温娜，根本就没有什么外出学习的想法。即使是要去学习，在那种长时间走不出来的挫败下，学的也应该是心灵成长方面课程。但是一向注重朋友义气的温娜，还是接受了朋友的好意推荐。

于是她就听了四次初级研讨会，当时主讲的"财神"是赵梓雄。听完之后，她觉得要是能够重新做事的话，这好像正是她想要的东西。

当时的温娜，除了开店之外，也开始尝试着设计一些台球行业的模式，通过成立管理顾问公司的方式，帮助加盟商管理球馆。听完几次初级研讨会之后，她觉得这个与自己的想法有吻合之处，尤其是其中讲到的盈利性融资。她一开始能够白手起家进入台球器配行业，也是厂家看到她是球手，于是就给了她40万元的货，让她卖完才给钱。温娜后来才明白，原来这就是无形资产变现的方法之一。

听完四次初级研讨会之后，虽然没有很强的创业念头，但温娜始终觉得研讨会挺不错。加上朋友周雪芳一直鼓励，她便报了名。不仅如此，做事喜欢呼朋引伴的她，还把身边的几个大哥一起拉了过去。

牛刀小试

2012年8月的7日、8日、9日三天是研讨会的第一阶段。在研讨会上，重点讲授的是如何融资。与她一起来的几个大哥听完都兴奋极了。他们感叹，"还可以这样子，原来我公司还能这样有钱"。

但开心都是他们的。听完之后，她情绪还是有些低落，甚至还跑去跟朋友说，第二阶段不想去了。在那个时候的她看来，融资这些东西离她很遥远，根本就不是她想要的东西。初级研讨会中讲的爱国、帮助更多的民营企业家这些内容，反而更吸引她。

要知道，这个时候的温娜，身上根本就没什么钱。参加兵法的 49800 元学费，还是周雪芳主动借给她的。但她还是没能拗得过一起来的朋友，第二个月又如期出现在了现场。

第二个月主讲家族系统。当"一个人的成功不算成功，家族的成功才算成功"这句话在她耳边响起的时候，温娜内心的防线终于坍塌了，一整堂课都在默默掉眼泪。她想到了自己年幼便从农村出来，一个人在外面奔波多年；想到了虽然后来又带着哥哥姐姐一起出来，进入了台球这个行业，可是因为种种原因，一家人并不能齐心协力的辛酸。突然间，她的内心似乎充满了重新开始的动力。

第二个阶段一学完，她立即召集家人开了一个长达三个小时的家族会议。在这次会议中，她把她原来不多的资产，包括新开的球馆、器材店等，全部交给了姐姐姐夫管理；把手上的三个世界冠军的经纪人业务，交给了她四姐。

"反正我的资源全部给你们了，你们做得好愿意给我就给我一点，不给也没事，就算送给你们了。"温娜跟他们说。

出乎她意料的是，经过这么处理，家族的力量反而整合在了一起。开始的时候，姐姐姐夫在她的带领下，也自己开店。虽然他们做的是中低端市场，但与温娜做的中高端市场还是有些竞争。由于这样一层关系，一直觉得夹在中间的温娜，既纠结又难受。但开完家族会议之后，她有种放空的感觉，突然就好像顿悟了，看开了。

更令她高兴的是，这样一调整，以前家里面的许多问题都迎刃而解。之前姐姐姐夫经常因为生意的事情吵架闹离婚。整合以后，他们的关系反而变好了。

"哪怕你一个人，你都要往前走"

2012 年 11 月 23 日，温娜毅然决定成为文华股东，成立福州分公司。牛刀小试后的她，决定跳出来重新开始。

"因为身边太多企业遇到这样的瓶颈，我想帮助更多的人。"她说。从那个时候开始，她下定决心要花两年的时间在系统里面学习，只要够吃够用够穿就行。

她坦言，在这个过程中也有过迷茫和挫折。在福州做文华分公司的，她并不是第一个。温娜的加入，让他们一下子感到了竞争的敌意。因提出合作不成，温娜又从福州转战到了厦门。

"那段时间挺难熬的。"温娜说。有半年时间，她几乎每周都往广州跑，光是一年的飞机票的费用就高达 11 万多元。对于温娜的这种行为，她的很多朋友都不能理解，甚至许多认识她的人，都说她是被传销洗脑了。

"我还没学完，我得全部学完。"这是温娜给他们的回答。许多一开始反对她，不能接受这种新模式的人，也渐渐地被她的这种投入精神给感动了。在厦门，通过温娜直接推荐进入系统的会员，就有 50 多人。

在这个过程中，刘文华给了她很大的支持，几次亲自去到福建帮忙推广，频率远远超出了其他的兄弟城市。"哪怕你一个人，你都要往前走。"刘多次鼓励她。说起这句话，温娜再次忍不住落泪。因为包括家里人在内，开始对她的这种没有任何经济来源的投入都非常不能理解，不断地劝说她，"你一个女人，得为自己生活"。

而她当时的念头，只想学习更多的东西，然后帮助更多人。在她看来，文华对她的格局影响特别大。"你们看我微信的照片就知道了。进来后我就像个十几岁的小女孩一样，找到了我童年的感觉，很开心。"她说。

"我是大系统的服务员"

关于温娜，还有一个传奇，在文华第三个月的沙盘比赛中，她不仅拿到了那期会员的冠军，还创造了至今无人能破的最好成绩。

但是很多人不知道的是，她是发着高烧把沙盘做完。得了冠军之后，拗不过大家的邀请，她又通宵分享了一个晚上。第二天安排完传承晚会的接待之后，她就晕倒了。在医院，80多个会员去到医院看她，许多人甚至一直陪着直到她出院。

提议发起研讨会中的"非诚勿扰"环节，是她第一次参与大系统的建设。从那之后，兵法每一期单身俱乐部都由她负责。13期的她，在系统中还没有任何职务，然而半年之后，她就有了第二届集团董事、国际老板节主任等13个职务，创下了文华的一个又一个纪录。

文华的"感恩、分享、添柴火"文化一直激励着她。喜欢分享的她，经常把嗓子讲哑。

回顾在文华走来的这段经历，她说："大系统就是我自己的，我就是大系统的服务员。"她也把"听话照做准没错"这一行动准则教给了她的师弟王波。后来，王波和温娜一样，同样把这句话当成了自己的至理名言。

"看到的是节日，看不到的是节日背后的故事"

2013年11月17日，文华集团董事一起吃饭的时候，刘当着大家的面说："温娜，这个老板节启动仪式就给你做了，要的B点就是在钓鱼台或人民大会堂做启动。"

而"老板节"这个概念的提出，则要追溯到第26期的传承晚会。晚会

中一个名叫《尹老板，你辛苦了》的节目，讲述的一个老板经历的艰辛，令台下的众多老板们动容。包括刘在内的许多人，甚至掉下了感动的泪水。

在温娜的努力下，国际老板节成功复制了文华模式。图为刘文华参加国际老板节上海促进会的启动仪式。

刘于是在台上提议，将每年的 12 月 23 日定为老板节。因为 12 月份是一年的结束，正是老板收获的季节。另外 12 月份全是西方的节日，没有一个传统的中国节日，老板节刚好抢在圣诞节之前填补了空白。

从没做过类似活动的温娜，就这样带着单身俱乐部的 38 个伙伴，开始了国际老板节的启动仪式的筹备。刚开始的时候，大家都不知道怎么做。直到倒数第 20 天的时候，才各自拎着包，从全国各地聚到了一起。然后就是不停地开会，开会。由于温娜经常要参加集团的会议，他们就等着她，会议经常从凌晨两点开到三四点钟。开会的地点，也在广州、清远等地不停地换。

包括刘文华在内的所有人，都以为国际老板节只是一个启动仪式——一场昙花一现的新闻发布会。然而从 2014 年 1 月份开始，围绕着大系统沉淀下来的庞大资源，温娜为老板节设计了一个完善的商会模式，立志将它打造成一个具有国际影响力的非营利性组织。

迄今为止，老板节商会已经成立了 5 个分会，在海外如加拿大、韩国、新加坡等地共有 80 多个召集人。温娜说，当国内企业家去国外收购的时候，老板节商会将是一个很重要的媒介。"会员去到国外，只要打个电话给当地的分会，就能享受各种服务，就好像自己家一样。"她告诉笔者。在温娜看来，老板节完美地复制了文华的模式，除了助推布局海外市场之外，它还将面向广大的非会员企业家，为研讨会输送大量的企业家会员。

谈及未来，原来只是打算再学两年的温娜告诉笔者，现在就打算跟着文华走，完成大家共同的使命。"因为我们很清楚地知道，中国民营企业家太需要《资本兵法》了。"她说。

实业如何平台化？

"这个是我要的"

在 2012 年一次去往某地的路上，雷宗平首次从朋友的口中听说文华，了解到文华在做些什么。"这个是我要的。"雷宗平这样描述他当时的反应。

在他朋友的口中，文华被描述为一个学习全球最先进金融知识的平台。大家通过一个商会，一起抱团发展。"诚信"和"系统"，是他当时印象最深的两个词。

在商场中历经沉浮的他，深谙财富的多少与朋友多少成正比这一道理。就这样，连初级研讨会都没有听过的雷宗平便直接报了名，成为第 13 期的会员。

第二天上完课，他便有了加盟分公司的想法。第 13 期恰好是文华裂变的一期。会员人数由之前的 100 多人，一下子飙升到 390 多人。直觉告诉他，这些会员同学都非常有实力，是一笔相当宝贵的人脉资源。加上课程中有很多融资的方法和建系统的理念，雷宗平觉得，民营企业家需要的正是这个东西。

他坚信，这么好的事情，肯定有发展。于是他又立马向周围的人打听该怎么签分公司。在得知他的老家江西省还没有分公司的时候，他立即找到了总部负责分公司签约的熊娟。遗憾的是，熊告诉他，由于他尚未结课，还没有签分公司的资格。

雷宗平灵机一动，想了一个办法。他说虽然他还没有资格，但是他那一桌的顾问有资格。于是，他把钱给了与他同桌的谢姓顾问，让他帮他签下了江西省的分公司。"看准了不要错过，说不定再过两三个月可能别人签了，我就没有了。"雷这样解释自己的"猴急"。

第二个月上完之后，他听说了《资本英雄》要开第一期，作为《资本兵法》的进阶课程，《资本英雄》声称是一套教企业打造行业NO.1的体系。消息一经放出，就有500多个企业家报名，跃跃欲试。

雷宗平的企业"宇之源"，是一个从事太阳能开发的高科技企业。一想到自己的项目既符合健康环保的国家政策，也符合世界潮流，似乎没有理由掉队。于是，课还没有上完的他，便直接报了《资本英雄》。

500多家报名企业，大概十分之一通过了初选，进入现场PK环节。最终，21家企业成功入选一期英雄，雷宗平的"宇之源"便是其中之一。

2013年4月，雷宗平当选为华中区董事与执行董事，两次的得票都最高。在大家的认可之下，他也成功地成为了文华的集团董事。

商场沉浮

1994 年，雷宗平从南昌航空工业学院毕业，学的是应用电子。然后他便开始了南下打工生涯。他坚信，有付出就会有收获，干任何活的时候，他都是干到最后的那个。

他先是在日本索尼的电子公司做助理工程师。这个日本公司当时按照台湾的模式管理，晋升非常不易，一年跳一级都有困难，但是雷宗平在里面跳了三级。当时的他，还是以赚钱为主。当一个香港企业给了他翻倍的工资后，他果断跳槽去那里当开发部经理。

1994 年的时候，他的工资就有 4800 元一个月，加上加班费每个月基本上能拿六七千元。从农村里走出来的雷宗平，拼命地往家里寄钱，自己一个月则只花 50 到 100 元。

1995 年他将一项国外技术的原理应用到了中国，将电源 110 伏的电压变成了 220 伏，开发出了一个专利。他说，这个专利"莫名其妙"地被评了一个金奖。正是这个"莫名其妙"的专利，改变了他的人生。

那年春节回家过年，他找到他表哥，还有另外一个与政府部门关系比较近的远方亲戚，三个人合计要把这个专利开发利用起来。说干就干，1996 年初的时候，他们在赣州的公司正式投入运营，起名为"三阳开泰"。

从 1996 年到 1999 年这三年时间，他们共赚了七八百万元的现金，开始自己买地建厂。当时企业发展如日中天，雷宗平说："一个车皮出去，五六十万现金就出来了，赚钱赚得很爽。"

很快，雷宗平就被评为赣州六大民营企业家之一，也顺理成章地当选为赣州市人大代表。

在这样的大好形势之下，市领导开始鼓励他们扩大规模，跟他们说："你花多大的规模去建设，我就帮你从银行里拿多少钱出来。"他们果然开干了，结果却遇上了 1998 年的亚洲金融风暴，银根开始紧缩。雷宗平即便手握领导的批条，钱还是贷不来。三个月后，公司资金链断了，企业也就垮了。

雷宗平不得不再次踏上了南下打工之路。

2000 年，在跟一个老客户吃饭的时候，雷宗平遇到一个台湾老板。这个老板从 1987 年开始在台湾做太阳能，他说近年在台湾生意不好做了，想到大陆来发展，问雷宗平有没有兴趣。雷宗平当即便答应了与他一起做。

2006 年，台湾老板退休，他跟雷说："不如你自己干吧。"于是雷宗平就把企业买了下来，同时还在江门买了一栋别墅答谢他。之后，雷宗平把企业改名为"宇之源"。

前几年光伏产业遭遇"双反"时，宇之源也不免受到一些冲击，但在雷宗平看来，影响有限。主要的一个原因，是宇之源前面几年一直都是翻倍地发展，最多的时候，他们设立的分公司多达 11 个，年营业额是 3 亿多元。后来因为各种原因，他砍掉了其中的 7 个分公司，企业的年营业额缩为 1.36 亿元。

2012 年初的时候，他意识到别人跟自己合作的忠诚度不如从前了。他迫切感觉需要扩大视野，提升自己的管理水平。于是他四处花钱学习，成了典型的学习专业户。光 2012 年和 2013 年这两年，他自己和企业花掉的学费就高达 500 万元。

但他称，在学过的课程中，最令他佩服的还是文华。他坦言，到了文华之后，别的平台就学得少了。在他看来，文华的课程涵盖了公司运营的各个方面，除了给企业家打开金融思维之外，还帮助大家梳理了公司的战略规划。此外，文华自身的商业模式，包括产品模式和推广模式也令他受益匪浅。

"你们 PK 吧，我只要 21 家"

由于一期英雄的特殊性，雷宗平至今对当时 PK 的场景印象深刻。"老师把我们 40 多个企业家引到一个房间说，'你们 PK 吧，我只要 21 家'。然后这些符合基本条件的企业就在一个房间里进行 PK。"因为缺乏任何的游戏规则，一切有待他们自己去摸索。据雷宗平的回忆，当时一伙人你看看我，我看看你，有点不知所措。最后有人提议，让年纪大的老板来定 PK 规则。

PK 的第一个流程是项目介绍，然后是人生观和价值观的演说。紧接着的一个环节，则是 PK 自己在这个行业里面，对自己同行前三名的了解，解剖自己的优势并提出自己的超越计划。最后是介绍自己的核心竞争力，能给大家、给英雄系统带来什么价值。

现场的四十几个企业家分组就坐，按照抽签顺序一个一个上台。环节结束之后，所有人开始投票，不断淘汰，最终决出 21 个名单。在雷宗平看来，整个过程的激烈程度，并不亚于超女比赛。一些 PK 失利的企业家，因为舍不得退出，甚至当场哭了起来。

与《资本兵法》类似，英雄内部也将由会员票选出英雄商会的会长。由会长组织英雄企业每个月固定碰头一次，谁若不能准时参会，就要添柴火罚钱。谈及英雄企业间的关系，他说大家首先是一个利益共同体，就像是一家人一样。"你在经营你的企业，我在经营我的企业。你有困难，我这里方便我可以支持你。"

他们也有做一些基金公司，或是通过自愿的形式成立了一些公司，来打造利益共同体。至于具体的细节，他却没有说。"这是英雄里面不能透露的秘密。"雷宗平笑着说。

新思路：平台化

"老师一定是让原来的体内系统，插上金融和文华大系统的两个翅膀，让你的企业做得更好，飞得更高，走得更远，而不是否定过去。"谈及文华模式与企业基础的关系，雷宗平这样强调。

对于雷宗平来说，最重要的是把文华的模式无缝地植入自己的企业。这也是文华的本意所在。雷宗平认为，在《资本兵法》讲授的多种方法中，总有那么一种是适合自己的，每个会员该按照自己的实际情况去选择，而不是生搬硬套。

考虑问题高度的提升，是他在文华最大的收获。以前的他，觉得差不多就可以，现在发现自己还可以做很多的事情，对这个社会做更大的贡献。

在企业经营上，他也逐渐舍弃了原来的小系统思维。如今，他正逐步尝试着把他的供应商、客户、供应商的供应商，甚至整个产业链从纵向上经营起来；此外，他也从横向去经营自己的企业，跟同行优势互补，通过各种方式实现真正的"你中有我，我中有你"，打造紧密的利益共同体。

你可以把它当作是一个IPO平台，也可以把它当作是一个贸易平台，也可以把它当作是一个采购平台，比如大家一起抱团买东西的时候是不是很便宜。其实方法大家都知道，关键是有没有这种格局先付出后收获，先贡献后得到。你只要走出这一步，别人一旦认可你，你自然就是话事的人，就是这么简单。

学完《资本兵法》后，雷宗平对自己的企业进行了变革。雷宗平的目标是做成行业的NO.1。

从2014年开始，他已经着手开始改造公司的业务部门。在这一改造方案中，业务人员可以选择按照原来的提成拿工资，也可以选择新的方案，放弃工资和提成，交10万元的押金给公司。公司将培训他们如何做老板，并分享40%的业务利润给他们。

不仅如此，在雷宗平的规划中，从业务部走出的这些精英，最终将慢慢地变成分公司的股东。最终，宇之源将实现由一个实业公司向平台化公司的转型。

2014年7月，宇之源的整个业务部改革全部完成。紧接着将要推行的，是酝酿已久的区域分公司计划。按照雷宗平的规划，到2014年年底，宇之源将开出真正意义上的33家分公司，并开发300个太阳能应用新产品，培养一支优秀的股东团队。在此基础上，宇之源最终将站在行业NO.1的位置，引领整个行业的发展，并实现产业和金融的融合。

"《资本英雄》教的并不是让企业赚多少钱，而是应该如何带领这个行业往前走，它是一种使命，一种责任。"展望未来，雷宗平显得信心满满。

"打工皇后"安子的新传奇

"中国第一打工妹"

"每个人都有做太阳的机会",安子是这句"深圳观念"的实践者与见证者。

2012 年的 9 月，安子新家政作为文华第一届资本英雄企业在系统内部登台亮相。在文华，安子新家政是当之无愧的明星项目。刘文华亲自担任了安子新家政的总顾问，同时，刘也是第一个投资它的英雄家族成员。如今，文华系统内购买安子股份的股东多达几十人，其中，多数都是英雄家族成员。

这个明星项目背后的推手安子，原名安丽娇，是一个来自梅县地区的客家女子。16 岁的时候，初中没毕业的她就南下深圳打工。她把挣来的钱全部投入到学习中，并成功取得了深圳大学的大专文凭。

她因此而成为了当年 20 个团中央奖学金获得者中唯一的广东人，被媒体塑造为"一个学习改变命运的典范"。

1991 年，她的《青春驿站》一炮打响。这部被称为"第一部打工文学"的作品，当年曾影响了千千万万的年轻人，无数人冲着《青春驿站》奔涌到深圳，来寻找自己的梦想。安子故事因而成为那个时代最为生动的注脚。

而她从 1991 年开始主持的电台节目《安子的天空》，同样创下了深圳广播电台的奇迹。在此期间，她每个礼拜收到的信件根本拿不动，据说每周要请 50 个义工来给这些狂热的粉丝回信。

安子几乎在一夜间成了外来务工者的偶像。"安子旋风"迅速从深圳席卷全国，有人称安子开创了打工文学，并称她为"打工作家"。

安子认为自己借助名气才得以"进城"并实现"平等劳动"，但对那些外来务工者来说，要实现这一切却非常难，她开始不遗余力地为农民工奔走呼号。安子开创了深圳第一个"打工者之家"，为此，她还闯过市长办公室。1999 年，她注册成立了"安子新家政服务公司"。

2007 年中央电视台新闻联播"经典中国·我和我的祖国"头条播出"安子传奇"，称安子为"中国两亿进城农民工的优秀典范和代表"。各种荣誉纷至沓来，她被称为"中国第一打工妹"、"百姓学习之星"，她的故事也被出版社以《安子传奇》的名字出版。

"为什么要放弃呢？"

2012 年，安子带着她的公司安子新家政，还有家人一起走进了文华。在安子新家政进入《资本英雄》学习的三个月之后，它就成功在广州股权交易所挂牌交易，翻开了公司新的一页。

从 2013 年开始，安子开始对企业进行大刀阔斧的改造。其中首要的一项工作，就是通过分权从而慢慢地扩大业务范围。

深圳特区成立 30 周年庆典之际，深

圳市市长许勤在对特区早期建设者开展慰问活动时，就专门看望了安子和安子新家政公司的家政人员，并赞扬安子——"难能可贵的是，你用自己的笔写出许多作品，反映了自己的心声和特区发展的历程，激励广大建设者不断提升自己，不断创造新的价值，和这座城市共同成长。"

可是谁知道，对于安子新家政这么一个项目，安子也曾感到迷茫。

1996 年，安子家政部就已经成立。那个时候的安子，正是意气风发之时。因为一个偶然的机会，她被派到当时的一个劳务市场，管理当地的一个职业介绍所。上世纪 90 年代中期的深圳，正沐浴在改革的春风之中，成千上万的劳务人员从全国各地奔涌而来。每天来到职业介绍所的几千个求职者，将一两千平方米的地方挤得水泄不通。

安子发现，在这群求职者中，有一群三四十岁的女工总是找不到工作——她们既没文凭，又没技能，连用人单位招清洁工、洗碗工都嫌弃她们年纪大。

1996 年，她在就业市场挂了一个牌子，叫下岗女工服务部（家政部）。她说当时只有一个想法，"要让她们有尊严地、体面地、快乐地去工作"。服务部把这些女工组织起来培训，重点是对清洁卫生、带孩子、照顾老人等家政服务进行规范，然后再把她们送到家庭里面。出乎安子意料的是，经过培训之后的女工竟然大受欢迎，这令她深受鼓舞。于是就有了今天我们看到的安子新家政。

18 年过去了，当年青春动人的安子已嫁为人妻，女儿也已成年。18 年间改变的还有很多，包括她生活的城市——深圳，已经是国内首屈一指的大城市之一。但是安子新家政这 18 年却没能跟上时代的步伐。

谈到这一点时，她说很惭愧，在过去的 18 年间，公司一直都在生存线上挣扎。公司的产品，就是普通的保姆、家政员、月嫂，再高级一点就是管家。而公司的唯一盈利模式，就是收取20%的中介费。

她身边同时期启动家政项目的老板们，做了一两年后就纷纷选择了放弃。除了盈利微薄，家政给人的感觉就是个婆婆妈妈的事情。

在家政服务中，家政员与客户发生事故纠纷，是常有的事情。按理来讲，家政公司在市场中只是扮演中介的角色，赚取微薄的中介费。然而现实是，一旦服务中出现事故，家政公司往往被迫承担大部分的责任。

比如有一次，一个家政员把客户一件价值2000元的衣服给烫坏了。按理家政员理应承担主要的事故责任，赔偿客户的损失。但是作为一个刚刚上班的家政员，她根本不可能支付得起这么高的赔偿。一打官司，家政员顶多一走了之，最终的赔偿还是得由家政公司来付。

多数时候家政公司虽然能够赢得官司，却不得不面对道德的困境和现实。在安子新家政，曾经有一个月嫂帮客户照顾孩子，结果一个月之后孩子生病了，雇主投诉说是月嫂喂奶呛着孩子了，没及时处理才产生了严重的肺部问题。事实上，这个孩子在母体的时候，身体就不是很好。但是一出现这样的问题，家政公司往往就很被动。

"作为管理方心里也难受，设身处地地想，他孩子这个病可能要花几十万元，难道你连一点点精神损失费或者慰问费都不愿意出吗？"她说，"在那一刻，你已经不忍心再跟他打官司了。"

"有些家政员不注意安全，一旦出了意外，不管雇主、保险公司理赔与否，作为管理方，为了息事宁人，肯定要进行理赔。这不是责任在谁的问题，一旦事故出现，永远都是先处理心情和人情再处理事情。"她说。

在过去的18年里，虽然她从没想过要放弃安子新家政这个项目，但公司长期不盈利的状况一度令她很迷茫。对于这个项目本身，她也越来越没信心，并逐渐将它排除出了关注的重心。

2012 年，她进入了《资本兵法》学习。很快，她就彻底地改变了她原来的想法，重新燃起了希望。她说："当上完《资本兵法》，我就看到了希望，真的是一下就看到了希望。我们这么好的一个实业项目，一个利国利民的民生工程，为什么要放弃呢？"

家政金融超市

除了重拾信心之外，《资本兵法》研讨会对于安子而言，更为重要的是经营思路与理念的更新。

她说，过去一年多的时间，安子新家政所呈现出来的大刀阔斧的改革，基本上都是按照规划按部就班地在做。

文华极力提倡的以结果为导向的 B 点思维，是绘制这一蓝图的重要工具。现在在安子新家政中，不论是中层，还是普通的家政员，都在推广这一思维习惯——凡事从目标 B 点倒推，然后看看该做什么，到底能做什么。而安子现在的蓝图，就是由 2030 年安子新家政所要达到的行业地位所倒推出来的。

大系统的思维方式，同样冲击着她。在她眼中，系统的帮助虽然不一定是马上就能显现出来的，但其理念却已经潜移默化地深入到了每一个安子机构之中。在系统思维的统领下，安子新家政配套投资了安子支付项目，以此作为构筑平台生态圈的重要工具。不仅是文华内的系统，接下来，安子还将着力链接家政同行系统、狮子会系统、深大校友会系统等社会上的其他系统。

改造之后的安子新家政，重新梳理了自己的商业模式。除了对已有的盈利模式进行优化之外，结合在《资本兵法》和《资本英雄》课堂中的心得和体会，公司还增加了许多全新的盈利模式。

学完《资本兵法》后，安子新家政对业务进行了全新改造，"金融"成为新的关键词。

对平台内部的庞大的现金流进行运作，是安子新商业模式的核心。它是文华所极力倡导的金融思维对实业项目的改造。可惜的是，采访过程中，对于具体如何进行资本运作，并规避金融风险，安子鲜有提及。不论如何，对于一个过去18年一直在生存线上挣扎的企业而言，这都是一个新的开始，至于其结果，只能留给时间来检验。

再续传奇

对于许多人而言，安子是一个学习改变命运的典范。通过写作和电台节目，她激励了千千万万的外来打工者。无数人将她当作是自己的代言人、知音。而她的事业、家庭与爱情，也确实堪称时代的传奇。

她的家庭曾先后被评为广东省十大书香家庭、广东省十大最美家庭与全国最美家庭。谁曾想到，这个昔日流水线上的打工妹，能谱写出这样的人生。

她与丈夫邱金平相识结缘是在 1989 年。那时的安子，只是一个小打工妹，而邱金平则是深圳大学的高才生，马上毕业进入政府机关工作。他们当时的境况，可谓一个在地下，一个在天上。

　　"我一无所有，没有固定的工资待遇，也没有户口，还没有文凭，也就是说我分分钟随时可能被老板扫地出门，流落街头，又投入到求职的大军中，成为埋没在人海中的一个人。"安子感慨。

　　但是命运还是将他们带到了一起。只因为一句话，他们的人生都改变了。

　　安子清晰地记得，那是 1989 年 3 月 24 日下午 5 点。她在深圳大学看到了这样一句话："每个人都有做太阳的机会，我就是太阳，太阳每天会从东边升起，但是一定会为我而升起。"这个对文字异常敏感的少女，当时就有种触电般的感觉。她觉得这就是她 7 年以来苦苦寻觅的东西，是她所有想法、理想与梦想的最好诠释。当天晚上，她在她的日记里写道，"我就是太阳，我要温暖大地"。16 年后，这句话第一次被深圳晚报的一个记者报道了出来。

　　深受震动的安子意识到这句话将影响她的一生。她下定决心要找出是谁将这句话贴在这里，为什么会留在这里。经过一番了解之后，她知道原来这是深圳大学一名中文系学生竞选学生会主席的纲领。这个学生就是她后来的丈夫，邱金平。

　　安子用"听者听到，讲者想讲，讲者讲到，听者想听"来形容他们在深圳大学的初次见面。在一个多小时的时间里，他谈他的诗歌，谈他的勤工俭学与丝绸之路旅游的故事；她谈她的打工生活，当然还有写作。

　　夜幕降临，他送她离开深大。安子回忆，送她回去的那条路很长，要走十几分钟。他们就这样一边聊一边走，走着走着两个惺惺相惜的人的手拉到了一起。灰姑娘与王子的爱情故事在现实中上演。

安子说，受她传奇经历的激励，许多人通过自学成才也成为了"安子"：不少人通过写作成为了写作的"安子"，一些人通过演讲就成为了演讲励志的"安子"。而如今从《资本兵法》中走出来的，又是一个全新的安子。

在她眼中，安子新家政并不缺少各种资源和无形资本，缺少的是系统运作的思维和思路。所以通过大系统把这些资源整合起来，打造全新的家政产业链，改造整个家政行业，这就是这个资本时代的新安子的故事。

"进入到《资本英雄》阶段之后，这个过程就已经开始。"她说。

落地是个综合体

结果才是关键

让项目落地是老板们加入《资本兵法》的终极目的。第16期的会长黄鹏就直白地表示："作为一个企业家，出点钱去学东西，就是要拿结果要落地。如果做不到，那他就不一定会花这么多时间和精力去学，大家都忙；反过来大家都去，就是因为有结果，有帮助。"

他的企业叫思丹福，成立于2011年，是"国内首家面向应用提供一站式服务的干细胞银行"，也是文华大系统内少有的高科技公司。公司主要是面向高端美容会所和高收入人群，根据公司主页的介绍，公司在抗衰老医学、再生医学、干细胞免疫防癌、干细胞临床治疗和干细胞资源储存等领域拥有世界领先技术。

靠着扎实的基础和良好的前景，黄鹏带着项目从 100 多家会员企业中层层 PK 而出，如愿成为了第二期资本英雄企业。2013 年底，他们在白云国际会议中心二号楼举行招商落地会，邀请文华内部的会员成为其原始股东。其会议邀请函中，打出了"您想百倍回报吗？您想轻松赚钱吗？您想成为上市公司原始股东吗？请即刻报名抢位！"这样极富爆炸性的口号。

根据黄鹏说，《资本兵法》对于他的企业在经营管理、商业模式的改进上，效果显著。

"原来跟所有的人经营公司一样，个人或是一个小团队去经营公司；通过《资本兵法》和《资本英雄》的学习，慢慢就学会了用系统去经营公司。原来是很累的，你要取得一定的经济效益，要付出很多，但是用系统来经营，格局就不一样了，在业务量、营业额、利润率，以及公司的管理上都有很好的体现。"

但当问及具体的数字时，与笔者接触到的大多数企业一样，黄鹏没有透露。他说："英雄是个家族集团，具体数字是不能说的。"

落地三要素

并不是每一个会员都像黄鹏那样收获这么大。

事实上，这也是文华受人诟病的地方。一些会员怀着较大的期望而来，在研讨会上也大有醍醐灌顶的感觉。可是一回到家，发现课堂中讲到的许多融资方法没办法落地，有人便转而开始攻击文华。

在黄鹏看来这种现象相当正常，因为落地是个综合体，它和会员的领悟能力、建系统能力与企业的基础等一系列因素都息息相关，如果其中一方面做不好，那落不了地也是再正常不过了。

他以建系统能力为例。他自称能叫出第 16 期会员 302 个会员中 90% 人的名字。因为第一次见面的时候，他就把会员的电话号码全部储存在了手机里。"当会员打给我的时候，我就知道是谁，能够喊出他的名来了。他就很高兴了，说这个会长认识我。可能我对他没什么深的印象，但是我功夫做足了。有些人悟性就没那么高，可能同桌的七个人都不一定能认齐。"他这样分析。

在"财神"徐新颖眼中，许多抱怨落不了地的人，在悟性方面也需要提高，因为他们中的许多人根本就没有按照作业布置的要求去跑银行、建系统。

落地的另外一个核心要素，是企业的基础。有的老板业务量很小，公司没多少流水，那落地会比较困难；如果一个老板的身家上亿，他就不会动不动跟你谈钱，徐新颖说。

加入《资本兵法》之后，黄鹏的一大动作是将原来一直从事的艺术品的鉴定、收藏等文化产业业务搁置下来，结束了在两个行业间奔命的状态，一心一意做生物科技。

刚刚起步的时候，没有核心技术，他便花大气力将一个拥有核心技术的成熟研发团队收编了过来，从而解决了技术的问题。目前，这一顶尖的研发团队共有博士 18 人，其中大部分都是来自北大、港大等名校，在这一领域工作超过 10 年，不少人还曾在美国、德国等研究机构工作了几十年。公司的自体干细胞技术，还获得了国家专利。黄鹏说，这些扎实的基础，正是思丹福在系统内大受追捧的主要原因之一。

风控不能含糊

项目落地的核心，说到底是实现资源的整合。在文华，他们反复强调的是时间、信用、机会，即通过时间来累积信用，通过信用的沉淀来创造机会。

对于投资者和项目方而言，文华与外面的社会并没有什么不同。投资者的任务是要找到优质的项目，通过投资获利；项目方则是要找到资金等资源，使项目成功运转起来。

但是时间、信用、机会依然是不可逾越的。有人一接触文华，人也不认识几个就开始做项目。另外，文华也就经历了短短的三年时间的发展，但是内部项目却遍地开花，爆炸式增长，这也被认为是极大的隐患。

在黄鹏看来，这个过程中有问题也是不可避免的，但这并不可怕，因为即使没有这种爆炸式增长，同样也会面临类似的问题。所以问题的关键不是它爆炸式增长，而是投资者的观念、工作能力有没有跟上发展的速度。"国外做了几十年的公司，要倒闭也照样倒闭，所以速度跟风险没有必然的联系。对一个项目的判断不在于说双方认识了多久，而在于它的风控。"在他看来，一旦风控做足了，即使速度快一些也无大碍。

事实上，风险和收益是所有投资活动这块硬币的两个面。所以在文华全国项目落地会的现场，负责监事工作的集团董事黄健文一站出来，就用PPT告诉大家，风险是一定有的。即使是项目方能够做到完全的诚信和透明，他自己也可能有一些还没能预见的风险。

文华总部在这一方面也采取了一些措施。黄健文介绍，项目落地会上，文华要求每一个人都要有 15 天的冷静期。在这 15 天的冷静期内，要求他们不许签合同，也不许刷卡付款，尽量让投资方和项目方都冷静下来理性地对项目进行分析。

"这个是我们的要求，不是建议。"黄健文强调。

刘文华说"文华"

"文华模式"是怎样炼成的？

毫无疑问，最有资格回答这个问题的，是刘文华自己。

本章中，无论是面对外界的叫好，还是质疑，一直奉行"三不原则"——不回应，不评论，不攻击——的刘文华站了出来，对文华大系统是如何诞生的，文华模式设计背后的思考，对金融的理解，对文华的未来，以及对外界的种种疑问，做了一个回答。

这是刘文华第一次完整地讲述自己的故事，也是刘文华第一次完整地讲述文华大系统背后的逻辑和思考。

以下是他的自述。

闭关三年，才有了文华大系统

我研究金融有 20 多年了。我以前一直对金融很感兴趣，但是从来没有想过自己做金融，因为中国的金融环境还不够成熟。我不愿意做不成熟市场。到今天为止，中国的金融环境仍然不成熟，但是我已经做了 3 年了。

因为原来一家公司破产了，从零开始的时候，我就有了一个念头，到底做什么好。我后来想了很久，觉得跟兴趣相关很重要，做得好玩就好了，至少这个过程我是开心的。就是基于这样一个考虑，后来决定从事金融行业。

这个想法定下来的时候，我就知道我走的路跟别人不一样，金融不是一个普通的产品，或者说金融本身不是产品，而是一个能渗透到任何一个行业的工具，是一个可以渗透到国家、政治及国际关系的一个工具。既然要做这个产品，意味着我必须站在最高的制高点来经营，才能做得好。

我一开始不是研究金融本身，而是研究美国的历史。我翻了大量的资料发现，原来罗斯柴尔德家族整套的金融体系才是美国的幕后老板。而这只无形的手反过来也影响到中国。

我相信一套科学的东西，符合自然法则的东西，应该是引导社会走向更加和谐，而不是你制裁我，我制裁你。但是，回顾历史你会发现，自从美国强大起来，世界就没有和平过。美国没有强大之前，英国强大，英国强大的时候世界也没有和平过，问题到底出在哪里？不符合天道。

后来我又研究沃尔托·罗斯托的国家发展阶段理论，发现它的理论体系也是有问题的。

在做市场调查过程中，我不停地打电话约银行、证券公司的金融高手，拜访懂金融的省领导，国家部委领导，不停地邀请各界朋友到办公室聊天，拉家常，他们感觉我只是聊天，关心他们的工作，但是实际上我在为我整套体系做准备。

我还花了一年时间东跑跑西跑跑，到风投、基金、黄金、外汇、期货、保险等各种公司应聘上班。我之所以去这些公司打工，是为了了解各个不同金融公司的金融业态。我去打工，第一不要工资；第二我不做你的行政岗位，我帮你做业务，因为做业务才最了解一个公司；第三如果没有给你出单的话，我不要你的工资，我还一定不走，我保证一个月之内至少出一单，实在不行的话，有一些单我自己掏钱买一份，总之我到你公司看过了，不会白看，都会给你留下价值，所以没有哪个老板不欢迎我的。

有一些香港公司不让我做业务员，我就跟那个公司的业务员说，我做你免费的跟班，那个业务员一看有一个免费的跟班，多好啊，带着我满街跑，指挥我做这个，指挥我做那个。

到公司上班，有时会碰到一些不太懂事的小姑娘，二十一二岁出头，他们老板一看这个员工也不用钱的，直接安排到这些小姑娘的组里面。那些小姑娘可牛了，说小刘过来扫扫地，我就老老实实给她扫地，她说扫哪里就扫哪里，扫完之后她还教我，扫地不是这样扫的，要这样扫才干净。我说组长真厉害，你讲得太对了，我下次一定这样扫。那些小姑娘，有的时候骂起人来，比我奶奶还厉害，我让她们骂，没有关系，一路就是这样过来的。

我上上下下都接触和了解后，回过头来再设计我的模式。我花了整整3年时间准备这套体系，这3年就在做这个事情，解答这些问题，我必须先从顶端设计上解答最重要的问题——我要去向哪里，才能解决我该怎么走的问题。

文华"三合一"模式

以前我从来没有做过金融行业，所以要有平台打广告，要进行宣传。怎么宣传，到电视上打广告吗？那个时候我已经清楚各种媒体的广告效率越来越低，我原来开过广告公司，人家说每100元有90元是打水漂的，到了2009年之后，每100元里甚至不止90元打水漂了，可能有99元是打水漂的。这样的事情我不做，而且那个时候我也没有钱，破产后刚刚重新开始，哪有钱打广告。但是如果想要真的产生大的社会影响力，创造更大的社会价值的话，不广泛宣传是不行的。

了解各种形态之后，我觉得会议营销的方式可取，但是思考了之后觉得还是不行，因为会议营销这种东西说难听一点，有80%—90%的水分，我不干这种事。后来想了很久，想到用价值转换的方法，用金融方面完全超值的价值来让他听我讲《资本兵法》的理念，比如，39个字的普适价值观，《资本兵法》20个基本原则，将来中国的企业家应该朝什么方向走以及理解大系统的理念等。

用超值的价值把更多的人吸引到我的平台上来，这是商业模式设计的关键，一路设计过来，一环扣一环，就成了现在这个样子。

简单一点来说，这一套体系叫做"三合一"模式：培训体系、商会架构、慈善体系三者结合在一起。

你可以说它是一个慈善机构。我们不停地在做慈善，而且我们是真真正正在做慈善，不像有一些人做的慈善是假的。

也可以说它是一个商会。很多培训机构，一学完之后就散了。但我们每一期都有商会，有商会执委，每到换届，都争得一塌糊涂。争，证明凝聚力很强，大家很在乎，如果不在乎的话，他们才不争呢。

也有更多的人把我们定义为培训机构。我把我们的课程叫做研讨会，研讨会是什么概念，有研讨就有互动，别的培训机构老师在台上讲，学生只有听的分，我们允许他跟我争论，允许他站起来发表他不同的甚至完全相反的观点。我们早期的研讨会真的是研讨会，比如我讲家族系统的时候，争得一塌糊涂，最后不光是跟我争，会员跟会员之间也争起来了。包括融资技巧，是争出来的，不是讲出来的，是真的研讨会。

"三合一"模式中，研讨会起着宣传的功能，商会模式起着长期链接的功能，慈善起着社会效应的功能。这三方面的因素，符合了商业的本质，即改善自己的生活，改善员工的生活，如果有余力的情况下帮助一些确实需要的弱势群体，尽一些社会责任。文华大系统就是出于这个考虑而设计出来的。

让中国成为世界经济中心

在我看来，金融是一个处理国际关系的工具。

整个《资本兵法》虽然只有3个月9天的东西，设计的时候要循序渐进，一步一步来。有很多的金融高手、银行行长做了很多年了，第一个月是不以为然的，因为不能一开始很高深，否则普通人没有办法懂。到了第二个月，所有懂金融的都心服口服，干了二三十年金融业的银行行长、金融学博士，学完第二个月也心服口服。到了第三个月更没有话说了，他们不得不承认我们这套体系已经高出了所有的金融学博士和从事金融二三十年所能想象的高度，这就是我要的东西。

我的第一期《资本兵法》只有8个人，我的神圣使命在屏幕上打出来后，那8个人全部呆了，说刘老师你疯掉了。有一个长春的许家顺，企业很有实力，他一看完就问，刘老师，你有没有学过数学。我说我教金融的，我没有学过数学，这不是笑话吗。他说你是否知道中国的GDP一年有多少。2009年全年的GDP才50万亿，10万家企业，每家企业100个亿年营业额，你知道是多少个亿的GDP。他说整个中国都不够这么多呢，就文华大系统能创造这么多GDP吗。我说我从来没有考虑过中国的问题。他更加笑了，他说你没有考虑中国的问题，那你考虑什么问题。

我要去的方向就是改变世界经济格局，改变中国在国际市场上的地位。当前中国经济的空心化现象已经到了非常严重的程度，如果不改变这种现状，后果不堪设想。

我2013年花了1000万元做了这方面的调查，有一整套完整的数据出来。研究表明，今天中国市场上看得到的东西60%—70%是不属于中国的，是外资的，意味着经营权和使用权在中国，所有权是外国的，剩下的30%

左右按照二八定律，还有 20% 的人拥有了 80% 的财富，已经移民了。我们中国最大的问题是有钱的、成功的全部移民了，这些人的财富还在中国，但是国籍都不属于中国了。再看一些有权力的官员，老婆和小孩都移民了，只剩下自己是中国人，他的财富是中国的吗？他代表的权力是中国的吗？都不是。

很多人认为我们是一个培训机构，不是的，我们是一个金融机构，叫做"全产业链金融机构"。这个全产业链金融机构不光做金融，还包括实业和产业链，因为金融只转移价值，不创造价值，为什么这么多人对华尔街又爱又恨，爱是因为华尔街可以赚到钱，恨是因为华尔街是一个吸血鬼，只把别人的钱放进自己的口袋，没有创造过价值。

而我们的全产业链是什么，既转移价值，又创造价值。这比普通的产业链要强。如果我们这一套体系推出之后，可以为中国经济创造价值就非常之了不起。有一些不了解文华的人以为我们上项目的目的是为我们融资。我们融这个资干什么，这一点钱对于我们来说不算钱，我们的目的是打造全产业链。一旦全产业链能够有效地运转起来，你就会发现这个全产业链金融体系创造的价值是不可思议的，为社会创造的价值更是不可思议。

大家去看看，现在哪一个国家的金融体系里面没有美国的几大家族、几大金融财团的股份。中国的民营企业不能在国有银行参股，但是我们国家哪个国有银行没有美国那几大金融财团的股份。这种现象对于他们来说是好事，对于中国来说却不是好事。我们文华将来要做的事情，是在全球的范围之内，都有中国金融财团的股份，不是它有我们的股份，而是我们有它的股份，这就是我要做的。因为金融可以渗透到任何一个行业，如果真的是做到这一步，其他任何一个国家要跟中国过不去，政府如果有需要，我们就有办法。简单一点来说，国家定方向，我们来做事。站在国家的角度，我就是一个职业经理人，我为国家打工。老板有需要，我这个职业经理人就有办法；当然如果老板不需要，我就过我的清闲日子。

如何从 B 点到 A 点

从扑克牌游戏里可以发现，如果不是从 B 点到 A 点倒推，B 点是不可能完成的，54 张牌随便抽掉一张，随便改一下规则，无法想象，怎么可能做得到，你会疯掉的。从 A 点往 B 点是走不出来的，但是从 B 点到 A 点就变成了一个很简单的事情。文华大系统就是我从 B 点到 A 点设计过的，过程中缺什么我就补什么，最后要达成 B 点。

我研究过很多行业老大，行业老大有三个特点：不卖产品，不经营自己的公司，合法的不按牌理出牌。

我对于合法的不按牌理出牌是深有理解的，所以我从来不会拘泥于这个是否合理，我只管是否需要，需要这个拿这个来，需要那个拿那个来。好条件是创造出来的，一拼看是否可以达成 B 点，如果可以达成，就这么干了，道理是否讲得通，我不管，先这么干了再说，全部设计完了之后，整套体系反复推，再把它的道理讲通。一开始的时候是不管道理是否是通的，我只管这么走，像"没有管理的管理"的管理模式，说着都拗口，但是我就是这么设计出来的。只有这样做才能做得到，我才不管它是否拗口，反正我可以达成我的 B 点。

之后要让它的系统的链接度强，就必须让它达成最好的效果。怎样的效果最好，现在所有的企业管理架构都无效，因为我必须是达成一个完整的全球金融架构体系，而且要超越高盛，包括罗斯柴尔德家族，我的目标很清晰。它是躲在背后的看不见的手偷偷摸摸地做，来达成它的金融架构的体系。我要全部公开来做，合法、正面、共赢，按照合法的流程，正面阳光地来做，所以我所有的设计要跟它有一点不一样，我要每个流程都是合法的，每个流程可以展示出来给你看。我们一路走过来，有一些机构很关注，过来一调查一了解完了之后就放心了，因为我做的每一件事情都是阳光的、合法的，为社会只创造正能量，不创造负能量，哪怕偶然创造了一点负能量，我也是完全出于正面的动机，是学员自己学歪了，不关我事，不是我要他这么做的。

自然法则里面的"道"告诉我们，凡事是有周期的。比如发展到一定的阶段，大家发现每一场我讲的时候，人太多了，这么多人，加上顾问团3000多人在这里，怎么讲啊？其他的平台为了赚钱，照讲。但是我们不这么干，因为我知道这个发展的趋势是有规律的，所以我预先告诉大家由"八大财神"来讲。

我们所有的体系都是从 B 点到 A 点，每一步该做什么，不该做什么，很清楚。2017 年之后文华不再讲《资本兵法》了，上另外一套体系，名字我们虽然没有对外公布，但是商标已经注册了，我们的 PPT 已经出来了，这套体系如何运作，也都已经全面设计好了，就等着恰当的时机再推出来。我们做的东西跟别人不一样，中国没有哪家公司是站在这样一个高度和角度来规划 20 年的。而我们直接从 2011 年规划到了 2030 年。

这个规划要解决的问题是将来有一天做全球跨国金融的时候，这套体系仍然直接照搬就可以了，不用经常换来换去，这样的话为将来省下大量的成本。很多企业发展一段时间重来一次，发展一段时间就要找方向，就像列车在快速运转的时候要找方向，成本之大，风险之高，可想而知。我这个体系就不需要了，我刚起步的时候方向已经清晰了，只要一步一步往前跑就可以了，将来路上省下的成本非常多，而且我的风险相对于那些走一段路找找方向，走一段路又有一个瓶颈的这些人来说就更加不一样了，我没有这个过程，我不会出现瓶颈的问题。

九天课，只有一天半在讲金融

人家讲金融，可能 9 天都讲金融，我 9 天的时间只有一天半在讲金融，其他的时间都是在讲要修炼自我，提升自我的"道"。

《资本兵法》第一个月第一天，就讲《资本兵法》的20个基本原则，讲时间、信用、机会，只讲诚信，不讲金融。为什么要讲这些东西，就是一开始为了避免一些人的贪念。第一个晚上玩扑克牌游戏，第二天上午扑克牌PK，是告诉大家整个行业的发展趋势，向他的深层潜意识输送一个理念，就是实业很重要，理念很重要，道很重要，合法正面共赢很重要。之后第二天下午才讲22个融资技巧，只有半天，第三天又开始讲"道"，怎样经营企业。

第二个月第一天讲什么？就是复习第一个月的内容，复习20个基本原则；为了什么？还是提升大家对金融道德要求的理解，对实业要求的理解。第二天讲六大系统，先讲影响力系统、家族系统、慈善系统、超越系统、健康系统，这些是什么？还是"道"，跟金融一点关系都没有，当然如果真的理解了这个"道"，又跟金融有关系，但是在这个"道"的基础上再做金融，那就不一样了。第二个月的第三天讲流通系统，好像跟金融有一些关系，下午讲14个融资技巧，好像有一些关系，第二个月三天时间只有一天在讲金融，另外两天都不是在讲金融，就是在讲"道"，提升每个人骨子里深层潜意识的道德观念、社会责任感、家族责任感后，再来讲金融。

第三个月几乎没有讲金融，第一天关于系统的用法、分拆术的用法，只讲了三招，里面重点是讲商协会的价值。第三个月第一天只有1/4天在讲金融，其他时间都不是讲金融，都是讲实业经营，比如说航空业的全产业链经营，资本分拆术在行业NO.1系统里面的经营等，都在讲如何把实业经营好，把产业经营好，把你的行业经营好，不是讲金融。第二天更不用说，一整天的沙盘游戏玩下来，没有实业的不能上市，不做销售的不能上市，只做金融的要吊销营业执照。如果做了慈善的，捐款了，就会有这样的荣誉，那样的机会，这是在强调要有社会责任感。

话是这么说，你一再强调，有一些人还是只玩金融。这就是人的贪念，最后违反了相关规则，要抓去坐牢。曾经有一个很牛的会员，因为违规被抓去坐牢，他说你算老几，你抓我，你知道我是干什么的，然后拿个警官证出来。我们工作人员说，我才不管你是不是警官，你在我这里玩这个游戏违法了，一样要坐牢，一放进监狱，马上就服软了。

我们始终在传播合法的理念，但是传播归传播，有一些人能收到，有一些人没有收到，这个跟他骨子里的善根有关系，跟悟性有关系。

第三天上午考试分享，没有讲金融，下午讲国家营销，还是在讲要有社会责任感。说一句难听的，五公斤的蚂蚁会被拍死这个例子，就是告诉大家不要跟国家作对，要听国家的话。

为什么这么设计？就是要通过这些理念的传输，让那些骨子里有善根的人可以感受得到金融必须建立在产业基础上。

潘多拉魔盒一打开之后，如果没有"道"作为支撑，是要出问题的。就算我们这么宣传，还是有出问题的。但如果我不这么宣传，如果不把"道"放在第一位，不把社会责任感放在第一位，不把慈善放在第一位，不停地宣导把实业放在第一位，只是教他们怎么拿钱的话，那会是什么结果？而且这些方法不教也不行，因为中国没有其他平台教。

有人说为什么我7分的话只讲3分，为什么不把这些道理给大家点透？如果有悟性和善根的人，他悟得到；没有悟性的人，没有善根，或者没有社会责任感和道德的人我宁愿不教给他，我故意让他没有学到。贪念很强的人学到这个方法之后就会疯狂地拿。凡是有悟性、做实业的都可以听到，所以，我经常说我只能说到这里。

"资本英雄"就是这么做的，你去看"资本英雄"里面有一些实业基础很差的，进去之后做不了半年多就被优化出来了，因为他们不做实业，如果我教他这些方法，他创造不了价值，还可能会害人，我就把他赶出来了。

因为一旦系统化运作之后，动的就不是一家公司，我要教会他把行业的很多公司同时联动，一旦心不正，又掌握了这个方法，会把整个行业搞坏。心正，又是实实在在做事的，肯定能够待得下来，他最终要带动整个行业一起往前跑，绝对是行业的领导者。

学习《资本兵法》是需要觉悟的，就像我们说《孙子兵法》不容易学，因为里面所蕴含的智慧、玄机和道行太深了。不是拿着一本《孙子兵法》随便翻一翻，从头到尾练完，你就看懂了，不可能。《孙子兵法》里面蕴含的智慧，是各种现象变化的总和，任何现象在里面都可以找到答案，包容面之宽，变化之大，难以想象。

《资本兵法》是一门有关老板的科学，如果把《资本兵法》三个月的内容都学完了，用心记忆，用心去悟的话，企业从生存阶段，到年营业额100万元再到年营业额100亿元，甚至1000亿元，在不同阶段里碰到的问题都可以在这里找到答案。只是对于1000亿、100亿年营业额的老板来说，找到的答案所创造的价值比100万年营业额的老板大很多倍。因为企业规模越大，碰到的问题越多，而且越严重，越重要。

八大系统的秘密

"文华大系统"为什么选择"系统"两个字？简单一点来说，这是一个概念的选择，在此之前，我想过"团队"不合适，"团伙"更不合适，"群体"不合适，"组织"不合适，因为这些都不完善，传达不出里面真正的内涵。"系统"这两个字，在电脑操作系统中应用得比较多，这个词传递了一个信息，就是它是一套非常缜密的体系。那时，我就在想，系统在网络上可以用，人与人之间是否也可以有一套非常缜密、完整的体系呢？

为什么要加一个"大"字？因为一旦经营好了之后，真的很庞大，而且这个大是相对于公司来说的，你可以把公司之外的所有资源全部拿来为你所用，你不能只想到自己的小我，要想到更大的东西，包括大到社会责任感，大到全球。在全球范围之内，甚至走出地球之外，宇宙范围之内，其实也是一个系统，是一套非常缜密的完整的体系，所以叫做"大系统"。

"大系统"前面加上"文华"两个字，一是品牌需要；二是比较好记，琅琅上口；三是代表了我的责任——文华公司之所以叫文华，传递一个信息，告诉所有人这家公司是我的，我对它负责，比如以前我的生物科技公司倒了没有事，但是文华公司倒了，就是说文华倒了，意味着这个人倒了。这意味着这家公司就是我下半辈子唯一的公司了。这个想法，这个定位，源于我跟霍英东的一次聊天。交流的时候，我就问过他，我说你们公司为什么叫做霍英东集团，他说这很简单，这家公司是我的，我对公司所有的事情负责。他说得很简单，我听完之后觉得是对的，既然你要对整个公司负责，你就要用自己的名字。自己公司这个品牌做砸了，这个人就做砸了，"文华大系统"就是这么来的。

罗斯柴尔德家族的成功，是家族的成功，是有血缘关系的。真真正正令整个家族实现人的跨越是他5个儿子成年之后（号称"罗斯柴尔德家族五虎"），分别经营五个不同国家的金融体系，最后五个儿子相互之间配合就成功了，拥有了今天的成就。但是我不可能这么快生得出这么多儿子，两个儿子也不可能这么快长大，我只能用系统的力量。

我相信，不是非要有血缘关系才能成就事业的。我要超越它，而且必须在我眼见的年代，那怎么办？我本来教别人用公司系统把公司之外的资源拿来用，我为什么不可以把我家族之外的其他优秀人员一起拿来成就一番事业呢？就是基于这样的考虑，所以让大家一起来玩。

中国人被普遍诟病的是不团结，要把这么一群人，尤其又是老板组合在一起，不是一件简单的事。首先要解决的是利益问题，要让他们觉得站在系统的高度有好处，第二个月，人一听就知道，有系统的高度，大家可以多赚钱。但是仅仅有"利"是远远不够的，因利而来，必然会因利而去，而且我们的原则是不能以利诱人，接下来就是爱与使命感以及社会责任感。

一个企业家通常具有八大系统，它们分别是：公司系统、影响力系统、家族系统、文化信仰系统、健康系统、超越系统、慈善系统、流通系统，其中又以影响力系统最为重要。企业家的这八大系统，形成一个完美的人生。如果这八大系统有一个是短板，就会不平稳。

何为公司系统？公司是市场的主体。从组织结构上看，一个公司往往由多个职能部门构成，它们可能包括生产部、销售部、客服部、行政部、财务部等。这些部门共同协作，推动着公司向前发展。

一旦从公司内部跳出来，站在更高的角度看公司，那么公司只是系统中的一个元素而已。在它的周围，有众多同样重要的元素簇拥着它；缺少了它们，这个系统照样无法运转起来。所以一个公司的存在，不是单一的存在，而是一个公司系统的存在。

比如，产品、技术或服务，这是一个公司的核心。它们往往聚焦了企业家过去所有的目光。但是在它的下游，还有它最为珍贵的客户；在它的上游，包含了各种供应商、房东、水电等；它的上边，是管理着它的银行、政府、工商税务、协会等机构；还有它的下边，则是它的同行、人脉、股东权益、诚信记录等信息。所有这些元素加在一起，就构成了公司系统。

影响力系统就是一个人的影响力范围所构建出来的系统。影响力系统不是从天上掉下来的，必须主动、积极地去经营。而迈出的第一步，就是让你想影响的人形成与你共同的理念和目标。在这个过程中，一个人的野心、格局与霸气都与他的影响力息息相关。影响力是无形资本向三大资本的扩张。所以，你应该与影响力系统中的关键节点结为一个共同体。

家族系统是最稳固的利益共同体系统。打造家族系统，不是简单地累积金钱，而是塑造一种高贵的身份与价值地位。当你不幸没有生于一个贵族之家时，那么你就应该让自己成为贵族家庭的源点。

信仰系统与宗教党派无关，它指的是生活中对必须遵守的信条的敬畏心。共同的正面信仰是系统整体能量的源泉。我提倡每个人最少养成一种文化爱好习惯。

在健康系统中，健康是一种意念和心态，每个人首先必须保持健康的意念。这意念能够作用到人的生理层面，进而又返回来影响心态。身、心、灵的健康原本就是一体的，它们构成了一个良性的循环。保持健康最好的方法，就是和最健康的人在一起（包括心灵），不停地传播正能量。

在超越系统中，最重要的一点就是坚信，坚信别人能做到的我也一定能做到。而超越一个对手，最好方法就是接近他。只要有了最终的目标，这个世界上就没有做不到的事情。如果没有做到的话就只有一个原因：没有想到！

在慈善系统中，做好自己是慈善之源，为自己的系统负责是最大的慈善。所以，慈善远非单纯地捐款捐物那么简单。同样是捐款捐物，若创造正能量是积德，创造负能量则是在造孽障。

关于流通系统，三大资本都可以进入流通系统，它们在流通、交换或交易中创造价值。而那些被遗忘或闲置的资本，是一种纯粹的浪费，包括你个人的信用、品牌与行业声望等。

只做天使投资

我投的很多项目利润很高，系统内和系统外都有。我的投资模式跟别人不一样，我做天使。项目刚起步，比如只有30万元资本，我投30万给他，我只占他30%的股份，一年之后，我把所占的30%股份再卖出去，30万我可以卖300万，我怎么能不赚钱呢？天使阶段只要做准了，是很赚钱的，何况我有系统在支持他，只要一年之后没破产，还在往前走，趋势很好，就有办法用金融工具，用各种方法去发展，就有第二轮和第三轮风投进来，我就可以退出。只要可以退出，我就可以赚钱。

站在市场的角度来说，任何一家公司干了三五年后，其潜在客户也不一定有2万个。在我的系统中，基于系统内，这2万个会员果真就是他的潜在客户，一年下来，发现这2万个人里有1000个成交的客户，他就已经比在社会上花两年时间的成果要好，这是不是真实的市场？反过来说，这2万个人如果不是在大系统之内，要不要消费这个产品呢？还是要消费，只不过我创造了一种平台让他们更有效地选择这几家公司的产品，而不选择另外几家公司的产品，仅此而已。

如果在社会上要找到2万个潜在客户容易吗？不容易。我们让他的时间缩短，找到潜在客户的速度加快了，成本降低了，这就是事实。现实社会里面你要投什么项目，也是投成长速度快的，找潜在客户多的。

投资是分台阶的，就像卫星一样的，一级、二级、三级、四级，我只完成我这个台阶，下一个台阶其他风投进去，如果不看好，他不会进去，其他风投能进去意味着对他来说，这个阶段他投钱进去是值得的，这就是市场法则。就像接力赛，我不可能一直拿着棒从头跑到尾，我只跑第一棒，到了第二棒我要交给他，至于是否可以得冠军，不取决于某一个人。哪怕前面都跑得很快，最后一棒快到终点线的时候，摔了一跤，棒给甩出去了，那能怪我第一棒没有跑好吗？

我只做天使投资。这是基于我们中国上市的审批制考虑的，上市排队审批太难了。所谓的道生一，一生二，二生三，三生万物。零到一的阶段我做好了，一生二之后的事情我就不管了，基本上每家公司都会经历"从零到有"的阶段，但不一定所有的公司都能"从有到优"，所以做"从无到有"的阶段比做"从有到优"的可选择面大多了，而且成功率高多了，"从优到上市"则更难。既然总的量少多了，难度大多了，我干吗做这一段？

　　明白这个道理之后，我当然永远只跑第一棒，只要我第一棒成功交接了，第二棒、第三棒和第四棒跑得怎么样，跟我没有关系。

　　迄今，我投了200多个项目，系统内的100多个，系统外的100多个，目前成功退出了几十个，涉及多个领域。我投了50多个大学生，其中有些是校学生会主席、校活动部部长之类的，每个投资5万到50万元不等。我投钱主要是看人的，项目都是人做出来的，再差的行业都有赚钱的，再好的项目也有破产的。原因是什么？都是人。

　　我只选人，这个项目如果人是对的，那就投，人不对，就不投。决定投一个项目之前，如果我认识他的时间不超过半年以上，我根本不会考虑，不管他说得再好，呈现得多么完美，我会很用心地听，听完之后，我脑子里根本不会闪过是否要投他的念头。

　　很多人就是在这半年时间里消失了。如果半年之内一直维持跟我的链接，而且一直在告诉我他的发展进度，半年之后我会开始真的关注他，这时候我会在系统内和系统外调动各方面的资源和信息渠道，去了解这个公司，了解这个行业，了解这个人。了解之后，觉得这个人是正面的，是真做事的，如果下次再来找我，我会问得稍微详细一些，这时候看他的呈现，如果他是欣喜若狂的，我一般也不理他；如果很平静，理性地告诉我发生了什么，下一步怎么做，我一看他还是做事的，这时候我会考虑要不要投，怎么投，投多少，占多少股份，什么方式进入，再看他的呈现。到某一个时间点，我会突然告诉他，你明天准备一个合同过来，我准备投 1000 万给你的项目。这个时候我告诉他，你经受了时间、信用和机会的考验，我投的是你这个人，不只是你这个项目。

按照这样的步骤，我已经决定投钱的项目，再差我也不会亏本。这种人是正在做事的，钱进去之后，如果不能赚钱，他肯定不会把你的钱亏光，他会想方设法地把你的本金还给你，就算真的亏了，比如投了 1000 万给他，亏得不行了，他会告诉你，刘老师，真对不起，我已经亏得不行了，现在只剩下 800 万，我现在把 800 万还给你，另外 200 万等赚了钱我再还给你，我说没有关系，我已经预留这 200 万不存在了。某一天他突然打电话给我，说刘老师我准备还钱给你，我就当捡了钱，这就是我的心态。这样就没有压力，很轻松，你投给他之后，他也没有压力，没有压力就经营得好，不然的话，很难经营好。所以接受时间的考验很重要。

天使项目成功率低是因为很多天使根本就看不清，所以打水漂的多。有时也不是因为他看不清，是因为他太急。有一些人急着想投资，急着想赚钱，我不急着赚钱。而且很多都是在和做事的人的磨合上出了问题，因为他想干预管理。天使的原则是什么？投完就当作钱不存在了，千万不要参与管理。

我投资的很多项目，刚开始总经理每个月给我财报，当然我也不会让他别发，但是我不看，三个月翻一次。到年底的时候，我问他今年效益怎么样，他说今年效益不是太好，没有赚多少，如果分红就分一点；当然如果不跟我分红，我也不在乎，我就当这钱不存在了。

一般情况下，到年底的时候都会给我一些分红，到一定时间之后，第二年风投进去，我退掉一些股份，我就更加不管了，一般情况之下，风投进去后，管得可严了，不用我管，而且第二轮风投一进去，退掉的股份我已经连本带利地赚回来了，剩下的股份纯粹是净利润，更加无所谓。比如我投 2000 万进去，拿了 20% 的股份，第二轮的风投进来，我要出让 10% 的股份，我只留 10%，这 10% 的股份必须卖 2000 万，也就是我的本金已经回来了，剩下 10% 的股份放在那里我可以不管了。

我不会全退，每次退一半，这是我的原则。每退掉一半，我至少要拿原来总投资额一倍的价格，比如第二轮再卖，10% 我卖 5%，这 5% 必须卖 2000 万，第三轮再卖，只剩下 5%，我卖一半，卖 2.5%，这 2.5% 我还可以再卖 2000 万，等他上市，我就完全退出了。

营销密码：价值、需求、信心

很多人把营销说得很复杂，在我们《资本兵法》里面的营销只这 6 个字：价值、需求、信心。所有的营销超不出这 6 个字，只要把这 6 个字讲清楚了，让对方收到了，一定可以成交，就算今天不成交，回头一定找你成交，不用你拖着他成交。

这 6 个字包含的意思是，你的价值在哪里？你是否可以满足对方的需求？对方能不能对你产生信心？所有的营销都是这样，回答不了这三个问题，其他的都是假的。

我们每次做工作，只围绕这 6 个字。跟这 6 个字无关的，比如做得很铺张，很漂亮，很轰轰烈烈，金碧辉煌的东西我们不做，因为那些是没有用的，是浪费，说得难听一点是忽悠自己，还忽悠别人，不创造价值。

我原来开广告公司也是这样做，当年其它的一些广告公司，我不给他一分钱，只管问他收钱，他照样不停地拿单过来给我。我掌握的核心东西是什么？还是这 6 个字。

价值掌握在我手里，而且我只经营无形资本的价值，不经营货币资本和实物资本价值，因为货币资本和实物资本的价值是有限的，无形资本的价值才是无限的。

"我们不是传销"

2013 年 9 月 30 日前，我们还在增加分公司，9 月 30 日之后就不再增加分公司了。我们的分公司分两种：省级分公司和市级分公司，省级分公司比市级分公司多 5 个点。与其他公司卖产品没什么区别，给省级代理商一个价，市级代理商一个价，省级和市级都有价差，没有价差的话这个生意没有办法做，我们也一样。

为什么有一些人觉得我们像传销呢？因为我们发展太快，人家说不是传销，怎么发展这么快呢？文华都是口碑传播，会员转介绍会员，很多的传销也是这样的，都是把自己的亲戚朋友叫进来了，这样看起来有一些像，他不知道那个把亲戚朋友叫进来是为了钱，我们把亲戚朋友叫进来是为了帮助他，帮助大家一起共同团结和成长，动机完全不一样。

发展得太快的原因有两个方面。第一方面，是我国绝大多数民营企业家完全没有金融和企业相结合的基本常识。《资本兵法》作为一套全面的金融普及教育理论体系，弥补了其他金融教育平台单一介绍金融的缺点，而且与实业紧密结合，有极强的实用价值。企业家都是有判断力的，他们发现，《资本兵法》对他们的企业真的很有帮助，而且对自己的家族建设也很有帮助，于是自发地进行转介绍。第二方面，我们让利比较高，我们返点高达 60%，总部只有 40%，再加上各种行政开支，只剩 30%，然后再扣除六大区董事会、集团董事会和决策委员会的行政开支，其实有 93% 左右全部返还给了会员。早期有一些企业规模不大，甚至没有实业的，帮助我们介绍一个会员可以赚到 2 万~3 万元，到后期涨价之后甚至超过

3万~4万元，还是有动力的。

人是会做价值选择的。如果他真的没有赚钱，他是不会把原来的企业关了来做这个的。如果他真的把原来的企业关了，做这个，这个不赚钱，他还接着做，证明原来的不光不赚钱，还亏钱。如果有一批人很用心地在做，证明他们肯定觉得这么做比原来更好，如果比原来更差，他早就不做了。

为什么我们听到的是不赚钱的声音，因为赚钱的是不允许说的，也没有必要说，我们一贯的原则是不让说。没有赚到钱的，他会呱呱叫；有一些是赚到了钱，但是想把这边的人搬到别的地方赚更多的钱，他也会呱呱叫。你想一下，如果我们真的没有为他创造价值，可能吗？我们不去跟他们争，源于我们有底气，我们清楚地知道绝大多数是有价值的。

这个价值可能是各方面的。有一些人缺钱，在这里赚到钱了；有一些人不缺钱，家族关系不好的，通过研讨会和家族成员关系更好了；有一些人可能原来没有影响力，学完我们的《资本兵法》之后，影响力提升了。《资本兵法》不是一个纯粹融资的工具，是一套完整的体系，只要他觉得有价值，他就会留下，就是这么简单。

对于某些人来说，在原来的利润基础上增加5%，可能就是5亿元；但是对于有些人来说，在原来利润的基础上增长500%，也只有50元；有一些人一年下来是零利润甚至是负资产，你再怎么帮他，他也只是没这么快破产而已。

争议"添柴火"

有这么一个故事，有一个老和尚和他的小徒弟把他们的功德箱放在庙外面。有一天，小和尚发现有人偷功德箱的钱，就告诉老和尚，老和尚说让他去吧。小和尚就不理解了，小偷来偷我们功德箱的钱，那是我们的钱，为什么让他去啊？老和尚说反正这个钱也不是我们的，让他偷吧。第二天小偷又来了，小和尚说这个不行，昨天偷了，今天又来了，必须把他抓起来。老和尚说让他去吧，反正我们也用不了这么多。连着偷了三四天，小和尚急得难受，老和尚一点意见都没有，让他偷。过了一段时间，这个偷钱的人来捐钱，比他偷的钱多多了，捐完钱之后，那个小和尚说师傅我告诉你一个好消息，原来偷钱的人今天捐了钱，比他偷的钱多多了。那个老和尚还是一句话，让他去吧。

我们的大系统也是一个功德箱，在这个功德箱里有人真的在往里面添柴火，有的人在拔柴火，这都不重要。

有的人觉得"添柴火"是添给我的也可以，就像那个小和尚觉得功德箱的钱是他们的，但是老和尚知道这个钱不是他们的，就是这么简单。同样的道理，有一些人添柴火，添到这个功德箱里，表面上是给了庙里，是不是庙里用完了这些钱，用不了，顶多这些和尚可能真的拿一些功德箱里面的钱买米和油用于生活，同时也要花一些功德箱里面的钱，维护这个庙不要倒闭了。

在我们大系统里面也有人不添柴火，还拔柴火的，没有问题，让他拔吧，有一些人甚至拔了柴火还骂你，让他骂吧，这是他的功德，他种什么因，将来收什么果，跟我没有关系。如果种下一个善因，善因的果是他收获的，我有什么好开心的；如果种下一个恶因，有一天他要收获恶因所带来的恶果，我又有什么好伤心难过的。我只做好我自己，我知道自己该做什么就行了。说难听一点，我就是那个庙里的老和尚，我就守着这个庙，这个庙往外传播的只允许是正能量，至于他听到的是什么，跟我没有关系，跟他内心有关系。内心有善因，听到的就是善；内心无善因，听到的就是空无；如果内心都是恶念，我们这些方法可能让他变得更恶。就像一把非常锋利的菜刀，你给一个一级厨师，可能做出非常精美的食品；给一个砍柴的樵夫，他拿去砍柴了；如果给一个土匪，他看到这把刀削铁如泥，可能就去打劫了。

我只要确保我在这个庙里种的都是善因，我宣传的都是正能量的东西，我劝导每个人向善，至于他是否听得到，跟我没有关系。

还是那句话，你心里有什么就看到什么，如果心理有"利"，只看到利的话，宗教也是利。为什么我们有一些老板自己去建庙，他建庙的目的你真以为都是为了弘扬善吗？一些建庙的老板看到庙很赚钱，所以才去建庙。同样的，是不是每个和尚都是为了弘扬功德而向善的，有没有实在饿得难受，跑到庙里去当和尚，就是为了解决家里的生存问题的？也有啊。如果站在利益的角度来看，认为庙很赚钱，才修了更大的庙，人们肯定不希望越修越大；如果看到庙是为了弘扬功德，教化人类，让人向善，那是希望这个庙越建越小还是越建越大呢？

文华也是一样，我们向社会弘扬正能量，但有一些人看到的只是刘文华赚了很多钱。

那么到底要不要赚钱？如果就连我自己都赚不了钱，活不下去了，你还跟我学？

这是一个矛盾体，如果我们赚钱了，人家说文华就是想赚钱；如果我们不赚钱吧，比如说我们有个别的"财神"还没有学会资本运作的方法，没有赚钱，他们不也攻击说你们有一些"财神"自己都赚不到钱。那我们到底是有钱好，还是没有好？有钱吧，你说我赚了钱；没钱吧，你说我没有钱，不配当"财神"。所以还是那句话，心里有什么看到的就是什么。芸芸众生之中，有一些人心里有善的东西，有一些人有利的东西，有一些人有名誉的东西，有一些人有功利的东西，我们没有办法改变别人，我们坚持自己，这一点最重要。如果我们因为外界一说，我们就改变自己的，那才危险呢。

会员不是光对文华添柴火。在平台里面，很多人添的柴火，文华没有拿到一分钱，比如各期商会很多人添柴火，我没有拿一分，都在他们各期商会手里，他们商会拿了这个钱之后，为他们商会做了大量的工作，有没有个别的商会和执委接受了各种添柴火的款之后，自己拿到好处的？也不是没有可能，但总之我们不会碰那个钱。

简单一点来说，添柴火不是光给钱，我们说添柴火是功德，是慈善。慈善有三种：财施、法施和无畏施。不仅仅给钱就是添柴火，法施和无畏施都是添柴火。我们讲慈善系统的时候说，你不一定捐了钱就有功德，有时候你捐了钱反而有孽障，你不捐的话还没有孽障。我们很多人理解添柴火就是给钱，在我们文华不是这样，在文华里面，转介绍人进来多的，捐款多的，我未必对他好一些，转介绍人少，甚至完全没有捐款，但是在系统里面做了大量工作的人，我反倒可能对他更好一些，因为他真的在做法施和无畏施的事，也是功德，所以我对他更好。

"感恩、分享、添柴火"这7个字看起来很简单，但是这7个字把所有的宗教智慧和宗教的核心价值观都包括进去了。我翻了大量宗教方面的书，最后总结来总结去发现其精华用这7个字总结足够了，无非是站在"术"、"道"、"大系统"、"国家营销"、"无边界金融城堡"等不同的高度，有不同的解释而已，但最后所有的东西都包含在这7个字里面了。

北京有一个大庙的住持，同时也是国学院的院长，在佛教道教方面都很有研究，也学过我们兵法。他每天穿着袈裟来学兵法，学完之后不停地竖大拇指，说没有想到《资本兵法》这么简洁的东西居然把所有宗教的智慧全部概括进去了。

"年会接受赞助是个错误的决定，我要承担责任"

很多人认为我赚了很多培训的钱，其实在这方面我真的没有赚到钱。2011 年全年会员 200 个不到，其中还有很多是免费的，刚开始时，一定级别以上是免费的，赚的钱到 2012 年 1 月份年会的时候，四五百人免费吃喝住玩，全部花光了。2012 年的时候效益好一些，2013 年 1 月份的时候，7000 多人免费吃喝住玩又全部花光了。很多人觉得不可思议，2011 年这么说了，2012 年年会做到了，人家还观望一下。2012 年又这么说，2013 年年会的时候 7000 多人果真又全部免费，花光了。

2013 年发展得很快，结果 2014 年年会我没有全部埋单。因为有一些企业家在说我，他说刘老师你太自信了，一个年会，文华已经在全国这么出名了，不需要打品牌了，就不能让我们也打一些广告吗？这个年会，每一个城市 1 万人，6 个城市 6 万人，如果我们打一个广告，让 6 万人都知道我们的品牌，也是共赢啊。后来收了几百万元的广告费，事实上这几百万有很多都没有收到，比如有人承诺说捐 30 万元，其实是先付了 10 万元的订金，其余的 20 万元没有付款。年会之后，他们知道我的性格，知道我不会去追他的款，没有给，追多几次不给也就算了。这样一来反而把我们的气氛搞坏了，所以我说年会接受赞助是一个完全错误的决定，我自己要承担所有的责任。

所有的费用全部花光了，结果人家看到的是什么，今年没有花光，留了钱，看来文华是想赚钱，所以才会有千奇百怪的声音出来，原因就在这。

为什么要在年会上花光？是因为其实也没有多少钱，第一年一两百万，对于做金融的人来说算钱吗？第二年一两千万对于做金融的人来说算钱吗？我们不靠培训这一块赚钱，因为做金融的人如果真的有系统，有信用，哪一个地方随便用一下不都是钱吗？非要我把钱赚到面上给大家看到？我不需要。

我现在做的是"金融扫盲"

我1989年9月份进的大学，那个时候中国的股票市场刚刚开始，我开始研究金融，买了大量金融方面的书来看。看完之后，我觉得这些根本不是金融，纯粹是一个赌场，当时我已经作出判断，这个不是什么好东西，但是为什么全世界这么流行？所以我一开始研究金融是从批判的角度研究的，整个全产业链的思维体系也是从那个时候开始萌芽的。

大家都知道，金融不创造价值，只转移价值。金融要创造价值，这个社会才可能进步。《资本兵法》整套体系内容架构设计，最重要的目的是解决现在中国绝大多数企业家处于金融文盲的状态。可以说，中国99.9%的企业家在金融方面是无知的，处于扫盲的阶段，根本就不懂。有一些人一学完之后，发现金融工具可以这么用，就疯狂借钱，借了钱干什么也不知道，但是还借，因为以前没有见过这么多钱，没有想过有这种方法可以拿到钱，先拿到再说，拿过来不知道该干什么好的，就疯狂地乱投，这个过程是阵痛期，必须经历。就像改革开放初期，很多人下海做生意，千奇百怪的事情都会发生，没有办法。

广州亚运会的时候，一开始实行地铁免费，很多人都跑去坐，导致地铁瘫痪，只好叫停。国家就比广州市政府要高明，高速公路过节的时候免费，第一次免费，高速公路成了停车场和垃圾站，没有关系，第二次节日的时候照常免费，不堵了，有谁闲得没有事干，因为免费就都出去。如果当时亚运会的时候，广州地铁免费，一堵，不管它，让它堵个两天，到第三天自然就不堵了。

金融也是一样，很多人从来不懂金融，没有听说过，但是一旦知道之后，必定经历阵痛期，就像高速公路上的停车场，但是你还得坚持，再坚持下去，经过这一轮的阵痛，后面的人就会开始走向平坦的大道。

全国做金融普及教育的只有我们这一个平台，只有我们在不停地告诉所有的企业家，"实业是躯壳，金融资本运作是灵魂"，实业一定不能丢，但是不是每个人都可以听到呢？不一定。有些人觉得金融这一块来钱太快，就忘了实业，但是当金融这一块出问题的时候，会想起原来刘老师说过实业是躯壳，现在成了没有躯壳的灵魂，当然不行。

不管做市场营销也好，管理也好，还是策划也好，还是整体的战略定位也好，过去很多年我在这些方面本来就擅长，我曾给多家世界500强企业做过顾问。但是这一块做完和设计好之后，重点是引导这些企业走向更高的高度，我们要引导企业经营的是大系统，而不是仅仅经营公司，要把公司系统里面四个方向的所有资源都调动来为自己所用，而不仅仅是自己公司的实物资本、货币资本。

公司系统的经营，就是一个企业将来可以成为跨国机构的一个最重要的架构设计，金融工具是它能够快速做强做大的工具，这两个东西很多的企业用得非常好。但是也有一些真的是没有资产的，本来底子薄，学完之后，只知道借钱。有的时候看得我也心痛，心痛没有办法，就像高速公路成了停车场，谁看了都会心痛，但没有办法，这是社会型人群在一个新的行业福利来临的时候必然出现的一种状况。

总之每一次免费，或者给到好处的时候一定会哄抢一下，哄抢完了之后，就会回归理性，就不哄抢了，这是人性，谁也改变不了，只能去面对。有人对我说，"刘老师，我真的发自内心很敬佩你，很尊重你，我也知道你讲的完全是对的，但是我现在真的没有钱，你让我过一把有钱的瘾好不好"，这个时候你怎么办？这就好像灾民饿了很多天了，突然之间有饭吃了，就拼命吃，你在边上再怎么说吃慢点，会噎着，他才不怕噎着，噎着再说。

所有真正理解金融的人，一定要站在国家营销的层面。今天中国太多的所谓金融学家和经济学家不懂，站不到这个高度，只看得到钱，他把金融当作生钱的工具来运作，这是很可怕的，说句难听的叫做祸国殃民。

我很愿意为国家做做试验田，在这个试验田里面他觉得在这个地方用得不错，觉得用得有道理，说不定放大了在国家也可以用，随时拿走，没有问题。

我的财富观很清晰，一辈子花不了多少钱，要再多也没有用，我不需要他再给我钱，我自己养活自己。只剩下 36 元的日子我都过来了，更何况那时候没有社会阅历，没有经验，也没有社会影响力，到今天更加可以。

39 个字为什么是"普适"价值观

做金融要有信用，但是光说讲信用没有用，信用是要有东西来支撑的。信用的基础是守法，连国家法律都不遵守，没有信用可言。黑社会倒是讲信用，但是这种信用不能要。

要支撑信用这套体系，必须要有一套完整的理念架构，按照我们文华的说法，就是理念和价值观。如果没有这套完整的理念和价值观，就没有办法真正做到信用，就算做到信用，也可能走歪了，创造的可能是负面的东西，可能不仅不是有利于社会的，还可能是有损于社会的，所以必须有一套完整的体系。

在这套完整的体系里，我总结了各种应该做的内容，列了一大堆，之后把最重要的无法替代的全部放进去，再进行删减，再优化，最后成了 39 个字。

做人做事，待人接物，与他人相处，与社会相处，与国家相处，甚至国家与国家之间相处，跑不了这 39 个字。拿任何社会现象来分析，我能告诉你这 39 个字哪个字没有做好，所以出问题了，任何一个人成功，某个事情之所以做得很顺，我告诉你拿这 39 个字套，一定是他符合了这 39 个字里面某一个字，某一个词，或者某一个理念，所以他成功了。

简单一点来说，不管从哪个角度，这 39 个字都可以解读。按照我们文华的"术"、"道"、"大系统"、"国家营销"、"无边界金融城堡"的五个层面，这 39 个字一样解释得通，而且传递的都是不同的高度。

比如"合法"这个词，从"术"的角度来看，这是一种生存技巧，如果你要达到一个什么目的，这个目的表面上来看是不可达成的，但是如果可以用合法的流程获得，这个东西就是你的。

另外，合法又是一种"道"，如果想长期持续稳健发展，你必须做到合法这个"道"，你才可能长久。站在整个大系统的角度，如果是两个人相互之间做这个事情，可能未必合法，但站在大系统的高度，把这两个人变成一个系统，就可以做到了，而且就合法了。

国家营销角度，要求大家合法，国家也要合法，如果不合法，视法律为玩物，再怎么要求下面的老百姓合法都是做不到的。

无边界金融城堡的研究是没有国界的，没有行业界限的，没有区域界限的，是全球化的。站在全球化的角度来说，国家与国家之间有国际法，或国际公约，为什么美国不遵守国际法，要求别人遵守，搞霸权主义，所以真正发自内心服美国的没有几个。站在无边界金融城堡的高度，"合法"遵守的是国际法，国际公约，国家与国家之间制造的是和谐，而不是战争，是互相的扶持，而不是互相的掠夺，这个很重要。

有很多个国家的大使都听我讲过这 39 个字，都完全认同，原因就在这里，因为每个国家就像人一样。人是所有家庭的组成元素，也是国家的组成元素，也是地球上智慧的元素，只要是一个活人，他骨子里都是有善根的，不管他是干什么的，不管是处在什么社会地位，不管是社会的哪个阶层，不管是贫穷还是富有，只要把这一套体系宣传出来，有善根的人骨子里的那一份善根就会被唤醒，自然就会认同。

当然，站在不同的高度感知到的东西不一样，我们企业家听到之后，觉得这套体系很好，对我这个行业有帮助；各个国家的大使参赞听完之后，觉得可以为世界带来和谐，因为他是站在国家与国家之间的关系来听这39个字。

同时，从商业的角度来说，39个字里的每个字背后都是一种商业模式。有人的地方就有商业模式，甚至有动物的地方都有商业模式。不要把商业这两个字简单理解成做生意，商业就是价值转换模式的一种设计，商业模式就是价值流向。从羊群的角度来说，也是有价值流向的，整个羊群里面必然有一些有价值的东西流向，比如3000头羊的羊群，所有的价值通过方方面面向其中几个核心点流动，然后积蓄在这里。

狮群也是一样，也有一套商业模式。人群更不用说了，站在全球的高度，国家与国家之间有商业模式，联合国不也有一个商业模式吗？奥运会不也是一个商业模式吗？同样，我们说沃尔托·罗斯托的一套体系，说穿了也是一个商业模式。

既然我们能够把商业模式理解成一种价值流向的引导，什么东西不是商业模式呢？39个字是符合自然法则的"道"，"道"是一条路，是一种规律，也是一种商业模式。这39个字符合了自然法则的"道"，如果你懂应用，当然就是商业模式，如果没有站在这个角度，你就理解不了。理解不了不关"道"的事，自从有了自然界，"道"就存在了，有植物以来，甚至没有植物之前的无生命状态时都已经存在了。你说细菌和细菌、菌类和菌类之间没有"道"吗？也有道啊，而且这个"道"从来没有改变过，跟今天的"道"是一样的，既然有"道"也就意味着有价值流向的趋势。

这 39 个字综合了社会学、经济学、政治学、管理学、宗教学所有的智慧。我们的《资本兵法》，从 PPT 到我讲的这些，你要多加几个字和减少几个字是很难的。39 个字我推敲了整整几年，我一开始做就知道必须要在里面赋予精神和灵魂。我发现它不光在中国有效，走向全世界任何一个国家都有效，在社会主义国家有效，资本主义国家也有效，在一些半奴隶制半封建制的国家，或者世袭皇族的国家也同样有效。

我们为什么要推"诚信体系"

自 2013 年 1 月份诚信体系第一次召开上线会议后，我就讲过要上这套体系，但是没有动，一直到 2014 年才动，有几方面的原因。一方面，2013 年还不是最恰当的时候，很多人还意识不到，你推，人家不理解，从市场的角度和发展的角度来说不是最恰当的时机；另一方面我们的准备不够，我们到美国信用局和世界各国的信用局去了解后，再了解了中国银行的信用体系，之后我们才推出了这一套东西。

最近国家也打算要推一套信用体系，但是国家推也好，银行推也好，肯定没有企业推得好。国际上已经有几百年的历史，包括美国信用局 200 年的历史，已经证明了只要是政府主导的，金融机构主导的，最后都符合不了市场的需要，因为灵活性不够。只有企业来做这一套体系，按照市场法则，才能真的满足老百姓对于信用的需求。

金融机构的信用体系只保护金融机构的利益，保护银行的利益，保护贷款人的利益。政府推出的体系一定是保护政府的利益，即使能兼顾老百姓的利益，但是当两者出现冲突的时候，谁出钱就保护谁。

如果一个企业按照市场化法则运作，就必须保护所有消费者的利益，消费者是谁？就是所有有信息查询需求的人。因为它要满足自己的市场需求，所以必须做到完全公正和透明，否则的话没有办法生存。

当中国人到美国去做生意，需要它的信用记录的时候，是没有的，只能向银行拿。说一句难听的，其实银行的那一套信用体系满足不了美国的需要，除了你在银行有没有信用卡，贷款有没有及时还之外，就没有了，中国其他的任何平台机构没有信用记录，美国对于中国的信用状态一点办法都没有，就只能不贷，但是这对于中国的发展是极为不利的。

我准备花三到五年时间把这个体系打造好。我们很多中国人空着手到美国去，贷美国的钱，在美国做投资，赚钱，买美国的物业，我只要出具信用报告，证明这个人是真的讲信用，在美国赚了钱之后，把美国贷的钱还给它，利润留下。我们很多中国人就有在美国白手起家的可能了，否则的话是没有可能的。中国人到美国去贷款，没有抵押物，没有保证金，没有人担保，是不可能的，至少是很难的。这令我们中国做国际市场的时候失去了一个非常强有力的工具。所以我们要把这套体系做起来。

我们中国的老百姓认为有很多东西应该是政府做的事，但是实际上不是，本来是应该由市场来做的，只是因为中国很多人习惯了政府说什么，做什么，政府没说的不敢做。我们文华，清楚地知道这个发展规律，就算中国现在没有说可以做，但早晚一天会说可以做，而且一定要做，不做不行。所以我就先准备着，我不做，等政府一说可以做了，我就是第一了，我比人家早了两年，早两年准备，一旦推出来，肯定比别人快很多，有优势。

经营规模越大的企业家，越有感恩心；越有感恩心，就越成功。这个过程令他建系统的意识更强。企业越做越大，不用钱可以办到很多事，只需要无形资本，只需要信用两个字。有的人企业规模小，没有享受到系统带来的机会和价值，所以他对系统和建系统的重要性理解就弱，甚至感受不到建系统有什么好处，他说我也邀请几个人来学《资本兵法》，我也建系统，但是这些人都不帮我，这时他不知道检查自己，不觉得是自己出错了，他觉得是周边的人不帮他，所以建系统没有用。因为理解不到系统的价值，更加理解不到信用的价值，因为系统的基础是信用，离开了信用，建再大的系统也是白搭。建了一个大系统，一大堆的人在一起，但是你自己不讲信用，令一整群人都不讲信用。

只有发自内心对"信用"两个字无条件地敬畏，才能真正理解信用的重要。金融的根基是信用，离开了信用就没有金融，自然而然当他有信用基础，就可以拿金融工具和《资本兵法》来用，一定会非常见效，令企业发展得非常快。

一些小的公司因为不珍惜信用，甚至藐视信用，这时候金融工具拿来用是没有效果的。金融这个东西是需要循环的，不断流动的，如果能进来一点，又不创造利润，后续进不来，是要出问题的。后续一出问题，资金链一断，就要跳崖。这就是有一些企业为什么会出现融资时好像很辉煌，过一段时间不行了，又过一段时间负债累累，再过一段时间要么是跳楼，要么是破产的原因。

讲信用的大公司和相对比较成功的公司因为对信用无条件地抱有敬畏心，金融工具怎么用都行，而且可以源源不断形成良性循环，就算企业规模扩张时有负债，但是因为金融工具可以帮他生生不息地循环，又可以创造力量，最后可以带来极高的利润和价值。

信用需要两种力量：一种是内部的，发自内心的对于信用的需求和敬畏心；另外一种是外部的，即违反信用的高昂的成本，也叫"被迫信用"。我们政府既不在心灵的自我修养层面提前做信用的宣导和教育，在制度上也没有确保违反信用要付出高昂的成本，就开始做金融体制改革。这是非常危险的，为什么？因为人本身有很多与生俱来的贪念，如果金融工具一放开，却没有设置违反信用将要付出的沉重代价，后果不堪设想。

比如我们系统有个别的人，因为不懂得信用的重要性，也忘记了资本运作的目的是利润，而不是资本金本身，最后被抓进去坐牢了，也有个别的要跳楼，为什么？就是因为这些人理解不了信用。

这就是我为什么对于现在国家的金融体制改革很担忧的地方，这就是为什么国家不干，我们干，我们搞信用体系，诚信备案制度。你如果违反过一次信用，一辈子都会记在上面，就算你还完了钱，还是记在那里，只要人家做信用查询，马上就可以知道这个人的诚信观念。

"我的管理哲学来自动物世界"

文华用 13 个人，去管理 30000 人，这里面的管理学问很大。我认为最重要的，是要符合自然法则。

比如，"没有管理的管理"。有管理，但是没有管。这也叫社会化管理体系。这是从动物世界那里学来的。羊群和狮群都是社会化的动物，蚂蚁、蜜蜂都是社会化动物，里面有很多的规律。人家一头羊，带着几千头羊，可以让整群羊乖乖地听它的，羊群里没有警察，就一头领头羊，狮群里也没有警察，就一头狮王，很和谐，很团结，你见过羊群一起来吃而争吵的现象发生吗？除非灾荒、洪流，一般情况下，头羊先不吃，让其他的羊都吃饱了，自己再吃一点青草，草根，所以才成为头羊，这就叫自然法则。

文华总部包括我在内永远就 13 个人，我不会增加更多人，按照社会化管理体系，管理团队、行政人员，是靠其他人给的钱吃饭的，就不能庞大，机构一臃肿，成本一高，养不活怎么办，就只能问其他人要，手伸得太长，最后下面的人就有意见，到一定程度就要反抗。你去看动物世界里面有没有见过一个庞大的机构来管着一群羊，没有的，狮群里面没有，蚁群里面也没有，社会化管理体系就是这样的。

因为我们不是一个完整的社会，这个社会外面还有很多个社会，而且交叉，在我们这里，社会化管理体系一旦大到一定程度之后，就会有点变样，但是只要总体的核心是好的，就没有问题。比如说羊群里面来了一群狼，肯定会有一阵混乱，这群狼走了之后，这群羊又归于平静；狼群里面来了一头狮子，狼群一阵混乱，混乱完了之后狮群走了，狼群就又平静了。

再比如，脉络化管理体系，没有上下级关系，在这个脉络里面你是上级，在那个脉络里面可能你是他的下级了。例如，我们集团董事这个层面，有执行董事和普通董事的区别，还有董事长，但是这些集团董事去到另外一个架构里面，比如去到老板节，又只是一个普通的会员而已，这个时候必须听老板节的负责人的，再去到另外一个架构里面，比如行业联盟，行业联盟有盟主，你又必须听盟主的，你在这里什么都不是。在不同的架构和不同的脉络中，它的角色是不一样的。每个人都有多个角色，在大系统里至少有 5 个以上的角色，在这个角色里面是最牛的，可能级别是最高的，到另外一个架构里可能是普通一员，这样有一个好处，可以消除它的特权意识。

又比如，系统化管理，用系统来经营公司，人家都是说用人来经营公司，最后用公司来经营公司，我是用系统经营公司，再往上一点是用社会来经营公司，我们正在这么做。文华大系统就像一个大宇宙，一层一层往里面，中间这个小核心就是万有引力之源，它看似没有做任何事，但是就有这么多宇宙之中的东西围绕着它。

我很少看管理学的书，但是我喜欢看自然界的纪录片，有的时候可以悟到很多东西，随时拿起来就是一个教材，一个解决问题的工具，甚至就是一个武器。

"用人只用最合适的"

我用人，最重要的是看他过往的呈现，心正很重要，简单一点说就是没有私心杂念，决策某个事情的时候不会因为屁股决定脑袋，站在个人利益的角度做决策。有一些人很得人心，一PK，一投票，得票很高，但是他骨子里是考虑自己的利益多过整个大系统的利益，这种人再怎么得人心也不合适。

大系统里除了决策委员会，其他的都是竞选出来的，只有这个架构是我直接点名的，没得商量，没得选择。决策委员会是一个团队，7个人，就应该有一些互补。比如有人敢说真话，甚至敢否定我的观点；还有一些人在系统中影响比较大，绝大多数人都是认同的，否则的话决策委员会做出的决策下面的人都不服气，那也不合适；还有一些人思维特别缜密；当然还有个别的是跟我们的基层会员链接得特别多。总之各有各的特点。

其实竞选有好处，但是竞选也未必完全好，没有经受住时间考验的东西，始终未必是最完美的。

但是如果没有竞选，就更不行，连民意都失去了。之所以决策委员会可以钦点，是因为在集团董事会成员内部，大家都是经受住了长时间的考验，都很优秀，我点任何一个人，其他人都不会有意见的，而且只会有利于工作，这个时候竞选就没有必要了。

确定名单前，我会让他们之间互相沟通和聊天，让他们自己讨论，哪个人适合加入决策委员会，他们自己聊完之后，我再找你谈话，我只会告诉你如果把你选入决策委员会，你怎么看，另外还会问除了你之外，你觉得谁适合，为什么适合，如果你不适合，原因在哪里，听他讲。实际上这也是在投票，只不过他们不知道在投票。

跟集团董事聊完之后，再跟每个大区董事聊，再跟普通会员聊，跟顾问团聊，这么几年下来，也觉得这个人合适，那就合适了。

我认为不是选择最优秀的才是对的，而是选择最合适的才是对的。只有合适的才是最好的，我们很多人说某个人这么强，为什么在大系统没有表现好，某个人能力好像不怎么强，实业也不是太大，实力也不是太强，为什么还有这么高的位置，因为他很适合，它的标准符合我们大系统现阶段的需要。

"不回应，不评论，不攻击"

文华一路走来，路途并不平坦。刚起步的时候，才几个学员的规模自然风平浪静。随着慢慢做出一点成绩，就开始引起竞争对手以及社会各界的关注。各种批判、抹黑文华的言论也随之而来。但是，文华人却一直无条件坚持"不回应、不评论、不攻击"的原则（也简称"三不原则"），永远只在所有的攻击面前保持有则改之、无则加勉的原则，默默做好自己。

2013 年 8 月，一位小伙子在某周刊发表了一篇批判文华大系统的文章，对文华现象提出了质疑。

2014 年 1 月 8 日，文华在北京（华北区）、上海（华东区）、成都（西南区）、广州（华南一区）、深圳（华南二区）、长沙（华中区）召开会员 2013 年度会议，其中参加长沙（华中区）年度会议的有关人员就超过1000 人，参加会议的人员被安排在长沙六七家高档五星级宾馆。在这之前几天，文华的很多会员都陆陆续续到达了年会的举办地，办理了酒店入住手续。

然而，就在年会正式开始的不足 23 小时前，即 2014 年 1 月 7 日下午，长沙市公安局天心公安分局向承办"文华国际 2013 年华中区联谊会"的湖南某文化传播公司下达了《撤销行政许可决定书》，突然叫停了已经在一个多月前就获得了合法批文的"文华大系统"的长沙年会。后经了解，背后的举报者，正是写上述文章的作者。

后来，很多人拿"长沙事件"来做文华的文章，进行各种攻击，但我们坚持"不回应、不评论、不攻击"的原则，没有一次正面回应过。

或许是不打不相识，到今天，我跟这位作者居然成了朋友。当他进一步了解文华之后，不由得发出"其实我们都是为了中华民族的伟大复兴这一个同样的目标啊"的感叹，并责怪说"你们怎么不早点派人跟我解释一下呢"。

一波未平一波又起。2014年9月，某企业由于经营不善破产，但其股东不总结自己，还无端把责任赖在我身上，因为我给该项目做过风险投资和借过钱给他们，并在网络上引起轩然大波，甚至惊动了多个政府部门来关注文华，结果发现文华非常规范，是家好公司。

对于这一切，不论在网络还是媒体上，文华都没做任何的回应，甚至在系统内的微信群里，从始至终一言不发，只是默默地做好所有日常工作。像这样在狂风暴雨般的攻击中仍然岿然不动的，全国几乎没有几个人能做得到，文华却为了践行自己提出的"三不原则"，忍辱负重前行，真的做到了！

除了这些，还有人无中生有说我转移了多少亿资金到国外，自己和小孩已经移民加拿大，到国外讲《中国规划》是为了不回来，甚至还有人更离谱，说我和老婆实际上早都已经离婚，等等。

由于文华坚定地坚持"三不原则"，很多的时候自己完全占着理、根本没任何过错都坚持保持沉默，导致有不少人以为文华可能有什么把柄在别人手里，甚至觉得文华软弱可欺，所以故意挑衅。

而实际情况是，我从来没有转过一分钱出国，不仅没有办理任何国家的移民，还多次在公开场合宣布"永远只爱中国，终生不移民"，夫妻感情更是非常好，家庭也非常幸福。

文华人清楚地知道，当别人攻击我们时，我们作任何回应都是没有意义的。而如果在别人的攻击中不断修正自己，完善自己，最后让自己成功，才是硬道理。我们坚信，做好自己就是最大的慈善。只要自己行得正，坐得端，不用去理会外面无中生有的杂音。如果真的有人不理解自己甚至自己受了什么冤屈，也只能说明自己的正能量的场域还不够强大，导致还有负能量敢于挑战自己。只要永远正面，行得正、坐得直，最终时间会证明一切！

"政商跟政治没有关系"

很多人问我如何处理政商关系，在我看来，政商跟政治没有关系。

首先我们要搞清楚什么叫做政治，什么叫做政商关系。政治就是什么主义啊，政商关系是指要跟政府做一些必要的链接，按照政府的政策和要求来做事。总之国家政策一出来，说这个可以，我们符合政府的要求，为政府创造价值，做事，满足政府的需要，这个叫做政商关系。简单来说就是把政治和政策分开，政治是形而上的东西，有关黑和白的问题，政策是什么？比如，国家说金融改革放开，允许民间资本进入银行，这就是政策，我们做生意的不研究政策怎么做，不需要去研究政治。

我们一直的理念就是为政府创造正面的价值，满足政府的需要。政府是老板，我们是员工，这是我经常说的原则，在公司你是老板，打工的是员工，从政府的角度来说，企业家是员工，政府是老板，员工必须满足老板的需求，就是这么简单。

刘文华其人其事

刘文华是谁?

网络上，书本里，关于他的介绍只有寥寥数语。虽然无数次地站在讲台上，但刘对自己过往的经历却鲜有提及。许多人都想知道他的故事，但许多人听到的都只是"传说"。

这个一手缔造了培训行业传奇的人，到底是何方神圣?

家中长子

1972 年，刘文华出生在江西宜春的一个普通工农家庭。父亲是当地某轴承厂的一名干部，母亲在家务农。家里还有一个姐姐和一个弟弟。

据刘文华透露，在整个家族里，刘文华家从曾祖父起到刘文华这一辈，都是家族里的长子。家族里面对长子的教育和对其他儿子的教育不一样，对长子的要求和期望显然要更高一些。

作为家中长子，从祖上传下来的家族口训是一定要背得滚瓜烂熟的。刘文华小时候背不出来父亲就拿鞭子打手，用三四公分宽的竹鞭打，打的时候还咬着牙铆足了劲。刘文华小的时候很恨父亲，他觉得父亲太狠了，不像对自己的儿子。他甚至经常问母亲，他是不是父亲亲生的。

上个世纪 70 年代末 80 年代初，中国农村仍处于赤贫状态，物质极度匮乏。不过，因为刘文华父亲在单位里是个"小头目"，家里还过得去，甚至还有时能接济一下叔叔和舅舅家。不过，除了正常收入，家里却从来没有因为父亲的"特权"得到任何好处，甚至连该得到的都拱手让人。那时候厂里的效益不错，每个月会给职工发白糖，到了夏季发西瓜、啤酒，这些东西都是整个车间平均每个人发一份，但刘文华的父亲从不带回来，直接在车间就送人了。

现在回过头来想想，可能叫慷慨、廉洁、无私，但在当时，刘文华觉得父亲很坏，他理解不了。但父亲从来不解释，"你问他，他就望着你，等你说完了，他就走"。在这点上，刘文华认为自己跟父亲的性格有一些像。

刘文华的父亲小学都没毕业，但16岁就入了党。在刘文华看来，这是个怪事，但父亲却从来没有正面回答过他这个问题。

刘文华小时候就听长辈们讲，刘家在曾祖辈时是一个大富之家。他曾祖父在世的时候，站在老家山顶上，向四周望过去，望得到的地都是刘家的，但是他老人家能够在几年之内吃喝嫖赌全部花光了。

当时所有人都说他是败家子，但之后却没人不佩服他的智慧和精明。就在刘文华的曾祖父因为吃喝嫖赌全部亏光后两年，中国开始了斗地主分田地的狂飙运动，曾祖父家因为一贫如洗，被评了一个贫下中农，幸免了残酷批斗。

但无论如何，按照曾祖父那种"复杂的阶级成分"，父亲是不能入党的，随着年龄增长，刘文华越发觉得父亲不简单。

刘文华小时候觉得父亲对自己不好，却对弟弟很好，弟弟小时候很淘气，做再多错事，父亲从来不打不骂，而且也没有教他。现在回过头来看，刘文华才知道父亲是真的严格遵守了祖训，传长子不传次子，很多东西只教刘文华，而且他跟刘文华说，教的这些不能跟别人说，对弟弟不可以说，对任何人都不可以说。

与父亲的偏心不同，母亲对刘文华是偏爱。

这种偏爱更多地表现在一些生活细节上。刘文华吃饭时剩了饭，刘母高兴地跟人家说大儿子的饭就是吃不完，说明将来他会非常富有，有吃不完的饭。刘文华犯了错误，母亲也只会说，怎么你也会聪明一世，糊涂一时，没有关系，重新来过。在刘母看来，大儿子犯了再大的错，她都只认为是糊涂一时——说他"糊涂一时"之前还一定要加上"聪明一世"。

刘文华母亲家是书香世家，外婆读了五年私塾，任何时候都保持着一副大家闺秀的样子，80多岁还显得很年轻。他母亲受他外婆的影响很大，念书念到初中毕业，是校篮球队的队长，遭遇三年灾荒的时代，刘母都没有饿肚皮，因为她是运动员，要保证吃饱，所以她还经常偷偷地抓一个饭团回去给刘文华外婆。她18岁时，还没结婚就被推选为当地的妇女主任。在子女教育上，她也很有一套自己的方法。

和很多小孩子一样，刘文华小学时候也做过卖冰棒的买卖。第一次卖冰棒进了30根，回来数了一下只剩下28根冰棒的棒，因为28根冰棒都化成冰棒水了，一天总共只卖掉了2根。之后刘文华又开始卖西瓜，他拖辆板车，在农村进西瓜，之后拖到马路边上卖，利润不是太高，但是卖得很好。刘文华说，那个时候，他就懂得在西瓜摊上面搭个架挂一块红布，夏天太阳一晒，下面的西瓜切开个个都红。之后刘文华还将一个西瓜切成几片，一片卖几分钱。

刘文华收到的硬币一般都留着，拿回去后交到母亲手里。刘文华母亲就把硬币10个一摞摆在那里数。刘母喜欢数钱不是因为喜欢钱，是故意把这些钱数来给刘文华他们看，让刘文华有一种成就感，觉得做了件让母亲开心的事情，于是就有动力更努力地去做。

有人说，推动世界的手，是摇着摇篮的手。一个家庭，哪怕家徒四壁，只要有一个正直、勤劳、善良、乐观的母亲，这样的家庭就是心灵成长的圣殿。母亲对孩子的影响力，犹如一股永不间断的力量，将持续影响孩子的一生。对刘文华来说，这话尤其适用。

刘文华的自信在严父慈母的传统模式下渐渐训练而成。在他看来，这一份自信可能不是每个人都有，这源于家族内部作为长子的血脉传承。他一直笃信，作为长子，他生来与众不同。

刘文华在讲述《资本兵法》时，经常用到一个词——心力。他说，内心的力量强大，就没有解决不了的问题，当你的内心力量不够强大，一点点的小困难，你也会把它看成泰山这么大。但如果心力强大，就算真给你一个像泰山般的困难，你也会告诉自己，只要一步一步向上攀登，一定可以克服。

刘文华说，他在困难面前从来没有任何畏惧，困难越大，反而越有力量。"我们一路走来，曾经发生一些事情，如果换作别人，可能就退缩了，停下来了，但是我不会。我曾经说过一句话，国家不让我干了，我会马上停，我不会问一句为什么，但只要是国家不要我停，用各种方式威胁和恐吓我的一些人，我把他们当作不存在，他们吓不倒我。"

物理狂热分子

刘文华5岁就入了学。从小家里就教育他要争先创优，刘文华自称小时候一直是个"乖孩子"，从小学一年级起开始当班长，初中成了团员之后，就当了团委书记，高中时要么是班长，要么是团委书记，"三好学生"的称号几乎每个学期都没落下。大二时成为校学生会主席，一直到1992年大学毕业。毕业时刘文华才20岁。刘文华说："在班上我一直是年龄最小的，官最大的，从来都是这样。"

刘文华对物理特别感兴趣，他说，这得益于他的第一个物理启蒙老师。"他不是在教物理，是教物理研究的思维。"刘文华说。

何谓物理思维？刘文华解释："任何一种社会现象都可以根据某一个逻辑关系或者是某一个现象推论出来，比如我们说摩擦阻力到底有多大，跟它的压力、摩擦系数等相关，是可以推论出来的。"

刘文华学会这种思维之后，就开始自学。刘文华把初中物理都学完后，又买来高中物理的书，自己练习推论，很多高中物理的方程式就这样被刘文华自己推论出来。到了高中，物理老师是一位大学刚毕业的老师，对教育充满热情，学生想学什么，他就教什么，根本不考虑高考之类的现实问题。高一时刘文华已经开始做光学实验、电磁学实验，"其中，有些是所谓的大物理学家们解决不了的物理学前沿问题，我们已经在做相关实验了"。刘文华说，高中的时候，他就已经学完了量子物理等大学物理内容。

高中三年，刘文华几乎是在对物理的一种狂热迷恋中度过的。高考时，刘文华并没有取得优异成绩，最后上了江西宜春学院。到了大学，刘文华学的还是物理，研究太阳为什么那样转、地球为什么这样转之类的问题。

大一第一个学期，刘文华写了一篇论文，叫做《场气论》，论证星球之中存在的一种能量，这种能量不是地球表面的电磁场，而是天体与天体之间的能量，现在刘文华喜欢把它叫做"宇宙能"。但是当时他没有找到一个准确的词，他在论文中说这种能量像一种气体一样，很稀松，但是又弥漫在每个角落。

刘文华把写的厚厚一摞论文交给了一位大学量子物理老师，希望得到这位老师的指点，那位老师是学院权威的量子物理老师。实际上，对于刘文华而言，与其说是希望得到指点，还不如说是希望获得赞美与认同。

一个星期后，当刘文华满怀期待去找他时，这位老师反馈给他的信息却是：你才一个大学一年级的学生，大学物理还没有开始学呢，居然敢说是站在量子物理之上的高度写的？很显然，这位权威是被刘文华的年少轻狂惹怒了。

刘文华至今还清晰记得那位老师在论文纸上折过的痕迹，他很是心疼，也满腹委屈。刘文华说，之后，他在学校再也没用心学过物理课。他觉得没有人看得懂他研究的东西。

一直以来，因为考虑到刘文华在学校时一直做学生干部，家里希望刘文华从政，但是刘文华不感兴趣。他最初的理想是成为物理学家，拿诺贝尔物理学奖。可是刘文华通过研究金融发现，原来诺贝尔奖只是资本主义国家设计的一套游戏规则而已，于是乎对拿诺贝尔物理学奖也完全没了兴趣。

时隔 20 多年，刘文华对物理的兴趣一如既往，他宣称，现在他又有了两个新的目标：

一是到 2030 年用自己的实验室造出文华飞碟。他说，到那时，人们可以乘着他的飞碟到月球上吃个早餐，然后再飞回到地球上工作。

二是设计一个全球的文华奖，给那些热爱科学且在科学研究上卓有成就的人颁发。他说，这个奖项将超过诺贝尔奖，奖金比它多得多，如果诺贝尔物理学奖一年奖金只有 100 万美金，文华奖就给 1000 万美金，吸引全世界最优秀的人只来领文华奖。届时，他会设立一条规则：领了诺贝尔奖就不能领文华奖，领了文华奖就不能领诺贝尔奖。

2000 多年前，古希腊物理学家阿基米德曾说过："给我一个支点和一根足够长的杠杆，我就能搬动地球。"这种令人惊叹的自信，使他点燃了智慧的火花，发现了"阿基米德定律"。

那些对于常人来说"匪夷所思"的目标，在物理狂热分子刘文华看来，只要有一个清晰的"B 点"，然后倒推过来，步步按计划实施，就没有什么不可能实现的。

他说:"所有的物理现象都是因为此前很多个因的叠加,最后呈现这种现象。《资本兵法》里面有一句话,叫做'世界有因果,宇宙有轮回',很多事情都在因果之间,这个就是规律。这就是在老子的《道德经》里,被称为的'道'。"

他和太太陈凯旋

大学毕业时,刘文华被分配到一所中专教语文。刘文华回忆,那是他最痛苦的一年,工作不顺心,生活不如意,还被迫早早结了婚,有了孩子。20岁出头的刘文华感觉天都要塌下来了似的,不知道未来的路将要怎样走。他选择了逃避。

1993年,他揣着200多元钱只身来到广州。为了节省开支,他时常过着一块钱买三个馒头吃三餐的日子。

刘文华知道如果不赶快找工作,200块钱维持不了多久,所以下再大的雨,他都往外跑。晚上就看报纸找信息。那时候《广州日报》和《羊城晚报》有很多的招聘广告,刘就拿着一行行地看。

大雨将刘文华淋成了落汤鸡,到了应聘单位的楼下,刘躲到厕所里把淋湿的衣服拧干,抹平了之后穿上,面试时人家问衣服怎么湿了,刘文华说,是出的汗,没事。功夫不负有心人,羊城晚报社的某刊物要招记者助理,其实就是打杂的,因为下大雨,去面试的人少,刘文华最后被录用了。一段时间后,领导发现这个小伙子还能够做事,就转成了编外记者。记者的稿酬都是按字算钱的,有时候刘的文章被编辑砍一砍,完不成任务,一个月就领几百元的生活费。

刘文华说,最窘迫的时候,他的口袋里只剩下36元,因为离发工资还有很久，刘文华心想着完了，难道自己就要饿死在广州了。那时刘文华住在城中村的一个出租屋，就在他正为接下来很长一段时间的吃饭问题而焦灼不安时，意外地在路边发现一沓钱，捡起来一数，居然也是 36 元。刘掐指一算，按照吃馒头加喝粥的时间表，正好可以熬到发工资。刘文华说，那天，他就像打了鸡血一样，觉得自己捡到的不是 36 块钱，而是一个信念。他和自己说，老天爷都不想灭你，你就更没有理由自暴自弃，没有理由不做到最好。

来广州后，让刘文华觉得最幸福的一件事，就是认识陈凯旋，他现在的太太。在刘文华的记忆里，那时候陈凯旋就是一个小姑娘，刚从学校毕业到自己单位不远处的一家报社实习。生于 1977 年的她，只比刘文华小 5 岁，但刘认为从社会阅历看自己比她多差不多 10 年。所以刘文华一直将她当成一个小孩子。

两个人单位离得近，经常见面，而且都在媒体工作，经常接触，慢慢地就有了感情。后来，陈凯旋听说刘文华出来自己开广告公司，她也辞职出来，跟着刘文华。此后便一直帮他做财务、考勤等工作，没有人干的活她就干。

两人一直到 2003 年才结婚。刘文华说差不多是"抗战八年"，原因是她家里不同意。现在看刘文华风光，但 20 多年前的刘文华，就是一个吃了上顿没下顿的穷记者，住的房间还没有他现在的办公室一半大。

陈凯旋的母亲认识刘文华时，是刘文华来广州不久，刘文华在她的脑海中已经形成了一个刻板印象——又黑又瘦，头发又长。陈凯旋第一次带刘文华去家里的时候，她母亲已经预感到可能会发生什么事了，但她对刘文华很客气，夹了三个大鸡腿到他碗里。刘文华说，他好久没有吃过肉了，没两分钟，三个鸡腿就全部吃完了。等刘文华走了之后，她马上跟她女儿说："你看他像狼一样，连肉都没有吃过，跟着这样的男人，还了得，一辈子不是完蛋了。"

陈凯旋是客家人，客家人有个传统，一般只嫁客家人，不嫁外来人，刘文华又离过一次婚，所以母亲就更加不答应了，但女儿却一直坚持。"抗战八年，到最后他们也没办法了。"刘文华说。

在文华大系统，有一个幸福太太俱乐部，陈凯旋是发起人。她给幸福太太定了两个基本原则：第一条，老公永远是对的；第二条，老公错了请参照第一条。

20世纪90年代的企业有句话很流行，客户永远是对的，如果客户错了，请参照第一条。给企业做顾问的时候，刘文华就经常说这句话。两人结婚后，他把这句话改一改，就变成刘文华家的家规了。

"做到最好"的哲学

"做到最好"是文华大系统39个字价值观中的四个字，也是经常被刘文华挂在嘴边的一句话。这是他的做事原则，同时他也认为自己有"做到最好"的能力，这样的想法被一件一件印证后，以至于转变成他内心深处一种坚定不移的信念。他甚至甩出这样的"狂言"：只要他刘文华做的企业，就没有做不到行业里最好的。

有这样三件事对刘文华这种近乎膨胀的自信心的培养"功不可没"。其中一件事是他当记者时候的一段经历。

给新闻记者冠予"无冕之王"的提法最早出现在19世纪的英国。当时，《泰晤士报》被称为英国上流社会的舆论权威，主笔辞职后常被内阁吸收为阁员，地位很高。人们就称这些报纸主笔是"无冕之王"。

刘文华认为自己也要做这样的"无冕之王"，"那个时候胆子可大了，反正什么不给写，就偏要写"。他认为唯有这样才能体现作为一名记者的社会责任感和使命感。

上个世纪 90 年代中期，中国一二线城市开始涌现大量的贵族学校，很多学校利用学生高额的学费形成资金池去投资。为了吸引更多的学生就读，很多学校出台类似这样诱人的政策：假如学费是 6 年 50 万元，那么学生进学校的时候交 50 万，毕业的时候，50 万再还给你，中间不用再交学费。不懂金融的人看不懂，觉得还挺好的，占便宜了；懂金融的人知道这是一个风险非常高的集资行为，一旦学校经营不善，这些钱投资失败，资金链断裂，学校就要破产，后果非常严重。

当时，刘文华和另外一个记者以一个贵族学校作为个案，揭露了这种储备金制度的弊端。为了调查真相，刘文华还险些被这个学校请来的黑社会势力打击报复。刘文华说，他没有因此而退缩，最后那个校长甚至亲自来找他们谈判，想收买他们。

但最后，这两篇报道还是刊登出来了，文章引起教育部的高度关注，全国所有高校的储备金制度随后全部被取消了。

刘文华用一不小心成了"一代名记"来自嘲那段青葱岁月。

另一件让刘文华觉得自己"厉害"的事就是他是广东第一个把电脑卖进商城的人。1997 年下半年，刘文华已经从媒体出来创业，成立了自己的广告公司。上世纪末，电脑尚未普及，人们觉得它是高科技的玩意儿，刘文华却想着把它当做文具卖。到税务局申请的时候，刘文华说卖文具，税务局说可以，问他卖什么文具，刘文华说电脑，税务局说电脑算文具吗？刘文华说当然算了，是用来打字的。自此，刘文华的公司成了第一个把电脑当文具卖的公司，也是广东省唯一一个有增值税发票的广告公司。

原来都是在电脑城卖电脑，刘文华就把它搬到了商场卖。当时，广州的南方大厦、东山百货、王府井、广百等几乎所有广州知名的商城里面都有刘文华的电脑。

刘文华在商场卖东西是不交租金的，他选择了跟对方分成的方式。因为电脑的利润在当时比较高，一台电脑贵一点的可以净赚1000元，再差也有五六百元，商场看到了这样的商机，就要跟刘文华分红。刘文华的摊位比较大，每卖一台电脑他分给商场100元、150元，甚至200元。生意好的时候，刘文华一天可以卖两三百台电脑，一天的净利润二三十万元，收入相当可观。

卖了一段时间之后，TCL发现了这种商业模式，觉得挺赚钱的，之后七喜、联想也陆续进入。刘文华跟商场签了合同，合同上写这种合作模式商场不能签第二家。那个时候刘文华就已经懂得独占的原则。

所以这些大品牌只好租场地进来，之后就开始打价格战。随着电脑利润下滑，刘文华选择了退出。从进驻到退出，前后不过两年时间。这两年时间，让刘文华充分体会到尝第一杯羹的好处。

接下来几年，刘文华在开广告公司的同时，也给多家企业做顾问。当时给某橡胶集团公司做顾问的时候，他无意中了解到避孕套这个产品的利润很高，一盒二三元钱的成本可以卖到二三十元钱。那时候市场以国外品牌为主，"在中国像这样利润可观的产品真的不多，既有经济利益，又有社会价值，为什么不做呢？"

刘文华说的社会价值，是指那些年中学生堕胎现象很严重，而避孕套使用及其知识的普及能避免很多社会悲剧发生。刘文华为自己的商业行为找到了一个非常正面的动机和理由。"我做任何的事情一定要找到正面的动机和理由，如果找不到的话，赚再多钱，我也宁愿不做。"

广告人的职业习惯是语不惊人死不休。2005 年，刘文华开始为他的产品策划一场震撼大戏。在网络上搜索相关信息，现在依然可以看到标题为《"克林顿"来了，原来是安全套》、《克林顿莱温斯基成安全套品牌》、《克林顿亲自派发克林顿牌避孕套》等赚足人眼球的爆炸性报道。而这一切的幕后策划人就是刘文华。

　　这段经历，在一些人看来，似乎并不光彩，有的人甚至以此来攻击刘文华，但刘对此都一笑了之。

　　其实，利用美国总统克林顿做营销的不止刘文华一个人。早在刘文华推出克林顿牌避孕套四年多前的 2001 年 2 月 16 日，一家名叫法派服饰的温州企业收到克林顿的夫人希拉里关于同意该公司出资 200 万美元聘请美国前总统克林顿任形象大使的回函。当年 11 月 11 日，党和国家领导人会见克林顿后，克林顿邀请该公司老板彭星同桌共进午餐，轰动一时。

　　成功的营销策划也让刘文华推出的克林顿牌避孕套一夜成名，产品遍布全国各大城市的超市和便利店。据刘文华回忆，从 2005 年到 2008 年三年内，该产品的销售量高达 5 亿只。但这一切随着 2009 年 2 月希拉里访华戛然而止。该产品铺在全国渠道的货几乎是一夜间悄然消失。

　　回忆起这段往事，刘文华的心情复杂而又矛盾，有得意又有不甘，有愤懑也夹杂着一丝庆幸。他得意的是把一款产品做到了风靡全中国甚至惊动了美国国务卿希拉里；他愤懑不甘的是，自己花了三年培育的品牌却轻易地被扼杀在一场政治秀里；而他庆幸的是，如果没有这段经历，也就没有文华的今天。

　　刘文华有一次跟"财神"赖志红说，2016 年文华在美国上市敲钟的时候，我们一起去，敲钟的时候一定要说一句话：感谢希拉里，让我今天从事金融行业，让我今天有机会在美国纳斯达克上市。

经历过一些成功案例后，刘文华愈发相信自己能做到最好，并且把这种理念植入到他身边的每个人的大脑里，从而形成文华人的行为准则。有几个跟刘文华走得近的工作伙伴说，刘文华看起来很温和，但也会"骂人"，甚至骂哭过几个大男人。

荣明伟担任 19 期顾问团总团长时，顾问团有两三百个人，而且这些人都是老板，要做好幕后工作很不容易。特别是沙盘演练环节，每个部门都要培训到位，不然第二天的演练就会乱。"那天我们已经很努力了，搞到晚上 1 点多。后来刘老师检查发现某些环节还不是很过关，当场就呵斥我，说：'怎么搞的！这种标准怎么做事？不行，重新来过。'后来一直搞到 3 点多，把每一个细节都做到位才停止。"

荣明伟对笔者讲述这段经历时，重复了一遍刘文华平时教导他的话："所谓做到最好，就是把每一个点真正做到最好，这样才是对我们所有的会员负责任。"

有一句话最近很流行："要想看起来毫不费力，就必须非常努力。"刘文华在文华内部是出了名的"拼命三郎"。

据前文提到的温娜回忆，有一次刘文华带领大家走访企业，上海行结束后，又赶往温州，当时已经是凌晨 5 点半，但早上 8 点半，又准时出发，开始马不停蹄的一天，到了第二天晚上 9 点多，刘又坐动车去福州。

"大家都劝老师，这么累了你还是第二天走，老师说答应了人家就一定要做到。当时他实在太累了就趴在放水的台子上，下车都动不了了，身体都僵硬了。"

温娜说，那一次，她难过得都哭了。她拍了张现场照片在微信里发出来，结果被刘文华骂了一通。

"分拆术"是这样炼成的

刘文华开广告公司的时候，因为用的设备比较先进，制作水平也有一定知名度，当时很多广告公司接的单做不了的，就放到刘文华的公司来做。

所以，刘文华当时的广告公司一个业务员也没有，他最主要的工作是管好内部的技术人员。

跟大多数广告公司靠创意、靠设计、靠个别人的灵感不同，刘文华的广告公司采用流程化、工序化管理。

刘文华认为，创意也是有工序的，严格按照工序化来制作的创意，更符合市场的需求。他举了个例子，要制作一个 30 秒的广告片，他会将其分这样几道工序：第一个，它的核心卖点在哪里，定位在哪里，这个环节的人只确定这个东西；第二个，它的市场范围在哪里，消费人群的消费习惯在哪里，这个环节只确定这个；第三个，它的表现手法是什么，这个环节的人负责列出 20 个达成前面 2 个工序所要求的表现手法；再下一个环节，从这 20 个里面去做加法，怎么加呢，1 加 1 等于 11，把 20 个表现手法最好的元素糅合在一起，形成 3 到 5 个最好的；接着进入下一道工序，把这 3 到 5 个拿到市场去调查，看消费者喜欢哪一个，最后选出两个再去加工。

他把整个广告创意的工作变成了十几道工序，最后出来的作品，给前面环节的人看，可能已经完全不认识了。

刘文华说，因为工序化，他的方案一般情况下很难拿广告奖，因为每年的广告创意大赛更强调的是广告的个性化，而刘文华的广告更倾向于市场化。即便这样，刘文华仍然拿过两年的十大广告人提名。

在《资本兵法》研讨会上，刘文华经常提到九九归一，还有"简单可复制，然后不断重复，做到极致"。这些理论，都来源于他过往的经历。

刘文华是学物理出身，以他的经验，所有最有效的东西都是经过科学的程序和流程出来的，这样出来的结果能满足大多数人的需求，因为每个人在里面都可以看到他喜欢的东西。

同时，岗位的工序化和操作的流程化，也杜绝了个人英雄主义发生。

追溯起养成这种做事习惯的源头，刘文华说这与他从小在工厂长大可能有潜在的关联。他每天下课就跑到父亲的工厂做作业，做完作业之后，在整个工厂里乱跑，工厂主要生产轴承，有几千个工人，算是大工厂，他每天能看到很多轴承被生产出来。繁冗的工序在刘文华脑海里留下非常深刻的印象。

在刘文华的办公室墙上，挂着这样一幅字："天下难事必作于易，天下大事必作于细"。碰见任何困难，他总是不忘提醒自己：不管事情再复杂，再大再难，都可以进行细化、拆分，只要这样做了，所有复杂的事情也就变简单了。

这就是刘文华最常提到的做事最根本的"道"。

打造爱国主义教育第一平台

在某公共场合，刘文华说为支持国货，他的衣服是"红双喜"牌、裤子是"李宁"牌、手表是"文华时梭"牌、手机是"小米"牌、鞋子是"回力"牌，甚至交朋友都喜欢"华人"牌……可能再没有哪一个民营企业，像文华这样天天将爱国挂在嘴边了。

作为文华 39 个字的核心理念和价值观之一，"爱国"几乎出现在文华的每一个场合，无论是《初级兵法》的研讨会上，还是每个月一次的大系统论坛等活动中，这两个字反复地在文华会员的耳边响起。它还作为文华大系统会员行为公约的第一条——无条件热爱祖国、拥护中国共产党的领导——出现在每次《资本兵法》研讨会现场的门口牌匾上。

坊间还流传着这样一个段子：说文华之所以要造汽车，源自一期会员杨丽群8岁儿子的一段话。有一次，刘文华逗孩子玩，问他喜欢哪里的汽车，这个孩子说："我不喜欢中国的汽车，喜欢××国的汽车。因为人家的车不用老修。"听说刘文华当时就做了一个决定：改变我国汽车产业的格局，让地球上到处都是中国的高品质汽车!

文华有着迥然不同于官方话语的一套朴素的爱国主义教育体系。在文华，国家被类比做一个企业，而企业家则无一例外都是这个"企业"的员工——他们在为国家打工。刘文华反复地强调，从公司的角度来说，老板自然要求员工听老板的，遵守公司的制度，爱公司；那么从国家的角度来说，老板也就是国家的员工，老板自然就应该听国家的，遵守国家的法律和制度，爱祖国。此外，他还经常将祖国比做母亲。他说，如果仅仅因为自己的母亲不够好就遗弃她，这样的人还算得上是人吗？

这种看似朴素的爱国主义教育收效似乎颇为明显。在文华的《资本兵法》研讨会、传承晚会等活动现场，会员因谈及爱国的话题而当场哽咽、落泪的情况，一点也不罕见。

在2013年1月的广东省政协会议期间，刘文华曾建议对民营企业家进行宽泛意义上的"爱国教育"。培养民营企业家尽职尽责、团结互信的精神，提升民营企业的社会责任感，以此来解决民营企业家大批移民、资产大量外流等问题。他甚至表示，要做"民营企业家爱国主义教育第一人"。

过去，无论是在老百姓里还是企业家人群里，如果有人说自己爱国，往往会被人嘲笑，但在文华，爱国是出现频率最高的一个词。甚至，在文华的带动下，其他的一些培训机构也开始模仿，跟着宣导爱国理念。

刘文华对所谓"资本帝国主义"的公开讨伐，是"爱国"这枚硬币的另一面。它同样反复地在文华的各式活动中亮相。在文华看来，"帝国主义是我们的敌人"这一命题，从来就没有过时，只不过如今的战场转移到了金融领域，变成了一场没有硝烟的战争。

他们强调，我们生活中所用到的大量产品，虽然是由中国人在中国的土地上制造出来的，甚至管理企业的老板也还是中国人，但是企业的所有者，严格意义上说却不再是中国的。

根据网上的数据，入世以来，主导中国经济的 28 个产业中，其中有 21 个被外资控股主导。其中，进出口贸易 55% 是外资，轮胎行业的 80% 是外资，汽车零部件行业的 75% 是外资，整车品牌 80% 和销量的 90% 是外资……

这一连串的例子从"财神"的口中脱口而出，他们给底下的企业家们描绘了一个关于未来中国最可怕的后果。在这个世界里，中国大部分民生产品的定价权，以及整个产业链都掌握在了外资财团手中，国民经济的命脉被远近的敌人所把控。

他们强调，这一切都是帝国主义处心积虑的阴谋。其最终目的，就是要像搞垮前苏联那样"解体"中国。而这一阴谋背后的无形之手，就是帝国主义与贪婪成性的国际金融财团。

"看到的是财富，看不到的是财富背后的故事"，这是文华大系统内盛行一个说法。对于近 20 年的中国经济，刘文华认为，人们看到的是经济高速发展、财富暴增的表面，但看不见的是中国经济背后的故事。这个故事就是，中国大量企业甚至行业，被国外资本巨鳄收购控制；许多曾经家喻户晓的本土品牌被国外的公司收购，最终在国人的视野中彻底消失。

在刘文华看来，文华大系统中所倡导的金融，就是要解决华尔街金融只转移价值，不创造价值的弊端。

谈及文华的未来蓝图，刘有些激动。"文华将来要做的事情，就是在全球的范围之内，都有中国金融财团的股份，不是我们的银行中有他们的股份，而是他的机构中有我的股份。"

成功布局这样一个跨国的金融机构，是刘实现其家国情怀的基石。一旦这一布局真的实现，那么就像《货币战争》中的罗斯柴尔德家族那般，他就可以通过金融的工具来左右世界经济的格局。

文华的宣传页上印着这样的使命。

他说，如果有一天文华真的做到了这一步，那么其他任何一个国家要跟中国过不去，政府如果有需要的时候，文华就有了用武之地，"简单一点来说，老板有需要，我这个职业经理人就有办法"，"站在国家的角度，我就是一个职业经理人，我为国家打工"，他说。

2014年10月1日，"文华大系统"正式更名为"中国爱国企业家联盟"。据文华官方消息称，原文华大系统的各相关脉络也相应更新为"中国爱国企业家联盟决策委员会"、"中国爱国企业家联盟董事会"、"中国爱国企业家联盟高峰总会"、"中国爱国企业家联盟会长俱乐部"等，各期商会更名为"中国爱国企业家联盟第 × 分会"。此外，原文华大系统《资本兵法》《资本英雄》《中国规划》等企业经营方法及爱国教育体系仍将被保留下来，作为中国爱国企业家联盟的重要内容。更名后的中国爱国企业家联盟除了保留原有的"金融大系统"，还将陆续推出"战略大系统"、

"商会大系统"和"战略研究基金会"等机构。

刘文华说，这一更名意味着文华从个人平台向社会平台转型。中国爱国企业家联盟的使命仍然不变，仍将继续通过《中国规划》《资本兵法》《资本英雄》等文华大系统工具，在全球推广"合法、正面、共赢、不谈论政治、不攻击他人、低调、务实、执着、海纳川穿、做到最好、感恩、分享、添柴火、爱国"等39字全球普适价值观，团结全球符合39字精神的华人企业家，为"让中华民族重新屹立于世界之林"而努力。

孔子的拥趸

在接受笔者访谈的众多文华高层中，谈及对刘文华的印象，大抵都会提到以下几点：

一、超强的学习能力。喜爱看书，特别是一些野史，并且善于通过一些非正常渠道去收集那些知识。

二、逆向思维。会逆向思考很多问题，穿透力比较强。

三、较强的总结归纳能力。善于从众多现象中发现事件的本质。

四、自信。

刘文华自称是"学习专业户"，社会上各类高端培训课程基本都有参与。

刘文华对于别人问他看过什么书时甚为敏感。他说，对男人来说，唯有女人与书不可与人分享。言下之意，一个人所看的书在某种意义上能形成他不可替代的竞争力。

然而，根据《资本兵法》内容及刘的谈话风格、行为习惯，或可寻出些蛛丝马迹，比如从《资本兵法》研讨会上刘及其弟子经常提到的一句话是"一生二，二生三，三生万物"，而刘对数字"3"似乎有种特别的钟爱，他和他夫人的手机号里均有4个"3"。"3"在粤语里谐音"生"，而更为重要的是它是"三生万物"的三，这是老子的一个很重要的哲学思想。另外，比如"天下难事必作于易，天下大事必作于细"、"九九归一"、"大道至简"、"顺其自然"都是老子的思想精华。又比如刘文华的"合法的不按牌理出牌"、《资本英雄》里通过联合上下游产业链力量的合纵连横理念可以从《鬼谷子》的纵横智慧以及法家流派里找到痕迹。

据刘的好友金琼斌透露，刘文华在加入民建党期间，结识了他的两个贵人：一个是广东省前副省长宋海，另一个就是著名经济学家成思危。刘本人也确认，通过和他们的一些接触，从他们身上学到了很多东西，他把成思危称为自己的启蒙老师，也是从那个时候开始真正系统研究、了解经济、金融，开始研究沃尔托·罗斯托的国家发展阶段理论、美国发展史、欧洲发展史等。

在《资本兵法》的设计里，刘文华杂糅了犹太民族的理念和美国文化。刘文华说："犹太人为什么厉害？就是因为团结，爱自己的民族，而我们的兵法里，爱国、团结全在里面了。美国为什么强大？因为合法，讲规则，合法在我的平台里也做到了，讲诚信的重要性在我们平台做到了，国际化我们也做到了。"

同时，刘文华又是孔子的拥趸。他跟笔者说过这样一席话：

面对问题，如果大家都用武力解决的话，这个世界就废了，所谓杀敌一千，自伤八百，我想凡事一定会有一种和平的方法解决问题的可能性。某种程度上来说，我比较羡慕当年孔子通过在很多个国家传教，令很多个国家接受儒家思想，之后才有今天中国的汉文化，才有中国几千年封建社会的稳定，虽然其间曾改朝换代，但是一旦打完仗之后还是要用儒家思想来统治世界，统治国家。

我有一个愿望，就是历史上有这样的记载，在孔子之后的一两千年里，又出现一个叫刘文华的人，用39个字的全球普适价值观，令全球战争更少一些，饥饿更少一些，不公平更少一些，区域冲突更少一些。可能在这个地球上还会有战争，但是战争之后，恢复平静的时候，又都用这39个字来统治他们自己的国家，来管理整个地球，之后地球迎来更大的和平。甚至有一天外来星球的生物进入地球的时候，也被这样一套价值观所驯化。

　　在刘文华看来，无论是以美国为首的资本主义阵营，还是以前苏联为首的社会主义阵营，其理论体系的第六个阶段都是大国霸权时代，而他提出国家发展的第六个阶段不是大国霸权时代，而是和谐、和平、共同发展的大国系统时代。

　　他说，孔子令中国几千年历史文化大同、和谐、稳定，无论外来民族如何侵略，最后都被汉文化所同化，这正是儒家思想的伟大之处。然而，孔子文化只做到了"守"，文华能做到的却是"攻"。文华的39个字普适价值观、中国规划理论以及国家六个阶段理论分析都是刘所说的"攻"之利器。"用这些工具向全球扩张，最后用中国文化来统领全球文化，是我的梦想。"

　　刘文华的想法会实现吗？这个问题，唯有留给时间来回答。

中国规划

中国规划

口述　刘文华

中国规划，是我这几年来在中国的很多场合讲过的一种思想、一种理念。以前我讲的时候，可能台下坐着的绝大多数不是企业家，而是政府部门的领导，甚至是国家领导人。为什么我在很多国家领导人和政府领导在现场的时候来讲我们中国规划的理论？因为我觉得，中国规划是我们中国经济将来要去的一个必然的方向。当然，大家都知道，站在中国规划这个高度，有很多事情未必是我们企业家自己想做就能做的。所以，自然而然，我们这一个理念需要从上往下，再从下往上，然后上下齐心，才能够做得好。

今天为止，我每一次在有国家领导人出席的场合讲中国规划的时候，绝大多数领导人都非常认同，都说，这代表了将来我们中国经济要去的一个非常正确的方向。当然，我也得先告诉大家，有极少数的领导人对我的观点不完全认同，甚至有极个别的跟我讲，刘文华，你不要再宣传中国规划理论了。我问他为什么。他说，因为你这么一宣传，搞得美国人不开心了，那就不是好事情了。我当时很奇怪，我说，为什么中国人非要让美国人开心呢？他说，美国人不开心，对中国没好处的。我心里就想：如果中国人真的强大起来了，美国不开心，那也未必不是好事啊。

今天我们的中国，已经在全世界拥有极高的影响力和地位。那么，作为在全球拥有极高影响力的一个国家，如何在国际市场上去拥有它应有的地位？这一点，需要我们去思考。

一

今天我能够宣传中国规划这个理念，一个很重要的原因是我们中国到今天为止已经拥有了很多做"中国规划"所需要的文化储备。

我们准备了一种什么样的文化呢？有人说，我们中国这几年最大的问题是什么？人人都只向钱看，除了向钱看，还是向钱看，没有自己的追求，没有自己的理想，没有自己的信仰，是不是这样呢？不是的。为什么？因为我们文华大系统这个已经社会化了的系统，一直在全国、全球推崇一种普适价值观，就是合法、正面、共赢、不谈论政治、不攻击他人的这样一个基本原则。

"合法"为什么很重要？我们大家一定还记得在改革开放初期的时候，流传这么一句话，绿灯赶快走，红灯绕着走。简单来说，在那个时代，我们很多人的法律意识是很淡薄的。甚至可以这么讲，很多人更热衷于灰色地带、打擦边球来赚取很多的财富。一想到合法，首先想到的是成本太高。但是，今天我们国家经济发展到此刻，已经到了一个时间点。什么时间点呢？就是如果你不合法的话，成本会很高；如果你合法，反倒成本会越来越低。因为我们国家的法律已经慢慢越来越健全，在这个逐步健全、完善的过程之中，我们越合法，机会越多。更重要的是，我们经常听有些伙伴讲，他说，"我做企业快20年了，你看，相关部门从来没找过我"。我不得不说，这其实并不表示他厉害。这只能说明他的公司还很小，发展了十几年了，相关部门居然没办法发现他的存在。所以，这真不是一则什么太好的消息。合法的重要性在于，当你养成合法的习惯的时候，会很惊讶地发现，你小的时候很安全，长大了之后更安全。这是你企业越来越大，长得非常大，甚至成为非常优秀、非常强大的公司时的安全保证。

下面，我将从术、道、大系统、国家营销、无边界金融城堡五个角度来谈谈什么是合法。

我们说，从企业家的角度来看，合法是企业从小到大都安全的保证。如果没有合法做保证，企业小的时候，可能没什么问题，当企业做大了之后，就可能会被大量关注，这时候一点小小的瑕疵，就有可能被别人放大导致企业倒塌。另外一方面，从管理者或执政者的角度来说，同样要合法，如果不养成合法的习惯，只要求被管理者合法，如果是公司，公司就要乱，如果是国家，国家法制就会乱。从一个更高角度来看，国家和国家之间也要合法，如果要求有一些国家要遵守国际法或国际公约，另外一些国家却可以不遵守，那么，世界就要乱了。站在更高的一个高度，所有的国家都要遵守一个更高级别的法，那就是自然法则，如果人类做了符合人类法律但却违反自然法则的事情，这个地球就要乱了。

同时，"正面"也很重要。正面为什么很重要呢？因为当你真的正面的时候，不管事件朝什么方向发展，你内心会很坦然，你不会感觉到良心不安，也不会晚上做噩梦。一个老板赚了很多钱，但每天晚上忐忑不安，睡不着觉，甚至一闭上眼睛就开始做噩梦，再多的钱也没有意义。所以，给社会创造正面的能量、正面价值很重要。

另外一个是"共赢"。"共赢"不仅仅指做生意的时候合作双方要共赢。我们文华大系统里面的"共赢"还有一个更重要的原则就是，当你做生意的时候，合作双方或者合作三方都共赢了，还不够，你还要跟你的消费者共赢。简单来说，如果你卖的是非良心产品，比如地沟油、三聚氰胺，那么，虽然你赚钱了，你的所有合作伙伴可能也都赚钱了，但是消费者的健康没有保证，跟消费者跟市场没有达到共赢，这不叫共赢。

以上是合法、正面、共赢。而"不谈论政治"也很重要。我们是一群生意人，别谈政治，谈生意就好了，谈企业管理好了，谈人性好了，谈人与人之间如何链接、如何创造更多的正能量就好了。"不谈论政治"还缘于什么呢？我们经常会说，管理一个公司，管理13个人或者130个人的时候，你就感到很烦，各种千奇百怪的事都会发生。那么，当你管理130

个人的时候尚且都感觉到不容易，感觉到头痛的时候，你居然去评论，甚至批评、责怪另一个管着13亿人口的团队，你觉得你配批评他们吗？你觉得你配评论他们吗？既然没有，就不要去评论。讲句实话，他们能做到今天这个样子，让我们国家能够有今天这样繁荣富强的景象，已经是非常了不起了，所以我们说"不谈论政治"。

"不攻击他人"，我们文华一路走过来，经受过一轮又一轮的攻击，攻击刘文华个人的有，攻击文华大系统的有，攻击《资本兵法》的有。有没有问题呢？我们认为没有问题。所以在第一次被人攻击的时候，我们文华集团召开了一次集团董事会，形成了一个决议，这个决议是不可更改的决议。什么决议呢？就是当其他人攻击我们文华大系统的时候，我们必须坚持"三不"原则——不回应，不评论，不攻击。简单来说，任何人攻击我们的时候，我们不做任何的回应，也不去评论对方，更加不可能回头来攻击对方。我们永远只做一件事，当别人攻击我们的时候，我们会反思，哎，他攻击得好像有点道理哦，某个地方我们确实做得不太够哦，那怎么办？赶快完善、修正、调整自己。当然也有第二种可能性，就是别人攻击我们的时候完全是无中生有，这个时候怎么办？当他没说。我们只做一件事情，就是不管有没有人攻击我们，我们都坚持把自己做到最好。因为我们清楚地知道，做好自己就是最大的慈善。这就是我们作为一个企业家，作为我们文华人应该有的一种精神，所以，不管任何人攻击我们，我们都很感谢对方。为什么？恰恰就是因为对方攻击我们的时候，让我们发现了有做得不足的地方，让我们能够找到自己可以做得更好的方向，然后，不断地完善和修正自我，才有了今天我们这么一小点成绩。

不仅仅如此，我们文华还有一个"低调、务实、执着、海纳川穹、做到最好"的文华精神。

低调很重要。我们文华人坚持这样一个原则，就是绝对不搞那些高调的、铺张的、表面的、花里胡哨的动作。所以你会发现，我们文华从来不在任何媒体上面打广告，从来不在任何媒体上面做宣传。同时，你还会发现，我们文华人从来不向外面宣传文华的任何一个成功案例，不告诉别人说某某某某学了文华大系统的某个方法，学了《资本兵法》的某个方法，多赚了多少钱，创造了多少价值。我们更加不会拉一群企业家，让他们露个相，然后说，他学了什么东西之后，这个东西多好多好，为他的公司创造了多大的价值。我们从来不做这种事。为什么？因为我们文华清楚地知道，如果你真真正正为社会创造了正能量，天地都知道，你还担心别人不知道吗？因此，只做实实在在能落到实处的实事，这是我们文华的精神。简单来说，你在我们文华任何一个现场，看不到那些表面的东西，看不到那些夸张的东西，我们文华只坚持一个原则：只卖黄金，不卖包装。这传递一个信息就是，我们只把自己应该做的事情，分内的事情，能够为我们的任何一个合作伙伴、消费者、顾客和我们的每一位会员创造价值的事情，做到极致，做到最好，绝对不去做那些不能给对方创造价值，而表面很好看的动作。

"执着"，我们的"执着"表现在，我们文华永远只做一件事，什么事呢？就是在2030年之前，将我们文华大系统打造成一个全球最优秀的金融机构，在2030年之前成为中国的高盛。我们只朝这个目标前进，我们只在金融产业里面去寻求我们的发展方向、突破口，在2030年之前超过2030年的高盛。高盛现在是全球最优秀的金融机构之一，在全球已经有100多年的历史，而我们文华到今天为止只有短短3年的时间，到2030年的时候，我们文华正好有20年的历史。我们要在20年时间里超越20年之后的、今天在全球知名而且有影响力的这样一个金融机构。那么，这传递的一个信息就是，我们文华人正在进行的，是一件很可能由于我们中国的绝大多数民营企业家的共同努力，而让中国成为世界金融中心的一件了不起的事。

"低调、务实、执着、海纳川穹"。"海纳川穹"对于我们文华人来说很熟悉，但对于没学过《资本兵法》的非文华人来说，可能觉得这是一个错别字。为什么？各位可能听过"海纳百川"，感觉这个"海纳川穹"

有点怪，但其实一点都不怪。如果你了解"海纳川穹"的真实含义你就会知道，"海纳川穹"比"海纳百川"要有意思得多。为什么呢？因为我们知道，"海纳百川"的"川"是河川。简单来说，大海的胸怀非常宽广，不管多少条河流流到大海，大海都能够包容、接纳。但是，"海纳川穹"是什么意思呢？"海纳川穹"的"川"是指山川加河川，"穹"是天穹的意思。简单来说，山川、河川、天穹，都是我们文华人的胸怀可以接纳和包容的。简单来说，刚、柔、虚、实、高、低，在我们文华人看来都是正常的，都是可以接纳的。所以你会发现，在我们文华大系统里面，有些人是以主人翁心态进来的，我们认为是正常的；有些人是以客人心态进来的，我们同样认为是正常的；还有一些人是以旁观者的心态进来的，我们也认为是正常的；当然也有一些人以批评的心态进来的，我们同样觉得正常；甚至还有极少数的、极个别的，以破坏者的心态进来的，我们同样认为是正常的。而且，我们还坚定地相信一样东西，就是不管你今天以主人翁心态、客人心态、旁观者心态、批评者心态，还是以破坏者心态进入文华大系统，只要你真的能够本着你自己内心的那一份善念，本着你内心那一份善真，本着你内心那一份良心，本着你内心那一份愿意共同为社会创造正能量的正义感，随着你对文华大系统的了解越来越深，对文华人的精神了解越来越多，对文华大系统的神圣使命理解得越深刻，终有一天，所有人都会变成主人翁心态。这就是我们文华的"海纳川穹"的真实含义。

"做到最好"，那就是：在同样条件、同样环境、同样资源、同样投入的情况下，把事情做到最好，让它达到最有效的成果，最好的回报。当然，我们文华人还同时给"做到最好"赋予了另一层含义，那就是：同等环境、同等条件、同等投入、同等资源、同等人力物力财力的情况下，做到最好的同时，一定要做到消耗的社会资源最小。也就是说，你如果达到同样的成果，但消耗社会资源太多，那这不是做到最好的表现。

这就是我们文华的精神：合法、正面、共赢、不谈论政治、不攻击他人、低调、务实、执着、海纳川穹、做到最好。同时，你会发现，这个文华精神，其实它同时还是一个全球普适价值观。

　　当你真的做到"合法、正面、共赢、不谈论政治、不攻击他人、低调、务实、执着、海纳川穹、做到最好"这些最基本的文华精神的时候，你会发现，你走到世界上任何一个国家，任何一个国家的法律都欢迎你这样的人；你走到任何一个国家，任何一个国家的政府也一定欢迎你这样的人；你走到任何一个国家，任何一个国家的公民，也同样欢迎你这样的人；你走到任何一个国家，任何一个国家商界的所有老板、企业主，同样欢迎、喜欢跟你这样的人合伙做生意；同时你会很惊讶地发现，你走到全世界任何一个国家，当然也包括我们中国，任何一个国家的当政者、执权者、政府官员、领导，任何一个国家的总统、总督、首相，同样都欢迎这样的一群人。

　　我为什么要在讲中国规划之前讲这么一个全球普适价值观呢？道理很简单，如果没有这个全球普适价值观做基础，你去做全球规划，真正实现中国规划，那将成为一句空话。为什么？因为，我们中国的很多企业家喜欢打擦边球、搞灰色地带。如果做生意的时候，你坚持认为只有打擦边球和灰色地带才能赚钱，你在中国都已经行不通了，何况你走到国外的那些已经完全法制化的国家里面，就更加行不通了。比如我们有些人跑到国外去，自己不搞设计，就偷偷地拿相机，看到哪个品种好，拍一张，哪个设计比较有特点，拍一张，然后回来直接照葫芦画瓢，你觉得，这样的人，人家欢迎吗？所以我们说，任何一个国家，你如果真的想做"中国规划"，想在全球形成极大影响力的这样一个"全球规划"的目标，你如果能够真正理解全球普适价值观的重要性，同时，你真正理解坚持做到全球普适价值观所传达的精神、所需要我们做到的行为的重要性，那么，我们就有可能走向全世界任何一个国家都备受欢迎，而且必然能够帮助我们"中国规划"真真正正做到实处。

接下来我们再讲"中国规划"的理念和方法，你就会发现，那是真的可以做到的一件事情。那么，"中国规划"的理念是源于何种情况下，何种环境，何种条件提出来的呢？"中国规划"的理念源于我们中国今天的经济，发展到今天，发展到此刻，已经确实有这种需要，必须朝这个方向走，才能实现我们中国经济实实在在、真正的全球化的腾飞。

二

中国在改革开放的 30 多年里，取得了非常了不起的成绩，经济实现了飞速的发展，老百姓的生活实现了质的跨越。那么，到今天为止，我们的经济下一步到底应该朝什么方向走呢？如何做，才真正有助于我们所有企业的发展？

"中国制造"的时代一去不复返了。首先，我们来看看什么叫"中国制造"。我相信每一位出过国的伙伴都知道，你出国旅游的时候，会发现这么一个事实：你可能在国外会买很多旅游产品和旅游纪念品回来，买这些纪念品的时候，你会觉得，哇，这个纪念品太厉害了，代表了这个国家的文化，体现了这个国家的文明，代表了这个国家的工艺水准，几乎是这个国家之所以比中国更先进的直接呈现，甚至有的时候会发出这样的感慨，难怪这个国家经济比中国好多了，你看，人家一个小小的旅游工艺品都做得比中国的更精美、更有文化。但是，当你把这一个你认为代表着那一个国家之所以先进和成功的旅游工艺品买回来，送给你家里亲戚朋友的时候，你的亲戚朋友一看到这么精美的礼品，爱不释手，东翻翻，西看看，他会很惊讶地发现，在某个角落里有一个小小的布条，上面印着这么一句英文："made in China"。这就是"中国制造"所创造的奇迹。中国这么多年来一直在做中国制造。制造了大量产品之后，销向全球，让全球都享受到了"中国制造"带来的福利，带来的机会，带来的好产品，带来的好生活。

但是，"中国制造"，对于今天的中国来说，还有没有可能继续引领中国经济快速成长和发展呢？我相信，这个问题不需要我回答，每一位伙伴心里都很明白。以广东为例，前几年提出了很多政策，比如"腾笼换鸟"、"更新换代"等各种说法，目的只有一个，就是改变"中国制造"这种消耗大量自然资源、农产品资源和生活必需品资源，然后换取低廉的利润的这样一个现实。

为什么说"中国制造"一去不复返呢？我们一项一项地来看。首先我们看"中国制造"的历史的时候，要先看这个世界上第一个在全球范围内发起制造业运动、在全球范围内赢取大量利润的国家，是谁呢？就是美国。美国在第一次工业革命的时候发明了蒸汽机，发现了电，制造出了全世界第一个灯泡，然后生产出了全世界第一个开关、插座、插头。那个时候，美国制造大量的工业品向全世界兜售，赚取了全世界极为丰厚的利润。一段时间之后，他发现，制造业消耗的自然资源太多，消耗的农产品太多，消耗的人力资本太多，赚回来的那点钱不划算。为什么不划算？因为消耗的自然资源可逆转性太低，甚至是不可再生的。以煤为例，煤在地底下需要通过几千、几万，甚至几十万年才能够形成。但是你把它挖出来以后一烧，没了，等它再形成的时候，要再等几千、几万，甚至几十万年。也就是说，这些自然资源再生的周期，与我们消费的速度比较起来，实在太漫长，而我们消费的速度实在太快。所以，这些自然资源其实是不可逆转、不可再生的。

所以，一段时间之后，美国发现光靠制造不行了，不能继续这么搞下去，就开始干什么？走"美国创造"，就是向高科技高附加值的方向转型，赚取的利润更高了。当向高科技和高附加价值的方向转型的时候，生活必需品还是继续需要啊，怎么办？它就把生产制造这一块，消耗大量自然资源的这些活，给了像中国这样的第三世界国家。然后，向中国不停地宣传，告诉中国：制造业好，有将来。为什么好啊？为什么有将来啊？因为，制造业可以赚取很多的钱啊。当它宣传这个理念之后，中国开始成为了"世界工厂"，为美国及其他西方发达国家输送大量的物资。

在中国经济刚起步阶段，成为世界工厂在短时期之内确实为中国赚取了很多外汇，带来了一些就业机会，带来了经济的发展，但是，我们却看到这样一个残酷的事实。就是我们的"中国制造"其实是亏本的，但国外却还反倾销。简单来说，"中国制造"消耗了大量的自然资源，使用廉价的劳动力生产出产品之后，卖到国外去，只赚取了极其微薄的附加价值，然后我们却被他们不停地批评说我们卖得太便宜了，说我们倾销我们国内的产品。殊不知，我们这些自然资源和农产品一旦消耗，是不可再生的。这也就传递一个信息是什么呢？当我们消耗大量不可再生自然资源和廉价劳动力成本之后，不但不被国际市场认可，他们还反过来用各种方式制裁我们。

这个时候，中国就意识到了：哦，这样是没将来的，要换一换了，要调一调了。那么，是不是我们下一步应该升级呢？应该进步呢？应该改变现状呢？怎么改变？怎么升级？怎么能够令中国的经济发展得更好呢？这个时候，美国又开始向中国灌输另外一套理论，他说：要开始做"中国创造"了。什么叫"中国创造"啊？就是我们中国要开始搞一些科研开发，要研发一些新产品，要开始做品牌。我相信，到今天为止，我们中国所有的企业家都接受了这种观念，觉得只有搞科研开发，只有做自己的品牌才有将来，光做生产没将来，特别是给我们国外的很多企业做 OEM，做代工，更加没将来。我们很多人接受这种观念之后，我们中国几乎绝大多数民营企业，包括我们很多国有企业，包括我们很多国内的非常有智慧的优秀的企业家，都认为，中国的经济要解决现在的问题，必须搞"中国创造"。

但是，作为一个全国上下绝大多数人都认同的理念，是不是真的就是一种正确的理念呢？对于今天中国的经济，绝大多数企业家都觉得是真真正正解决现在问题的最重要的方向，是不是真正正确的方向呢？我在这里想让大家看一个事实，就知道这到底能不能真正解决我们的问题。

"中国创造"，是美国几十年前就在做的事。"中国创造"这种思维模式，美国几十年前在接受"美国制造"时代的时候就已经开始在做"美国创造"了。之后，美国开发了很多新的科技产品和很多高附加价值的带有品牌效应的产品，向全世界兜售，赚取极为高昂的利润。比如我们很多伙伴花几万元钱买个包包，它的生产成本多少？顶多1000元。你还会更加惊讶地发现，这种顶多1000元钱生产成本的包包，同样是在中国生产的，只不过中国生产完了之后，运到美国，贴上他们的标签再运回中国，我们中国人生产这个包包，可能花了800元钱的成本，然后卖了900元钱给他们，他们拿着900元钱采购的这个包包，贴上它的标签，再卖给我们中国人，卖了5万元。这就是美国创造的高附加值的产品。

同样，美国在科研开发方面，也做了很多工作，创造了很多高科技产品，卖给我们中国，赚取了极高的利润。一台电脑，主要的成本就是那个芯片，但那个芯片所消耗的原材料极低，低到你不敢相信，但是卖价极高，高到完全不合理。这就是"美国创造"曾经做过的事。如果我们今天中国还做"中国创造"，其实就是在走美国几十年前的老路。

很多朋友说"中国创造"虽不是解决中国经济根本问题的方法，但是，每个企业都应该有创造能力，都应该有品牌意识啊。对不对啊？这种思维是完全正确的。虽然完全正确，但同时我不得不告诉大家：创造能力作为一个经济体来说，作为一个企业来说，作为一个企业家来说，那是最基本的能力。任何一个经济体，任何一个公司，他如果没有创造能力，没有品牌意识，都不能称之为一个合格的经济体，都不能称之为一个好公司。这只是作为企业主、企业家最基本的一种能力。如果我们把这种最基本的能力理解成可以解决我们今天中国经济根本问题的灵丹妙药，这就错了。

今天的美国，已经把创造能力摆在了第三位。也就是说，作为美国的国家战略高度来说，"创造能力"、"品牌意识"只是这个国家排在第三位而不是最重要的工作。从品牌的角度来说，其实品牌只是一种信用的积累。高科技只是一种基本的研发新产品的能力。美国已经把创造能力摆在第三位了，如果我们把它摆在第三位的东西，作为在我们中国解决经济问题、解决我们民营企业发展中最重要的方向，很显然是不够的。

如果这个时候中国讲"中国创造"，干美国人在几十年前已经干完的事情，那就是又一次按照美国人的规划、按照美国人的要求在进行发展。而我们今天的中国，已经不再是以前的中国。我们今天的中国完全有理由在全世界拥有自己的话语权和地位。

三

那么，到底应该怎样做，才能真真正正解决中国经济发展中碰到的问题，让中国能够屹立于世界之林，成为真真正正的经济强国呢？有一样东西我们一定要注意，那就是我们要看看美国正在做什么。我们不要相信它说的，更不要相信它让你做的，而应该看看美国实际上正在怎么做。当我们知道美国自己正在怎么做，我们很可能就能找到我们中国应该怎么做的方向和方法。

美国正在做什么呢？首先，"维持以科技和研发为主导的美国创造的优势"，这是他们已经有的优势，他在继续维持，但是，这在国家战略的层面是摆在第三位的。这意味着它在这个国家里不是最重要的工作。那么，我们来看看摆在它第二位重要的是什么呢？"制造大量金融工具，向全球兜售。接近于零代价获得其他国家各种自然和人力资源的同时，大大提高其他国家对美国的依赖程度。"

"制造大量金融工具，向全球兜售"，也就是当你拥有美金的时候，拿着美金可以在全世界都能买到东西，但美金是什么？就是一张纸嘛。如果你学过《资本兵法》，你就知道里面有一套完整的理论体系告诉你，其实美金就是一宣传单张而已。也就是说，美国制造大量的金融工具向全球兜售的过程，其实就是用它那一张纸换取全球大量资源的过程。简单来说，接近于零代价获得其他国家各种自然资源和人力资源。

那么，为什么说美国向全世界制造大量的金融工具，向全球兜售，是接近于零代价获得其他国家的自然资源呢？打个比方，在中国的这个范畴里面，我们生产了大量的生活必需品、工业用品，生产这些生活必需品、工业用品在我们中国要消耗大量的煤、木材、铁、钢、石头、农产品等，生产出来后，一车柜一车柜、一轮船一轮船地运到了美国。美国给我们什么？美金。美金是什么？几张纸。然后，我们开开心心地拿着这几张纸跑回来说，哇，你看我多厉害，到美国赚了美金回来。站在国家层面，我们是不是失去了几个车皮、几轮船的食物换回来几张纸啦？有些伙伴可能会说，确实是这样，但是我拿着这个美金可以到美国去买他们的东西回来啊，可不可以？可以。但是你能买回多少？他们的东西基本上都是这边运过去的，你买什么回来？没什么东西可买。而且我还告诉你，如果你带着大量的美金去美国买东西，你是带不进去的。出国旅游过的人就知道，你如果带着一麻袋的美金去美国过关，给不给你过？不给你过的嘛。你带得过去吗？但你带出来可不可以？可以。

所有做过外贸的都知道，我们中国的钱要大量地搬出去，也不容易的嘛！搬进来容不容易？倒是可以。看到这个现象，你就会觉得奇怪。也就是说，站在国家层面的高度，我们做外贸运大量的产品出去，换回美金那几张纸，相当于我们运了一整轮船的木材过去，而他从一轮船的木材里面劈了一小块木头，然后把它一加工，变成了纸，又在印钞厂加了个夜班，变成了美金，给了我们。简单来说，我们大量的生活必需品、大量的矿物质、大量的自然资源、大量的农产品的损耗，运到美国之后，他只要印钞厂加两个夜班就搞定了。

这里面有一个政策的问题。我曾经跟税务部门的领导人也提过这个问题。我说，我们中国的税务政策在外贸政策上是倒置的，是完全错误的。为什么是错误的？我们中国人出口东西出去是不是出口退税啊？出口退税，简单来说，就是把我们中国的大量自然资源、农产品、生活必需品，运给了外国，然后换来几张纸回来，本来就亏本，然后国家还给它发奖金。如果你从外国买东西回来，是不是要交关税啊？而且是高额的关税。也就是说，如果你把外国的东西搬回中国，然后给几张人民币给他，还要被罚款。

这就是为什么我们中国的生活必需品越来越少，废纸越来越多。而美国呢？生活必需品越来越多，废纸越来越少。所以我们说，这个政策是倒挂的。为什么是这样一个结果啊？那是美国人宣传的。而我们中国有一些所谓的经济学理论界权威人士不懂金融，不是站在国家以上的高度去理解金融和经济。而美国人说，你们应该鼓励出口啊，你看，所有的出口，为你们创造了外汇啊，为你们赚了钱啊，你应该给他发奖金啊。他想想，有道理哦，对啊，给他发点奖金吧。所以出口退税政策就出来了。之后，他为了保护自己国内的资产、国内的资源不往外流，然后就说什么？如果你到我们国家来买东西，应该多交一点税啊。你看，把外国的东西搬回中国去消费，证明这个人很有钱嘛，让他多交一点税。果真，把外国的东西搬回中国，还要被"罚款"。但美国的政策正好跟我们相反，出口父高额的关税；进口国家给退税发奖金。明明显显的完全相反的两个政策，在中国和美国之间呈现出来。我们中国如果真的要成为世界强国，屹立于世界之林，是不是这个政策也应该像美国一样啊？当然，我这么一说，那些做外贸的人，可能就恨我恨得牙痒痒的了。但是，我讲到后面你就会发现，其实你不卖给外国人，你赚的钱更多。

"零代价获得其他国家的各种自然资源和人力资源"说的就是这么回事，美国人几乎没花成本，就印钞厂加了个夜班，然后就把我们的生活必需品搬走了，谢谢都没有一句，然后还要搞反倾销。同时，"大大提高其他国家对美国的依赖程度。"为什么？你去看，当我们中国有很多的美元作为外汇储备的时候，这个时候你就会发现，美国只要一生气，我们中国就很紧张。为什么？因为你国库里面有太多它的钞票了。他只要一说：现在你这个国家这个钞票不能回我们美国。哇，紧张了。再一说，人民币必须兑美金升值。那又更紧张了。大家知不知道人民币兑美金一升值，我们很多老百姓很高兴啊，哇，人民币兑美金升值了，好啊，到美国消费的时候可以买更多东西啊。是不是好消息啊？站在消费者的角度，你可能觉得占了便宜。但我告诉你，站在国家层面，亏得一塌糊涂。为什么？我们中国的国库里面有以万亿为单位的美金，人民币兑美金只要升值一个百分点，也就意味着国库里那些以万亿为单位的美金消失了一个百分点。

消失那么一个百分点，你到国外去能消费多少东西，抵得回这一个百分点的消失？但是，人民币兑美金，连续多年来，年年都在升值，也就意味着，国库里那些美金，一年一年在变少。简单来说，如果以一万亿美金为单位，一年减少一个百分点，就是100亿美金。也就是说，每年国库里面消失100亿美金的国家外汇储备的时候，就意味我们有100亿美金的生活必需品、农产品、矿物质运到了美国，美国再也不用给钱了。我们中国每年有多少个100亿美金的产品，可以免费送给美国人消费？

另外，美国人还擅长干个活，就是当中国和他们谈某一个重要的条款不同意时，就派一个议员站出来说，我看这个台湾好像不是中国的。然后在谈判桌上另一个议员就赶快说，你同意了这个条款，说不定我们就有人有不同的观点了。这个和平条款一签完，美国另外一个议员说，我看台湾看起来，很像是中国的。然后，下次如果在谈判桌上，因某一个条款他又不开心了又不满意了，觉得我们给他的政策不够优惠了，另一个议员又会站出来说，我看其实台湾很不像中国的。当你答应了他的条款，另外一个议员又站出来说：我看台湾还是有点像中国的。说有点不像也好，说有点像也好，都是废话。但是，就这两句完全相同的废话，一而再、再而三，赚取了我们中国大量的财富。为什么会这样？

他其实就在利用金融工具，想方设法地让中国，以及其他很多国家对他的依赖程度大大提高。

四

上面说的，是美国国家战略的第二大重要的战略，那么，第一位是什么？"逐步推进规划全球的计划"！什么叫规划全球？美国在全球范围之内正在做一件事情，把全世界每一个国家给定个位，就像老板给员工定位是一样的，这是生产部，这是科研开发部，这是营销部，这是技术部，这是行政部，这是财务部，这是人力资源部，等等等等。然后在这个基础上再跟你这个国家宣传一套理念，比如当需要中国成为制造工厂、生产车间的时候，他就跟中国说：你看，制造多好，对你这个国家的经济有极大的帮助。然后，我们中国的所谓的经济学家们，在国外喝了几杯所谓的洋墨水，回来之后就说，你看，美国人多聪明，美国人太棒了，给我们中国指明了方向，我们是应该回来号召中国多搞制造。然后，当他们发现中国已经到了可以做美国的科研开发部的时候，他就告诉那些喝洋墨水的人：你看，中国现在应该搞创造了，要转型升级了，要腾笼换鸟了。然后，我们的很多理论家们便跑回来说，中国要搞"中国创造"了。

美国按照它的发展规划，在全球范围之内，告诉这个国家你应该做这个，这个对你这个国家有好处；然后再告诉那个国家，你应该做这个，这个对你这个国家有好处；然后再告诉另外一个国家，你应该做这个，这个对你这个国家有好处。当它发现某个国家不听话怎么办？你就会发现，它可以毫无理由地说，"我怀疑这个国家有核武器，打它"。然后再过一段时间，又怀疑这个国家有生化武器，打它。其他国家敢不敢吭声？不敢吭声。为什么不敢吭声？道理很简单，这个国家有大量的美元储备，有很多地方受制于它。美国在全球范围内就正做这个事。

简单来说，美国的"规划全球"的规划，是把全世界每一个国家都作为它的一个部门在安排工作。这种现象，如果你看清楚了之后，你就会发现，其实美国根本就不是真的爱其他国家，它是在把其他国家都作为它的一个部门来为美国服务。

五

既然我们知道美国的三大战略：第一大战略，规划全球。第二大战略，金融工具。第三大战略，以创造为基础的科研和高附加值。当我们清楚地知道美国要做什么，我们就很容易知道我们中国应该做什么。简单来说，如果我们还把"中国创造"作为首要的国策、首要的解决经济问题的途径的话，就又一次中了美国的下怀。我们想要超越美国，可能吗？你永远只是跟在人家屁股后面跑，只是按照人家已经规划好、安排好的步骤走，你怎么可能超越它！不存在这种可能性！所以，我们需要做什么呢？中国应该做的事情是：第一步，加快金融工具的推进步伐，通过人民币国际化，实现以中国经济为中心的全球经济一体化。

简单来说，美国人，他可以印一批钞票，晚上印钞厂加一个夜班，就能把全世界大量的自然资源、生活必需品，都搬回他们国家供他们所用，我们中国可不可以？我们中国同样可以这么做。有些伙伴可能会说：人民币国际化是国策，是国家战略，国家这么干可以，我们企业家，没有这个能力。是不是这样？不是。

大家可能也已经看到了，十八届三中全会已经确定了人民币国际化的方向。也就是说，国家有既定的战略方向，然后我们企业家再共同扶一把、推一把，共同去做，那么自然而然就有可能了。当我们的人民币国际化之后，也就意味着我们可以做到一件事，什么事呢？我们中国的印钞厂加两个夜班，我们就能够把美国的、英国的、德国的、法国的、日本的，很多国家的生活必需品和非常优秀的各种各样的产品买回中国来，然后给几张宣传单张给他们就行了。这个时候，你会发现另外一个现象，中国境内的人民币越来越少，生活必需品越来越多。这个时候物价是上涨还是下跌？下跌。通货膨胀是上涨还是下跌？下跌。我们的生活水平是上涨还是下跌。上涨了。

也就是说，当我们站在国家战略的高度，把所有的国外生活必需品都运回中国来，然后我们只要给几张宣传单张给他们。那么我们国内的钞票越来越少，生活必需品越来越多。自然而然，价格就下来了，通胀就下来了，生活必需品变多了，我们老百姓的生活水平提高了，物价降低了。就是这么简单。所以，人民币国际化的重要性，它绝对不仅是一个人民币能不能走出国门的问题，而是老百姓的生活是不是真的能够变得越来越好的问题。很多人羡慕美国，说美国好。我可以肯定地告诉大家，今天如果你移民到美国，10 年之后你会后悔，你一定还要移民回中国。

我们中华民族在这个世界上从来都是最有智慧的一个民族。你去看看历史，一直以来，我们中国是世界上最强大的国家，其他国家的国王们、总统们、首相们、皇帝们，带着各种礼品来向中国的皇帝进贡。这是人类历史几千年来不争的事实。但是，自从八国联军的枪炮打开中国国门之后，在这短短的时间里面，我们中国人妄自菲薄，觉得外国人比中国人厉害，却忘记了，外国人用枪炮打开了国门，它的枪炮是中国人发明的火药制造成的。也就是说，我们中华民族几千年来一直都是世界的主宰，都是这个世界最强大的国家，从来就没有任何一个国家敢否定这个事实。我们这一头东方雄狮仅仅在最近这一小段时间里面打了一个盹而已，这个盹打完之后，我们中华民族是时候重新站起来了。

只要我们能够做到让人民币慢慢地在全世界各个国家自由流通，我们就能拿着印钞厂加了两个夜班的那些钞票，到世界各国去买各种各样的东西，让这个国家拥有越来越多的人民币，越来越多的人民币在他们国家流通的结果，就是那些国家越来越喜欢中国，越来越喜欢人民币，我们就给他们更多的人民币，把更多的生活必需品拿回来。这是非常重要的一个步骤。当这个步骤完成之后，我们就会发现我们走到全世界任何一个国家，我们中国人就真的有国际地位了。

六

当我们实现全球经济一体化之后，接下来，跳过"中国创造"，直接进入"中国规划"时代，通过前端拦截，让中国规划直接实现规划全球的目标，拿回国际市场的话语权。跳过中国创造，直接进入中国规划，是什么概念呢？我们说，搞中国创造，是美国给我们指的路，是美国几十年前就在干的活，我们接着干，在它后面追，肯定不可能超过它。而反过来，我们做过市场的都知道终端拦截的重要性，而国际市场作为国家战略，前端拦截显得更为重要。简单来说，就是美国想去哪里，我们都知道，美国从美国制造到美国创造，到今天开始美元全球化，然后从今天开始规划全球，我们中国干什么？我们不能再走"美国制造"，也不能再走"美国创造"，也不能仅仅在美元全球化的位置，而应该站在它前面，搞中国规划，前端拦截。举个例子来说，美国要去哪里，我们就站在它的前面等着它。你如果在后面跟着追，你永远追不上。但它要去哪里，我站在它前面等着，然后我慢慢往前走就好了，它就一直在我们屁股后面追。就这么简单！

通过前端拦截，让中国规划直接实现规划全球的目标，拿回国际市场的话语权。我站在前面等它的时候，有些伙伴可能讲，我们中国的实力不够，如果做中国规划，会不会力量不够呢？我肯定地告诉大家，完全可以做得到。

首先，中国产品质量并不比外国的差。这是基础。有人说，我们中国为了要做全球规划，我们的产品质量不如人家，我们的生产工艺不如人家。我们的水平不如人家，真的这样吗？从来不是。为什么从来不是啊？大家都知道，中国是世界工厂。简单来说，世界上最知名、最优秀的那些品牌的产品，产品质量最高的那些产品，哪里生产的？中国生产的。只不过中国人有一个怪现象,什么怪现象?对日本 OEM 委托加工的产品按照日本的质量标准生产;对德国 OEM 委托加工的产品按照德国的质量标准生产;对美国 OEM 委托加工的产品按美国质量标准生产;对中国人消费的产品,就按中国标准生产。所以你就会发现,贴中国标签的质量都不怎么样,贴德国标签的产品质量都很好,贴日本标签的产品质量更好,但是,都是谁生产的?都是中国生产的,都是中国人造出来的。也就是说,其实我们中国完全具备全世界最优秀的生产水平和能力。

既然我们有一个基础,中国同时还有自然资源的优势。我们中国自然资源之广、之多,在今天的全世界没有几个国家敢跟中国媲美。而这些自然资源是最重要的资源,当然,这些自然资源的价值严重倒挂。为什么这么说?你会发现,美国研发出一个产品来,然后卖高价。我们中国呢,消耗大量自然资源,大量的农产品,然后卖极低的价格。合理吗?告诉大家,不合理!这是美国的谎言。为什么这么说?科研开发重不重要?重要,但是它却不是最重要的。因为创造能力、科研开发能力是任何一个经济体的基本能力、本来就应该有的能力。同时,如果你去看它的价值,告诉大家,科研开发的价值,远远低于矿产的价值。为什么?科研开发需要多长的周期啊?可能几个月就可以出来了,"几个月就可以出来",这不是中国人说的,是他们美国人自己说的。那个美国曾经多次得过世界首富的 IT 公司,它的墙上挂着这么一句话,说"我们公司离破产还有六个月",这传递一个信息:科技产业的更新换代速度就是六个月一个周期。而自然资源的再生周期多长啊?几千年、几万年甚至几十万年。半年就能想出来的,脑子想一想就能研发出来的一个东西的价值,能够超过几千、几万年才能形成的矿产资源的价值吗?不可能!但是美国佬告诉我们,科研开发很重要,卖高价。自然资源呢,反正满地挖出来就行了,卖低价。这是错误的。自然资源的成本之高,是由几千、几万年的自然力所形成的。所以,它们的价值被严重倒挂了。而我们中国拥有大量的自然资源。所以,这也是我们的优势。

通过数量、质量、品种等方式，让发达国家处于市场饥饿状态。这句话怎么解释？从数量的角度，如果做中国规划、全球规划的话应该怎么做？简单来说，比如欧洲的一个生活必需品，正常情况下它需要100个，我们中国的现状是什么？如果你这个国家需要100个产品，我们中国人恶性竞争、不团结，然后拼命地送，送了120个过去。本来100个可以卖一元钱一个的产品，由于我们中国人送了120个过去，变成了卖八毛或七毛一个。人家外国人还骂你倾销，还要反倾销。这合理吗？不合理！为什么会有这种不合理的现象？因为我们中国人不团结。

我们中国人喜欢干什么？窝里斗，自己斗自己。如果我们中国的企业家改变这种现象，能团结起来，你需要100个产品对吗？我不给你100个，我只送80个。这个时候，供不应求，本来100个产品，卖一元钱一个，现在大家团结起来，只送80个给你，我可以卖一块五一个，你还要求着我买。我们通过这种方式就可以多赚他们的美金。赚了他们的美金之后要不要把美金带回来？不用带回来。就在他们当地买他们的矿产资源，买他们的各种稀缺资源，然后带回中国。如果你把它的"废纸"带回中国，你就上当了。而如果你把那个"废纸"就在他那个国家换成他的自然资源拿回中国来，或者把他们的矿产买下来，先不开发，慢慢开发。这个时候，你就真的是赚了。所以，从数量上进行规划，需要我们中国企业家团结起来，不要自己跟自己斗，一定要改变"一个中国人是一条龙，两个中国人是两条虫"的这样一种状态。

这是从数量上规划，那么质量上呢？我们中国有这么一个现象，比如我们中国种了大量的苹果，苹果摘下来之后，最好最漂亮最甜的那一个卖给谁？外国人。然后次等漂亮次等甜的卖给谁？留给中国人吃。合不合理啊？中国人也长着一张嘴，外国长着一张还不是太像中国人的嘴，凭什么给他们吃最好的？是不是？如果我们把最好的留给中国人吃，次一点的卖给外国人吃，他们没有最好的吃，次一点的他们要不要吃？还得吃。然后完了之后，他想吃最好的怎么办？只有到中国花高价才吃得到。这个时候他就会说，中国好啊，中国能吃到最好的苹果，我们这个国家怎么就没有最好的苹果呢？由此得出结论：中国比他们的国家好。而现状是什么？我们中国把最好的卖给了外国人，然后次等的留给中国，搞得所有的中国人在中国吃不到最好的，只有到外国才吃得到最好的，然后说你看外国就是比中国好。所以，我们从质量上也要进行中国规划。

再来看品种。我们可能会发现这么一个现实，就是很多中国刚刚流行的最新款的汽车，你到国外去一看，人家已经流行了好几年，已经基本上没人开了，但在中国是新款。简单来说，人家在品种上已经做了规划，先不卖给你，自己先用，享受完了再给你用。我们可不可以也反过来，我们中国的好东西、好品种，中国自己先消费，消费几年，中国人不喜欢玩了，不想用了，再卖给他们，赚高价，告诉他说这是最新款。

可能有人会问这怎么做得到呢？中国人就是不团结。要让中国人都团结起来，让中国人都有中国规划的意识，让中国人都有系统意识，能够有计划有步骤地给外国人送货，而不是他们想要什么就给什么，可不可以做到？可以做到。现在我们文华大系统就做得到。为什么？因为我们文华大系统已经告诉大家，企业家只有真真正正有国家意识、爱国情操，才可能成为优秀的企业家。今天的世界经济已经不再是单打独斗的经济了，今天的世界已经不再是单打独斗的世界了，我们需要一种国家意识，站在国家之上的高度，站在无边界金融城堡的高度去看全球的经济。绝对不是说你一个人赚钱就好了。为什么？如果国家不富强，你一个人赚再多的钱有用吗？没有用。

这个时候，我们通过数量、质量、品种的方式，让发达国家处于市场饥饿状态，来制造市场稀缺性，提高价格，获取更高的利润。同时，我们还可以做一件事情，廉价或者零代价收购其他第三世界国家更多的自然资源。我前面讲到，当我们出口东西赚取了更多外汇的时候，不要把那个"纸"带回中国来，就在国外买他们最稀缺的东西，把他们最珍贵的自然资源、最稀缺的东西买回来，让中国人消费，或者把他们的矿产，他们的山，他们的土地买下来，然后贴上中国人的标签，让外国人在他们的国家里面，用他们的土地，还必须向中国人交钱。

前端拦截，规划全球。简单来说，美国能够把世界各个国家作为它的一个全球规划战略，让这个国家成为它的科研开发部，让那个国家成为它的制造工厂，让这个国家成为它的人力资源部，让那个国家成为它的行政部，那么我们中国也可以做前端拦截、规划全球。我们今天没有办法规划美国，美国未必听我们的。但是我们可以规划很多其他的国家，我们把其他国家都规划好了，其他国家都听中国的时候，到时美国就不得不听我们中国的。当年，我们的开国领袖毛泽东实现了农村包围城市，我们今天要用第三世界包围第一世界国家。能不能这样？可以。我们今天在全世界范围之内，让第三世界国家和亚非拉国家、不发达国家，都通过中国规划，最后让美国不得不按照我们中国想要它去的方向，跟在我们后边前进。

我们有些伙伴会问这个难不难做到？不难做到。大家知不知道，美国的房价多少钱一平方米啊？几百美金一平尺，就是几千美金一平方米，也就相当于人民币几万块钱一平方米。如果我们每个人去他那里买1000平方米的话，整条华尔街一夜之间就全是中国的。华尔街很大吗？一条短短的街而已嘛。能有多少方啊！也许将来有一天，美国总统需要在华尔街办公，必须向我们中国人租房子。难不难？不难！我还告诉大家一个消息，我们中国人，我们文华大系统有些企业家伙伴，我们文华大系统的会员，美籍华人的文华大系统的会员，正在美国做三件事。这三件事说出来，我相信所有中国人都一定会感到很高兴，做哪三件事呢？第一，通过文华大系统这个工具，在美国把美国所有的美籍华人团结起来；第二件事情，通过美籍华人在美国共同努力，在美国打造一个中国城，这个中国城和唐人街有本质的区别，唐人街给人的感觉是脏乱差，但是我们要打造的这个中国城是按照现代社会、现代科技、现代化标准打造的一个高级的中国城，代表美国将来的方向；第三点，在15到20年之内在美国推出一个美籍华人的美国总统。

黑人奥巴马都能当总统，华人为什么不可以？如果全世界每一个国家的总统都是华人在当，你想不让中国屹立于世界之林都太难了！没什么不可能！完全可能！为什么？因为人类几千年的历史无数次地证明，无论中国人走到哪里，都是那里最优秀的民族。所以，实现全球经济一体化是完全可能的。

其实，中国产业化时代已经成熟了。第一，我们中国今天任何一个产业，在全世界都不输给任何一个国家。第二，各项经济基础指标达到国际基本要求。什么概念？我们经济总量已经是全球第一。当然，不是最强大，但已经是最大。这是不争的事实。第三，我们中国的民营企业家，也是全世界最优秀的企业家。另外，经济治理结构已基本到位。我为什么说基本到位呢？因为，站在全球规划的高度，我们有一些治理结构还需要一些微调和完善，但是基础已经有了。

走进中国规划时代，万事俱备，只欠东风。而这个东风会在2019年到来。至于为什么会在2019年到来，我就不展开了，就当是留给大家的一个悬念吧。